핏빛 조선 4대 사화 네 번째

을사사화

乙巳禍

책보세

핏빛 조선 4대 사화 네 번째 을사사화

초판 1쇄 인쇄 ㅣ 2011년 3월 30일
초판 1쇄 발행 ㅣ 2011년 4월 7일

지 은 이 ㅣ 한국인물사연구원
펴 낸 이 ㅣ 최수자

주　　간 ㅣ 고수형
디 자 인 ㅣ 디자인곤지
인　　쇄 ㅣ 우성아트피아
후 가 공 ㅣ 삼일금박
제　　본 ㅣ 은정문화사

펴 낸 곳 ㅣ 도서출판 타오름
주　　소 ㅣ 서울시 은평구 녹번동 38-12 2층 (122-827)
전　　화 ㅣ 02) 383-4929
팩　　스 ㅣ 02) 3157-4929
전자우편 ㅣ taoreum@naver.com

값 19,000원
ISBN 978-89-94125-13-8 04900
　　　 978-89-94125-09-1 (세트)

이 도서의 국립중앙도서관 출판시도서목록(CIP)은 e-CIP홈페이지(http://www.nl.go.kr/ecip)
와 국가자료공동목록시스템(http://www.nl.go.kr/kolisnet)에서 이용하실 수 있습니다.
(CIP제어번호: CIP2011001344)

핏빛 조선 4대 사화 네 번째

乙巳士禍

을 사 사 화

인종의 외척 대윤과 명종의 외척 소윤 간의 권력투쟁
사림파의 정치적 기반 축소와 붕당朋黨의 형성

| 한국인물사연구원 저 |

라의눈

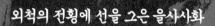

외척의 전횡에 선을 그은 을사사화

1545년(명종 즉위) 을사사화는 인종仁宗의 외삼촌 윤임尹任이 속한 대윤大尹을, 명종明宗의 외삼촌 윤원형尹元衡이 속한 소윤小尹이 축출한 사건이다.

윤임은 인종을 낳고 산후병으로 영세한 장경章敬 왕후의 오빠로 그가 속한 대윤은 명종의 즉위 이후 사림士林들을 재등용하기 시작했다. 기묘사화己卯士禍로 사림파는 그 세력이 크게 꺾였다가, 중종中宗이 즉위 말년에 이르러 과거 기묘사화를 후회하면서 조금씩 중앙 진출의 기회를 얻었다. 중종의 뒤를 이은 인종이 사림파를 지지함으로써 사림들은 큰 기대를 모았으나 인종이 불과 재위 1년 만에 죽고 명종이 왕위에 오르면서 양 외척 간에 권력의 암투도 치열해졌다.

윤임은 훈구파에 외척이면서도 사림을 비호하여 그들이 정권에 참여하도록 도모하였으나, 명종의 모후 문정文定 왕후와 그 동생 윤원형은 권력을 독단하는 성향이 강해 윤임이 속한 대윤과 함께 다수의 사림파 인사를 동시에 제거하였다. 이로써 사림은 다시 정치에 참여할 수 있는 기회가 좌절되었다.

이 무렵의 정국은 왕비의 외척이라면 권력을 장악하는 지름길에 서 있는 것이었고, 외척들은 조정을 비롯한 사회 전반적으로 절대적인 위세를 누렸다. 정치政治와 상관없이 사적인 이익을 추구하며 대립하던 두 정치 세력의 대표는 모두 외척 출신으로 표출되었으며, 윤임에 의해 정권에 참여하지 못한 일부 사림들은 윤원형 일파에 가담함으로써 사림들도 대윤과 소윤으로 나뉘어 갈등을 빚었다.

어전에서 외척의 전횡을 직간한 유종선
윤원형을 보좌하여 좌의정에 오른 윤개
임꺽정을 물리치고자 했으나 물러나야 했던 유지선
손녀가 순회 세자의 비가 된 윤사익
혼란기를 맞아 지혜롭게 살다간 임열
간흉 이기의 매제 조광원
선비가 학문에 힘쓸 것을 상소한 이담
을사사화로 20년 넘게 귀양살이를 한 이진
강직하여 불의에 승복하지 않은 이준민
청렴한 학자이자 뛰어난 문장가 이탁
중국의 사신을 접대하며 문명을 떨친 정사룡
계림군 역모 사건에 걸려든 윤여해
나라의 기강을 헤치고 청백리에 오른 윤춘년
동생들을 단속하지 못한 윤원필
아버지 윤원로의 원수를 갚고자 한 윤백원
중종의 장자로 사약을 받은 복성군
공신 홍경주의 외손자로 사사된 중종의 아들 봉성군
거열형을 당한 왕족 계림군 | *『을사전문록乙巳傳聞錄』
왕의 일족임을 탐하지 않은 한경록과 의혜 공주
인종의 정비와 네 후궁
명종의 정비와 두 후궁

누가 말했던가. 인간은 망각의 동물이라고 말이다. 우리 인간은 잊지 말아야 할 것은 쉽게 잊어버리고, 반면 잊어야 할 것은 오랫동안 잊지 못한 채 안타깝게 살기도 한다. 그와 같은 역사의 반복은 인간이 벗어나지 못하는 숙명의 굴레처럼 느껴지기도 한다.

그러나 이것은 우리들 삶의 현실이며 또한 풀어야 할 숙제이기도 하다. 그런데 화려한 오늘과 찬란한 내일만이 존재한다는 단견으로 어제를 잊어버리고 있는 것은 아닌가 싶다.

걱정 없고 풍요로운 내일을 갈망한다면, 지나간 역사를 생각에서 쉽게 버려서는 아니될 것이다. 어제가 있었기에 오늘이 전개되고, 내일을 꿈꿀 수 있는 것이 아니겠는가. 과거가 기록과 구전으로 남아 있었기에 인류가 추구하는 것보다 한층 높은 목표가 익어간다는 것을 깨달아야 하겠다. 이러한 과정은 극히 평범하면서도 실행이 뒤따르지 않는다면 불가하다는 것은 또한 당연한 만고의 철칙이다.

모든 생명체는 튼튼한 뿌리와 몸통, 그리고 푸른 잎을 갖추어야

제 기능을 발휘할 수 있다는 사실을 모르는 이는 없을 것이다. 그처럼 기나긴 민족사의 흐름 속에 생명의 맥락이 끊이지 않고 이어왔음은 생명체의 뿌리에 해당된다. 거기에 맞추어 튼튼하고 병들지 않은 몸통을 마련해 놓아야만 향기나는 꽃과 달콤한 열매를 보장받을 수 있을 것이다.

우리 속담에 〈두 마리 토끼를 다 잡을 수는 없다〉는 말이 있다. 역사와 경제를 함께 얻기란 쉬운 일은 아니겠지만, 상대적으로 뒷전에 밀려 있던 하나를 꼽으라고 한다면 민족정신의 주체인 우리 역사를 들 수 있겠다. 그렇지만 우리 민족에게 가장 절박하게 요구되는 것이 있다면, 나의 민족과 이웃 나라의 역사 관계를 바로 아는 것이다. 나와 주변과의 객관적인 관계를 알지 못하고서는 국토의 분쟁이나 민족 간의 갈등은 끊임없이 복잡하게 이어질 것이다.

역사학을 통해 현재의 문제점을 알 수 있고, 나아갈 길을 예측할 수 있다는 뜻이다. 역사의 뿌리를 공유한 민족은 어떤 난관難關도

극복할 수 있는 생명력을 지니기에 역사를 바로 알고 남기는 일은 아무리 강조해도 지나침이 없을 것이라 하겠다.

　민족의 과거사에서도 결코 해서는 안 될 일들을 남긴 많은 사람들이 있었다. 그것은 오늘날에도 더러운 흙탕물과 오물이, 빛나는 보석과 함께 존재하는 것과 마찬가지다. 살아 있는 사람들은 이 세상에 왔다가 타인의 가슴에 피멍을 주는 일은 결코 하지 말아야 할 것이다.

　앞서 많은 역사 기록을 살펴보았지만 이번에 태어나는 『을사사화乙巳士禍』는 어느 정치 상황과는 비교할 수 없는 점들이 많이 보인다. 한 여인이 일으킨 극성스러운 폭풍과도 같은 치맛바람 이야기이다. 사건 모두가 사리사욕과 무지하고 무도한 본성에서 일어난 역사의 흔적이라고 밝히지 않을 수 없다. 국가의 내일은 안목에도 없이, 유능한 인재와 충신들을 없는 죄목을 씌워서 죽여 버린 괴수라고 해도 남음이 있을 것이다.

다만 그 상황을 지켜보고만 있던 신神은 공평했다. 악비 문정 왕후, 그 여인에게는 더 이상 더럽고 교활한 혈맥을 이어가지 못하도록 하였다고 믿어진다. 보기 드문 악비 윤씨의 소생으로 태어난 명종 임금은 어머니의 죄과를 대신이라도 하듯, 짧은 기간이나마 영민하고 어진 마음으로 군주君主의 역할을 다해 보려 하였다. 그러나 인명은 유한한 것이라 아름다운 꿈을 실행하지 못하고 생을 마감하였으니, 일면 안타까울 뿐이다.

살아 있는 이들에게나, 역사의 인물로 남겨진 그들에게 잘못된 일들을 모두 묻고, 사실을 감추거나 찬양과 후한 평가만을 남기지 않음으로써 우리들은 삶을 깊이 있게 보는 눈을 갖게 될 것이다.

2011년 3월

신선이 노닐던 동네 삼선동에서

사화가 발생한 데 있어 학통과 정치적 이념의 문제가 큰 비중을 차지했다면, 당쟁은 순전히 정
권을 잡기 위한 투쟁적인 성격으로 말미암아 정치적 당파성이 강하였다. 또 사화의 영향으로 사
림들이 고향에 은둔해 학문 연구에 전념하면서 성리학性理學의 발전을 가져온 반면, 은둔한 사
림들에 의해 생긴 서원書院이 학문뿐만 아니라 정치에 관한 논의를 하는 장소가 되면서 후세 당
론의 진원지로서 붕당 세력의 온상이 되었다. 이러한 서원의 발달과 성격은 조선 왕조의 정치
문화적 특성과 정치 투쟁의 새로운 양상을 가져오게 한 요인이 되었다는 점에서 주목된다.

조선시대 4대 사화

조선 시대 4대 사화

    사화士禍는 '사림士林의 화'의 준말로서, 조선 중기에 신진 사류들이 훈신과 척신들로부터 받은 정치적인 탄압을 일컫는다. 1498년(연산 4)의 **무오사화**戊午士禍, 1504년(연산 10)의 **갑자사화**甲子士禍, 1519년(중종 14)의 **기묘사화**己卯士禍, 1545년(명종 즉위)의 **을사사화**乙巳士禍가 그 대표적인 예이다. 사화는 일으킨 쪽인 훈척勳戚 계열에서는 난으로 규정하였으나, 당한 쪽인 사림은 정인正人과 현사賢士들이 죄 없이 당한 화라고 주장하여 사림의 화라는 표현을 썼다. 그러던 끝에 사림파가 정치적으로 우세해진 선조宣祖 초반 무렵부터 사화라는 표현이 직접 쓰이기 시작했다.

    근대 역사 인식의 초기 단계에서 사화는 대단히 부정적으로 평가 되는 경향이 있었다. 일제 강점기 일본인 학자들은 식민주의적인 역사 인식의 차원에서 한민족의 부정적인 민족성의 하나로 당파성을 거론하였고, 이후 사화는 당쟁의 전주에 불과한 것으로 설명되었다. 그러나 이는 조선왕조 정치에 대한 편협한 이해에 불과하다 할 것이다.

최근에는 조선에 대한 연구가 여러 측면에서 활발하게 이루어지면서 사화에 대한 좁은 소견이 불식되는 발판이 마련되어 가고 있으나 사화를 당쟁으로 연결 짓는 경우는 여전히 많다. 그러나 사화는 단순한 권력 싸움에만 그쳤던 것이 아니라 당시의 사회, 경제적인 변동과 깊은 관련을 가지는 정치 현상이라 하겠다.

외척들이 벌인 권력 쟁탈전의 결과

을사사화는 조선 시대 4대 사화의 하나로서 1545년(명종 즉위) 왕실의 외척인 대윤과 소윤의 반목으로 일어나, 소윤이 대윤을 몰아낸 사건이다. 1백여 명에 달하는 희생자가 발생한 을사사화가 일어나기까지의 과정을 보면 다음과 같다.

기묘사화로 사림들이 중앙 정계에서 밀려난 이후에도 권신들의 정권 다툼은 치열했는데, 신묘삼간辛卯三奸과 김안로金安老의 싸움이 그 대표적인 예라 하겠다. 신묘삼간은 1525년(중종 20) 사형당한 심정沈貞, 이항李沆, 김극핍金克愊 등을 이르는 말이다.

장경 왕후의 딸 효혜孝惠 공주와 김안로의 아들 김희金禧가 결혼

하자 권력을 남용하던 김안로는 영의정 심정과 남곤南袞, 대사헌 이항 등의 탄핵을 받고 경기도 풍덕豊德으로 유배되었다. 다시 중앙으로 복귀하여 권력을 장악하려던 김안로는 조정의 신하들과 내통하던 중, 심정 등이 경빈敬嬪 박朴씨와 내통하며 왕비로 책립할 음모를 꾸몄다고 탄핵하였다. 심정 등을 죽이고 정권을 잡는 데 성공한 김안로는 반대파를 몰아내면서 허항許沆, 채무택蔡無擇 등과 결탁하여 권세를 부렸으며, 자신들의 뜻에 맞지 않는 경우 그 지위의 고하를 불문하고 몰아내겠다고 위협하니 조정은 공포에 휩싸이게 되었다.

그러나 김안로는 중종의 제2계비 문정 왕후 윤씨를 폐출하려고 음모를 꾸미다가 문정 왕후의 숙부 윤안임尹安任의 밀고로 귀양에 보내졌다 사사되었다. 이때 김안로와 함께 처형당한 허항, 채무택을 일컬어 정유삼흉丁酉三凶이라 한다.

김안로 실각 이후 정권 쟁탈전은 그때까지 권력을 잡고 있던 조정의 신하들에서 외척으로 옮겨 가기 시작했다. 신수근愼守勤의 딸로 중종의 비가 된 단경端敬 왕후 신씨는 중종 즉위 직후 폐위되어 후사가 없었고, 윤여필尹汝弼의 딸 제1계비 장경 왕후 윤씨는 세자 이호李岵(인종)를 낳은 뒤 죽었다.

그 뒤 새로운 왕비를 책봉해야 하는 문제에 봉착한 권신들은 자신들의 권력을 유지하고 화를 입지 않을 방법을 걱정하며 각자에게 유리한 방향으로 일을 진행하기 위해 머리를 짜 내기 시작했다. 이 일로 조신간의 일대 논란이 벌어졌으며, 결국 1517년(중종 12) 윤지임尹之任의 딸이 제2계비 문정 왕후로 책립되어 경원慶源 대군(명종)을 출산하였다. 이후 문정 왕후의 형제인 윤원로尹元老와 윤원형은 당연히 경원 대군을 세자로 책봉하려고 꾀하였다. 이때부터 장경 왕후의 동생으로 세자 호의 외숙 윤임尹任과 경원 대군의 외숙 윤원형 사이의 긴장감은 커져 갔다.

장경 왕후가 중종의 제1계비이므로 윤임 일파를 대윤, 문정 왕후는 중종의 제2계비이므로 윤원형 일파를 소윤이라고 하였다. 그리고 조정의 힘없는 신하들이나 그동안 정계에서 소외되어 있던 사림은 두 세력 중의 한편에 속하게 되니, 외척을 중심으로 궁정 내부는 양분되었다. 양 세력의 다툼은 날이 갈수록 치열해져 명종이 즉위하자마자 폭발하고 말았다.

중종이 죽은 뒤 인종이 왕위에 오르자, 외척인 윤임을 중심으로 하는 대윤파가 득세하였다. 이어 인종이 유관柳灌, 이언적李彦迪 등 사림의 명사를 신임하고 기묘사화 이전부터 사림파를 지지했던 이조판서 유인숙柳仁淑 역시 사림을 많이 등용하였다. 이 결과 사림은 기묘사화 이후 다시 정권에 참여하게 되었으나, 정권에 참여하지 못한 일부 사림들이 소윤파에 가담하게 되면서 사림들 사이에도 편이 갈리게 되었다.

인종은 장경 왕후를 잃고 어머니 없이 궁궐의 치열한 알력 속에서 불안하게 자라야 했기에 유약한 인물로 성장하였다. 또한 계모 문정 왕후의 마음을 얻지 못함을 항상 상심하던 것이 병이 되어 재위 8개월 만에 서거하고 말았다.

인종의 뒤를 이은 명종은 당시 12세에 불과했기 때문에 문정 왕후가 수렴청정을 하게 되었고 정권은 대윤 윤임 일파에게서 소윤파의 윤원형에게로 넘어갔다. 권좌에서 물러난 대윤은 윤원형의 형 윤원로를 탄핵하여 귀양 보내는 것으로 반격하려 하였으나 실패로 돌아갔다.

이후 윤원형은 윤임, 그 일파인 영의정 유관, 우찬성 유인숙 등과 사림을 배제하기 위하여 평소 이들에게 원한을 가진 정순붕鄭順朋, 이기李芑, 임백령林百齡, 허자許磁 등을 심복으로 삼아 계책을 세우는데 돌입한다. 그리고 한편으로는 윤원형의 첩 정난정鄭蘭貞으로 하여금 문정 왕후에게 대윤 일파가 역모하고 있다고 무고하게 함으로써 대윤 일파는 역모한 죄를 입게 된다. 이 을사사화로 윤임, 유관, 유인숙 등을 비롯하여 계림군桂林君 이유李瑠, 김명윤金明胤, 이덕응李德應, 이휘李輝, 나숙羅淑, 나식羅湜, 정희등鄭希登, 박광우朴光佑, 곽순郭珣, 이중열李中悅 등이 처형당하였다.

을사사화 이후 혼돈스러운 정국

을사사화의 여파로 사건은 더욱 확대되어 윤원로는 동생 윤원형에 의해 처형되었으며, 또 대윤의 잔당으로 지목된 봉성군鳳城君 이완李岏, 송인수宋麟壽, 이약수李若水 등이 사형당하고 권벌權橃, 이언적, 정자鄭滋, 노수신盧守愼, 유희춘柳希春, 백인걸白仁傑 등 20여 명이 유배당하는 정미사화丁未士禍가 일어난다.

이 사건은 1547년(명종 2) 문정 왕후의 통치와 이기 등의 농간을 비난하는 글을 전라도 양재역良才驛의 벽에 써 붙인 사건을 계기로 일어났다. 소윤파는 이 벽서 사건을 빌미하여 반대파인 대윤을 제거하는데 악랄하게 이용하였다.

윤원형은 이러한 수법으로 사림과 대윤을 비롯해 자신에게 반하는 인물들을 숙청하였고, 비명에 죽은 이들만 해도 을사사화 이래 5, 6년간 1백여 명에 달하였다. 윤원형의 세도와 문정 왕후의 수렴청정은 계속하여 심각한 폐단을 만들어 갔으며, 1553년(명종 8) 명종이 친정親政을 시작한 이후에도 사라지지 않았다.

명종은 이전까지의 악정을 시정하기 위해 아내인 인순仁順 왕후 심씨의 아버지 심강沈鋼(또는 沈堈)의 처남 이양李樑을 이조판서로, 그 아들 이정빈李廷賓을 이조전랑으로 등용하였다. 그러나 이들 역시 명종의 신임을 믿고 파벌을 만들어 세력을 휘둘렀을 뿐만 아니라 자신들에게 순종하지 않는 사림 출신의 윤근수尹根壽, 이문형李文馨, 박소립朴素立, 윤두수尹斗壽 등을 외직으로 추방해 버렸다. 심지어 그들은 사림들을 숙청하기 위해 사화를 일으킬 흉계를 꾸미기도 했으나, 심의겸沈義謙의 밀고로 이양은 유배 후 사사되고 그 일당 역시 제거되었다.

이렇게 혼란한 정국 속에서도 윤원형은 권세와 영화를 누리다가 1565년(명종 20) 문정 왕후의 죽음과 함께 몰락하게 되었고, 신진 사류는 다시 정계에 복귀할 수 있었다. 대윤파로 지목되어 귀양 갔던 노수신, 김난상金鸞祥, 유희춘, 백인걸 등도 조정으로 돌아와 요직을 차지하였고, 재야의 신진 사류들도 많이 등용되어 정계는 사림 중심의 유교儒教 정치가 재현되는 것처럼 보였다.

붕당 정치의 출현

이러한 사림 중심의 대의명분을 중요시하는 유교 정치는 선조 대로 이어지면서 권력 지향적인 붕당朋黨의 싹이 되었다. 조선 전기의 사화는 사화를 일으킨 세력이 훈구 세력에 의해서든 궁중 또는 외척에 의해서든 간에 화를 당한 쪽은 거의 신진 사류였다는 공통점을 가지고 있으며, 그것이 정쟁의 형태를 취하고 있었다는 점에서 후세의 당쟁과 연결된다.

사화가 발생한 데 있어 학통과 정치적 이념의 문제가 큰 비중을 차지했다면, 당쟁은 순전히 정권을 잡기 위한 투쟁적인 성격으로 말미암아 정치적 당파성이 강하였다. 또 사화의 영향으로 사림들이 고향에 은둔해 학문 연구에 전념하면서 성리학性理學의 발전을 가져온 반면, 은둔한 사림들에 의해 생긴 서원書院이 학문뿐만 아니라 정치에 관한 논의를 하는 장소가 되면서 후세 당론의 진원지로서 붕당 세력의 온상이 되었다.

이러한 서원의 발달과 성격은 조선 왕조의 정치 문화적 특성과 정치 투쟁의 새로운 양상을 가져오게 한 요인이 되었다는 점에서 주목된다.

선조의 즉위를 계기로 척신 정치가 종식된 후부터는 정치적인 분쟁과 축출이 있더라도 그것을 사화라고 지칭하지 않았다. 이후로는 사림 안에 복수로 정파가 이루어져 공도公道의 실현이란 공동의 목표 아래 상호 비판하고 견제하며 정치를 이끄는 이른바 붕당정치가 기본적인 정치 원리로 추구되었다. 그랬기에 붕당정치에서 발생하는 정쟁에서는 선악의 구분이 전제된 사화란 표현이 적용되지 않았다.

그러나 붕당정치의 기본 원리가 무너지면서 1721년(경종 1) 정쟁의 중심인물들이 다수 처단된 신임옥사辛壬獄事 이후, 자신들 일파가 희생을 당하면 사화로 일컫는 현상이 잦아지기도 했다. 신임옥사도 같은 맥락에서 신임사화辛壬士禍로 부르기도 했으며, 사건을 미화하고자 왕조 초기의 계유정난癸酉靖難까지 사화로 지칭하기도 했다.

윤원형은 빨리 요직에 오르기 위해 조바심을 내며 성급하게 구는 형 윤원로를 보면서, 자신까지
함께 잘못되는 것은 아닌가 싶어 조바심까지 났다. 윤원로는 윤원로대로 윤원형이 자신의 출세
를 막는다는 사실을 알고는 당장 동생을 집으로 불렀다.

이제 윤원로와 윤원형 형제는 서로 적이 되어 싸우게 되었다. 파평坡平 윤씨는 같은 집안끼리
권력을 놓고 대윤과 소윤으로 갈려 온 조정을 피로 물들이더니 이제 형제간에도 권세를 놓고 으
르렁거리게 된 것이었다.

을사사화乙巳士禍

을사사화乙巳士禍

천아성天鵝聲은 슬피 울리고

1544년(중종 39) 11월 15일, 중종은 조선에 산재해 있는 숱한 문제들을 근본적으로 해결치 못한 채 세상을 떠났다. 궁중에서는 천아성 소리가 길게 울려 퍼졌다. 천아성이란 대궐에서 부는 나팔 소리로, 나라에 급한 변이 있을 때 군사를 모으기 위해 불거나 임금이 밖으로 행차하려고 대궐을 나섰을 때에 장안 백성들에게 고하여 부는 나팔이기도 했다. 또한 임금이 죽었을 때는 이 천아성 소리가 구슬프게 오래도록 반복해서 울렸고 백성들은 이 소리를 들으면 광화문光化門 앞으로 달려가 엎드려 호곡하기도 하고 집에 있어도 북향을 하고 엎드려 통곡하였다. 특히 어진 임금이 죽었을 때는 대개 자기 부모가 죽은 것과 같이 슬피 울음을 터뜨렸다.

세상을 떠난 중종의 뒤를 이어 서른 살의 세자가 즉위하니 조선조 제12대 임금 인종이었다. 아버지 중종이 서거하자 슬픔에 휩싸인 인종은 대행왕大行王*의 빈전에서 침식하며 나오지 않았다. 대행왕의 사자嗣子*인 새 임금은 빈전에 들러 아침저녁으로 곡을 하고 상식上食을 올렸다.

인종은 중종의 부드러운 성품을 꼭 닮았고, 어질고 현명한데다가 효성 또한 출천出天하다고 일컬어졌다. 좋은 시절에 태어났다면 성군聖君 소리를 들었을지도 모르지만, 조정은 자기 사욕을 채우려는 자들로 가득해 치열한 각축전을 벌이던 곳이었으니 왕의 자리를 지켜야 하는 인종에게 무던하고 여린 성격은 괴로운 일이었다.

문정 왕후는 보기 드문 여장부 기질이 농후했으며, 고금에 드문 악녀이기도 했다. 인종을 빨리 제거하고 자신의 소생을 임금으로 삼고 싶었던 문정 왕후는 이것을 좋은 기회라고 생각했다. 문정 왕후는 인종이 숫제 빈전에서 나오지 못하게 가두어 버리고, 임금이 너무나 서러워하다 병을 얻어 죽도록 일을 도모할 계책을 꾸몄다.

그러나 윤임 일파의 대윤이 대권을 잡고 있던 시대였으니 문정 왕후 뜻대로 쉽게 일이 이루어지지는 않았다. 윤임은 인종의 외삼촌으로, 인종의 어머니 장경 왕후의 오빠였다. 윤임은 문정 왕후 윤

---

* 대행왕大行王: 왕이 죽은 뒤 시호를 올리기 전에 높여 이르던 말.
* 사자嗣子: 대代를 이을 아들.

씨의 9촌 아저씨가 되며, 문정 왕후의 동생들로서 대권을 쥐고자 분주하고 치열한 나날을 보내는 윤원로와 윤원형에게는 동문의 삼종숙三從叔이 된다.

이렇듯 윤임과 윤원로 형제는 서로 멀지 않은 친척이면서도 치열한 세력 다툼을 하였고, 세인들은 윤임 쪽의 항렬이 높고 중종의 계비이므로 대윤大尹이라 부르고 윤원로 형제는 소윤小尹이라 불렀다.

인종을 제거하려는 소윤 일파의 음모

소윤파로서는 왕세자가 없는 이때 인종의 목숨만 끊으면 다음 왕위는 자연히 인종의 동생인 경원 대군에게 넘어가고, 소윤의 시대가 열리게 되는 일이었다. 사람들 사이에서는 인종이 아이를 못 낳는 것 아니냐는 말이 흘러나왔고, 그런 소문의 뒤에는 문정 왕후가 있었다.

중종에게는 서자가 셋 있었는데, 그중에 복성군福城君 이미李嵋는 1533년(중종 28) 일명 작서灼鼠의 변으로 희생되고 봉성군과 덕흥군德興君이 남아 있었다. 그러므로 대윤은 소윤에게 정권이 넘어가는 것을 막기 위해 무슨 수를 써서든 문정 왕후 소생 경원 대군에게 왕권을 넘겨주지 않으려 하였다. 대윤들은 왕이 이제 서른으로 한창 나이인데 왜 손을 못 낳겠느냐며, 그것은 임금을 능멸하는 것이라 몰아세우려 했다.

문정 왕후로서는 하루 바삐 전실 아들인 인종을 없애 버리는 길 밖에 달리 방법이 없었다. 그리하여 문정 왕후는 인종을 대행왕의 빈전에 유폐하고 말려 죽일 공작을 하였던 것이다. 그러자 조정에 가득한 대윤파의 대신들은 줄줄이 입궐하여 빈청賓廳에서 의논한 끝에 왕대비를 뵐 것을 청하였다. 문정 왕후는 당황은커녕 시치미를 뚝 뗀 채 충순당忠順堂에서 대신들을 인견하였다. 겉으로는 서로들 격식을 차리고 있지만 속으로는 칼날이 서 있는 그들이었기에, 분위기는 냉랭하여 일촉즉발의 상태였다. 우선 형조판서 상진尙震이 앞으로 나서며 어찌하여 금상今上 전하를 빈전에 유폐하고 있는지를 여쭈었다.

　금상은 현재 왕위에 있는 임금을 뜻하니 곧 인종을 가리키며 하는 말이었다. 대윤들이 단도직입으로 나오자 문정 왕후는 낯빛이 변하였으나 대사헌 송인수가 곧이어 말하였다.

　"겉으로는 거애擧哀 중이라 하지만 기실은 그를 기화로 성상을 유폐시킨 것입니다. 상주喪主임을 핑계로 일부 역적들이 성상을 시역하고자 노리는 일입니다. 바로 윤원로와 윤원형 형제가 역적의 무리입니다."

　"내 친정 동기간들이 역적이란 말이오? 그 말은 바로 계모인 내가 전실 아들을 죽이고 내 소생 아들을 임금으로 삼으려고 한다는 게 아니오?"

　대윤들은 일이 진행되고 있는 이면을 파악하고 있었기에, 물러서지 않고 사실을 곧이곧대로 전하였다.

문정 왕후도 상황이 이 같이 봉착하자, 일단 후퇴하지 않을 수 없었다.

"나라의 어른은 어디까지나 상감이시지 이 미망인이 아닙니다. 지금 당장 앞서 부언유설을 퍼뜨려 민심을 현혹시킨 자를 찾아 처벌할 것이며, 이 일에는 조금도 사심이 없을 것입니다."

문정 왕후는 대윤들의 탄핵에 굴복하였고, 윤관을 비롯한 대윤들은 사실 아닌 소문을 퍼뜨린 소윤의 거두巨頭 윤원로와 윤원형을 규탄하기 시작했다. 유언비어란 인종이 명종을 암살할 것이라는 소문을 말하는 것으로, 정권은 대윤이 잡고 있었기에 윤원로 형제를 처단하라는 규탄의 소리는 거셌다. 대윤들이 이렇게 거세게 몰아붙이자 문정 왕후는 일단 동생 윤원로와 윤원형을 안전한 곳으로 귀양보내기로 하였다.

오히려 형제를 파직하는 문정 왕후

인종이 즉위하기 전 중종 말년에 들며 대윤과 소윤의 싸움은 치열해졌고, 조정의 뜻 있는 이들은 이것을 크게 개탄하였다. 장차 큰 문제로 번질 것을 염려한 대사간 구수담具壽聃은 급기야 임금에게 사실을 고하였다.

"근래에 조정에서는 동궁(인종)의 외숙 윤임을 대윤, 중궁(문정 왕후)의 동생 윤원형을 소윤이라 부르며 각각 당파를 세워 싸우고 있습니다. 시급히 진정시키지 아니하면 앞으로의 모든 환란은 여기서 비롯될 것이옵니다."

이것은 대윤과 소윤이라는 파당이 생겼음을 정식으로 표명한 것
이었다. 이와 같은 말을 들은 중종도 크게 놀라 처음에는 그 출처를
밝히라고 명령하였으나, 여러 사람이 다칠 것을 우려하는 의정부
장들의 간청에 더 묻지 않기로 하였다.

이 말을 들은 판돈령부사 윤임은 책임을 지고 벼슬에서 물러나려
했으나, 중종은 만류하였고 그 뒤를 이어 대사헌 정순붕의 탄핵이
올라왔다. 이 속에서 중종은 아무런 결단을 내리지 못했고, 두 파는
조정과 궁중에서 싸움을 계속하였다. 당시 세자의 자리에서 이 싸
움을 지켜보던 인종은 스스로가 민망하여 자신은 아우 경원 대군과
아무런 틈이 없다는 것을 강조하는 내용의 글을 써서 성명聲明할 지
경이었다.

그러던 중 중종이 세상을 뜨고 인종이 즉위하자 이전까지 중도적
입장에서 관망하던 사람들은 모두 윤임 일파의 대윤으로 쏠렸고,
대간臺諫에서는 윤원로와 윤원형을 내쫓으라고 들고 일어났다.

그러나 인종은 효자였다. 인종은 윤원형을 내쫓기는커녕 계모 문
정 왕후를 위해서 공조참판으로 벼슬을 올려 주었다. 도승지가 공
조참판보다 요직이라 할 수 있지만 참판은 종2품이요, 도승지는 정
2품이니 한 품계를 뛰어 올린 승진이었다. 인종은 이렇게 하여 문정
왕후의 마음이 편안할 수 있도록 신경을 썼다.

그러나 문정 왕후는 이러한 인종이 조석으로 문안 인사를 드리러
대비전에 들어오면, 자신이 낳은 아들 경원 대군을 불러 앉혀 놓고

는 임금에게 으르렁대기 일쑤였다.

일반적으로 선왕 사망 뒤 26일이 지나면 새로 즉위한 왕이 친정을 하기 시작하였으며, 이때부터는 조석상식朝夕上食 때에만 상복을 입고, 그 외에는 길복을 입고 지냈다. 그런데 인종은 상복을 벗지도 않고 늘 빈전에만 들어앉아 있어야 하는 상황이었다. 한 나라의 왕이 이렇게 시간을 보내야 했으니 참으로 딱한 일이었다. 인종은 마음이 여리고 선해 신하의 올바른 말도 기꺼이 듣고, 백성의 고난을 자신의 고난으로 여겼기에 이중 삼중으로 압박감은 커져 병은 더해 갔다.

대윤들이 문정 왕후 윤씨를 찾은 얼마 뒤, 그녀는 인종을 불렀다. 빈전에 들어 있던 인종은 상복 차림으로 들어섰다. 임금이라도 면류관冕旒冠이나 익선관翼善冠을 써야 임금의 위엄과 권위가 확고해 보이는 것인데, 인종은 상복 차림이니 보통 사람과 다를 바 없이 보였다. 왕권의 상징인 익선관을 보면 함부로 못할 말도, 죄인의 상징인 굴건屈巾을 하고 있으면 말하기가 쉬워지는 법이었다.

남편인 중종마저도 자신의 뜻대로 다루어 왔던 문정 왕후였으니 유약한 인종쯤 다루기는 더욱 어렵지 않았다. 인종이 들어서자 문정 왕후는 뜻밖의 말을 꺼냈다.

"윤원로는 극형에 처하고 윤원형은 파직시켜 절해고도에 유배시키십시

익선관

오. 도대체 죽이려거든 어서 괴롭히지 말고 죽일 것이지, 대간들까지 시켜서 나를 괴롭히다가 말려 죽일 셈이오? 그리고 빈전에서 거애擧哀하여 기거하시는 것도 그만두십시오."

인종이 놀라며 그럴 수 없다는 반응을 보이자 문정 왕후는 자신의 뜻을 굽히지 않고 더욱 성화였다.

"나더러 상감을 빈전에 유폐하고 시역弑逆하려 한다고 온 조정에서 몰아세워 역적으로 삼고 있습니다."

문정 왕후는 이렇듯 인종의 가슴을 조여 왔다.

인종과 인성 왕후의 마음고생

윤원형은 파직당한 뒤 저녁이 되면 남산으로 올라가 신령과 부처님께 기도를 올리며 어서 임금이 죽을 수 있도록 빌었다. 문정 왕후는 그보다 더한 미신 추종자여서 짚으로 허수아비를 만들어 가슴에 비수를 꽂고는, 인종의 침전 문 앞 뜰 밑에 몰래 파묻게 하였다. 문정 왕후는 그밖에도 이러한 등속의 방법 중에 새로이 영험이 있다는 소리만 들으면 즉시 시행하였다. 또한 밤이면 부처님에게 임금을 어서 데려가고 자기 소생의 왕자가 임금이 되게 해달라고 빌었다.

대자대비大慈大悲 부처님의 뜻은 아니었겠지만 반대파들의 끈질긴 노력으로 마음과 함께 몸까지 병약해진 때문이었는지, 인종은 그들의 저주처럼 이질痢疾에 걸리고 말았다. 설사 증상으로 닭죽만을 먹던 왕은 차차 거둥도 못하게 몸이 나빠졌을 뿐만 아니라 여러 다른 병발증도 생겨 중환은 더해 갔다. 결국 부왕의 인산을 겨우 마친 인종은 몸져누웠다.

어진 인종과 그의 아내 인성仁聖 왕후 박朴씨는 계모 문정 왕후 밑에서 항상 전전긍긍하며 오붓한 부부생활 한번 못해 본 내외간이었다. 인성 왕후의 나이는 인종보다 한 살 위로 서른둘이었다. 인성 왕후는 1524년(중종 19) 겨우 열한 살의 나이에 세자빈으로 간택되어 가례를 올리고 빈에 책봉되었으며, 세자였던 신랑은 열 살에 불과했다. 그 뒤로 20년을 해로하며 인종은 아내에게 항상 다정다감한 남편이었다. 아버지 중종은 후궁을 탐내어 이리저리 꽃에 취해 헤매다가 계모의 강샘을 많이 받았지만, 인종은 후궁에게 빠질 겨를조차 없었다. 그렇지 않아도 문정 왕후가 왕의 일거수일투족을 트집 잡아 대는 판에 만약 그랬더라면 견뎌 내지 못했을 것이었다.

한편 계모 문정 왕후의 심중을 잘 알던 인종이 문정 왕후의 아들 경원 대군에게 왕위를 물려주기 위해 인성 왕후와의 슬하에 일부러 자녀를 두지 않았다고도 전한다.

평생 가슴앓이를 하다 겨우 왕위에 오르자마자 죽을병으로 회복할 가망이 없어진 인종을 보는 인성 왕후는 남편이 너무도 불쌍했다. 인종 역시 자신은 죽으면 그만이지만 혼자 남을 아내가 딱하기 그지없었다.

인성 왕후는 왕비로 즉위할 때 왕비 책봉을 사양하였다. 아이가 없는 자신을 대신해 새 왕비로서 적손을 얻게 할 길을 열어 두기 위함이었으나 인종은 박씨를 왕비로 책봉하였다. 그런 인성 왕후는 이제 그 남편마저 죽으면 외톨이로 남겨졌다가 아예 그 자리를 잃을 것이 뻔한 노릇이었다. 이런 현실에 인종은 중전의 손을 붙들고 눈물지었다.

인성 왕후는 나주羅州가 고향인 박용朴墉의 딸로 태어났다. 박용은 나중에 증 영의정에 금성錦城 부원군이 되어 나주 박씨의 시조가 되지만 본은 반남潘南 박씨였다. 박용은 군기시정 박치朴緇의 둘째 아들로 1467년(세조 13) 태어나 한양에서 자랐다. 사마시에 합격한 박용은 생원이 된 다음 대과에 여러 차례 낙방하다가 음보로 벼슬길에 올라 전설사 별제를 거쳐 황해도 은율殷栗 현감을 지내던 중 딸이 세자빈으로 간택되었다. 그는 대과는 못했지만 글씨를 잘 썼으며 특히 송설체松雪體에 능하였다.

박용은 딸이 세자빈이 되자 종친부 전첨이 되고 돈령부 부정에 승진하였으나 병이 위독해지자 절충장군첨지중추원사折衝將軍僉知中樞院事의 직을 받고 1524년(중종 19) 하세하였다.

든든한 장인이라도 있었으면 덜 외롭고 힘들었을 것이나 인종은 장인 없는 처가를 갖게 되었으니, 자신이 죽은 뒤에 왕비를 보호하는 일을 외숙 윤임에게 당부해 두기로 했다.

윤임은 대윤의 주요 인사로서 당시 조정의 실권을 모조리 쥐고 있었으며, 인종을 보호하는 세력의 핵심 인물이기도 했다.

윤임이 의정부 우찬성의 요직에 있었음에도 인종은 그를 자주 만나지 않으려 했다. 편파적인 결정을 내릴 것을 미리 피하기 위함이었고, 또 윤임을 사사로이 만나는 것을 문정 왕후가 알면 큰 소란을 피우기 때문이기도 했다. 그러나 자신이 세상을 떠날 때를 직감한 인종은 외삼촌 윤임을 불렀다. 무과 출신으로 금년 나이 쉰아홉에 기골이 장대한 윤임은 임금의 부름을 받고 침전으로 입시하였다.

"이제 내가 죽은 뒤에 홀로 남는 중전은 찬물에 뜬 한 방울 기름과 같이 될 것이오. 무슨 일이 있으면 외숙이 아들들과 함께 저 불쌍한 여인을 뒤에서 보살펴 주셔야 합니다. 그렇다고 윤원로 등과 싸움을 일삼아서는 아니 됩니다."

"전하. 신 등의 목숨을 걸고 지켜 드릴 것이옵니다."

알 수 없는 불안한 정국이었으나, 윤임은 위와 같이 답하였다.

재위 1년도 안 되어 하직하는 인종

1545년(인종 1) 여름 6월이 되자 인종의 환후는 더욱 위독해졌다. 다시 깨어나지 못할 것을 각오한 왕은 삼공三公을 불러들여 병상 앞에 앉혔다. 영의정은 윤인경尹仁鏡, 좌의정은 유관, 우의정은 성세창成世昌으로 당시 성세창은 명나라에 사은사로 가고 없었다.

인종은 두 정승에게 유언하였다.

"과인의 병이 이렇게 중함에도 불행히 대를 이을 아들이 없으니 경들은 선대왕先大王의 적자인 나의 아우 경원 대군을 세우고 국사를 잘 다스리도록 하시오."

읍소泣訴하는 두 정승에게 임금은 조용히 다음 말을 이어 나갔다.

"또 조광조趙光祖는 어진 선비였는데 억울하게 죽으니, 늘 내 마음이 쓰라렸소. 내 조광조를 신원하고 현량과賢良科를 다시 시행하려고 하였으나 마음먹은 바를 이루지 못하고 가니, 경들은 내 뜻을 받들어 조광조의 관직이나마 회복시켜 주기 바라오. 그리고 나에게 절친한 사람은 우찬성 윤임의 아들 윤흥인尹興仁과 윤흥의尹興義 형제이니 그들에게 맡겨 내 장사를 치르도록 하오."

현량과는 중종 때의 혁신적인 정치가 조광조에 의해 실시된 제도로서, 이론에만 치우쳐 능력 있는 인재들을 얻지 못하는 경우가 많았으므로 한漢나라의 현량방정과賢良方正科를 본떠 이론과 실천을 겸비한 과거제를 실행한 것이었다. 한양에서는 육조판서와 홍문관, 대간 그리고 지방에서는 각 관찰사가 후보자를 선발해 추천하면 예조에서 그 행실 등을 종합적으로 파악해 왕에게 제출하였고 왕은 이를 참작하여 직접 시험을 보고 인재를 등용하였다.

인종은 그 외에도 부탁하고 싶은 말들이 많았으나 혹여 누가 병풍 뒤에서라도 들을까 봐 심중에 있는 말을 더 이상 할 수가 없었다.

윤인경과 유관은 인종의 명을 받들어 그날로 조광조의 관작을 회복시키는 절차를 밟았다.

한편 문정 왕후는 인종의 마지막 숨통을 끊기 위한 노력을 계속하여 인종에게 올리려고 전의감에서 가지고 오는 약봉지까지 일일이 자기 눈으로 확인하였다.

결국 1545년 7월 1일 인종의 목숨은 끊어졌다. 좌의정 유관이 슬피 목 놓아 울면서 한탄하였다.

"이제는 모든 신민臣民들에게 불행이 닥쳐왔구나. 영특하오신 임금이 겨우 재위 8개월에 돌아가시니, 이 나라의 국사가 장차 어찌 될 것인가!"

이때 옆에서 듣고 있던 호조판서 임백령이 귀를 곤두세우며 유관의 곁으로 바짝 다가서 무슨 비밀한 공론이라도 있으면 시생이 참여해도 괜찮겠느냐 물었다. 이에 유관은 기가 막히다는 듯이 눈물을 거두며 그를 빤히 쳐다보았다.

유관은 대윤의 계열이었고 임백령은 소윤 윤원형 측에 가담한 자였다. 그런데 짐짓 동지인 척 모의에 참석하겠다고 말한 것이다. 임백령은 중종 말년에 현량과를 다시 살리자는 의논에 홀로 반대한 사람이기도 했다.

임백령은 빈청 밖으로 물러 나오며 안팎의 여러 사람에게 두루 들리도록 큰소리로 외쳤다.

"선대왕의 아드님이 또 한분 계신데 무엇이 근심이란 말이오!"

임금이 숨이 지기가 무섭게 소윤파는 이렇게 안면을 바꾸고 나섰고, 이는 커다란 싸움이 일어날 것임을 암시하는 것이나 마찬가지였다. 임백령의 그 소리는 다른 의미로는 경원 대군을 임금으로 세우면 되지 무슨 딴 모사를 꾸미려는 것이냐며 대중 앞에 폭로하는 것과 같았다. 그 말대로라면 유관은 대행왕의 고명을 받은 원상으로서 경원 대군을 임금으로 세우는 것이 아니라 다른 어떤 모사를 꾸미는 것처럼 되어 버리는 것이었다.

지난번 윤원로 형제를 파직시킴으로써 조정에서 실권을 잃고 고개를 숙여야 했던 소윤파였으니, 임백령의 이 소리는 대윤파를 향한 선전포고이기도 했다.

그런데 착한 임금 인종이 억울하게 목숨을 잃은 데 대해 하늘이 전혀 무심한 것은 아니었는지, 이튿날부터 구름이 들이닥쳐 하늘을 뒤덮더니 폭우를 퍼부어 댔다. 처음에는 천둥과 번개로써 한바탕 경계하고 꾸짖더니, 마침내 경복궁景福宮의 경회루慶會樓에 벼락을 쳐 때렸다. 경회루를 힘껏 때린 벼락은 아름드리 기둥나무 여덟 개를 토막 내어 완전히 박살내 버렸다.

명종의 즉위와 문정 왕후 윤씨의 야욕

인종이 죽은 지 닷새 후인 7월 6일, 다음 임금으로 경원 대군 이환李峘이 즉위하니, 곧 조선조 제13대 임금 명종이다. 명종은 이때 나이 열두 살로, 2년 전인 열 살에 경원군慶源君으로서 청릉靑陵 부원군 심강의 딸 심씨를 아내로 맞았고 1545년 정월에 경원 대군으로 진봉되었다가 이제 임금이 된 것이다. 왕비로 봉해진 그의 아내 부대부인 심씨는 열네 살의 인순 왕후였다.

신왕의 즉위와 함께 인종의 비 인성

심강의 묘비.
「숭록대부 영돈령부사 겸 오위도총부총관 청릉부원군 증시 익효공 심공지묘」

왕후 박씨는 중전의 자리에서 물러나 왕대비가 되고 문정 왕후는 대왕대비가 되었다. 명종은 정사를 친히 다스리기에는 어린 나이였기에 그의 어머니 인명仁明 대왕대비 윤씨, 즉 문정 왕후가 섭정하기로 결정이 되었다. 명종의 즉위와 함께 윤원로와 윤원형도 복직되었고 문정 왕후는 일침이 담긴 한마디를 조정 대신들에게 하였다.

"전에는 떠도는 말을 하는 자들이 조정에 있어서 요사스러운 말들이 많았던 것으로 아오. 이제 그러한 것은 일체 버리고 새로운 정신으로 나라를 다스리기 바라오."

과거에 윤원로 등에게 시끄러웠던 말을 일체 꺼내지 말라는 엄포였다. 대신들은 아무 소리 않고 물러나왔다.

그러나 아무리 여장부라 하여도 막중한 조정의 대사를 문정 왕후의 치맛바람만으로 처리할 수는 없는 일이었다. 문정 왕후가 어린 임금을 데리고 나와 첫 번째 백관을 만나 보게 된 곳은 충순당이었다. 대비와 임금이 전좌殿座하자 당장에 그 자리의 위치부터 가지고 말썽이 생겼다.

그러나 문정 왕후의 생각은 달랐다. 그랬다간 자신이 신하들을 등 뒤에 두고 앉은 셈이니 마주 내려다보고 호령할 수가 없게 될 터였다. 그렇게 되면 수렴垂簾(발)은 어디다 칠 것인가? 대비는 여자이니 내외법에 따라 편전에 전좌할 때에도 수렴은 쳐야 했다. 임금의 뒤에 앉아 그 사이에 수렴을 드리워야지, 임금의 앞에 나와 앉으면 수렴이 임금 시야의 한쪽까지 가릴 것이었다. 이 문제를 가지고 승정원에서는 이야기가 분분하였다.

대윤과 소윤, 치열한 당파 싸움의 시작

조정은 아직도 대윤 일파가 득세를 하고 있는 때였다. 대윤은 문정 왕후가 이미 자신들에게 정면으로 일침을 놓았음에도 소윤을 제거하려는 작전을 시작했다. 가만히 있다가는 자신들의 생명조차 보전키 어려울 것이 분명했으니 대윤 입장에서도 정면으로 돌파해야만 했다. 새 임금 명종과 문정 왕후와의 첫 대면 날에 대윤은 칼을 먼저 뽑았다.

"대비마마, 윤원로는 전일 대행왕과 금상 전하를 이간시킨 불충하기가 막심한 자이옵니다. 그는 대비마마의 오라버니가 아니라 왕실의 적이요, 국가의 역신입니다."

영의정 윤인경이 서두를 꺼내자 문정 왕후의 얼굴은 굳어버렸다.

"윤원로를 죽이라 그 말이오?"

"대행왕 전하께서는 아우님이신 금상 전하를 지극히 아끼셨습니다. 그리하여 다른 장성한 아우님이 있음에도 금상 전하께 위를 물려주시고 승하하시었습니다."

문정 왕후는 인종과 명종 형제의 우애가 좋았음은 천하가 다 아는 사실이며 인종의 지극한 효성으로 자신과의 관계 또한 원만했음을 강조하며 거짓말을 늘어놓았다. 그러나 좌의정 유관이 즉시 그 말을 걸고 넘어졌다.

"그런데 윤원로가 말한 대로 형제간 싸움으로 인해 대행왕 전하가 세상을 뜨셨다면 그 누가 시역을 해서 승하하셨다는 말입니까? 이것은 설사 사실이 아니라도 그대로 넘길 수 없는 일이니 철저히 사명해야 합니다. 정녕 그렇다면 궁중에 대행왕을 시해한 범인이 있을 것이 아닙니까. 윤원로가 요망한 말을 퍼뜨린 죄를 다스리지 않으시면 백성들은 큰 의혹을 사옵니다."

이쯤 되면 협박 치고는 무서운 협박이었다. 국가의 대권을 한 손에 쥐었다고 자만하던 문정 왕후의 판단은 큰 오산이었다. 실권은 문정 왕후가 획득했지만, 트릿하게 행동해 대윤 편에 미움을 사느니 차라리 자리나 보전하는 것이 상책일지도 몰랐다.

그리고 한편으로 문정 왕후 스스로 양심에 찔리는 바가 없지 않았던 것이다. 백성들에게 그런 의혹이 있다면 이것은 정변의 큰 구실과 명분이 될 터였다. 이러다가 권력을 쥔 대윤파가 들고 일어나 정변이라도 일으킨다면 어떻게 막을 것인가. 문정 왕후는 윤원로를 주살하라는 것은 바로 대윤들이 자신의 옆구리에 칼을 들이대는 것과 같다고 생각했다. 하지만 이것을 섣불리 물리치면 다음에는 자신을 압박하는 모양새가 더욱 심해질 것이니 일단 무마해 후퇴하는 수밖에 없다고 판단하였다.

문정 왕후의 대답에 득의만면한 것은 윤임 일파인 영의정 윤인경과 좌의정 유관 등이었다. 그러나 이것은 문정 왕후의 지략을 섣불리 보고 그 사람됨을 너무 얕본 행동이었다.

명상名相 이준경李浚慶은 후일의 당파 싸움을 예언하고 걱정한 사람으로서, 이때는 형조참판으로 있었다. 그는 중도적 입장을 표명하고 있었으나 대윤파에 가까웠다. 윤원로를 지금 처벌했다가는 대윤과 소윤의 각축이 극에 이르러 큰 화가 날 것이 자명했기에 이준경은 영의정 윤인경과 좌의정 유관을 찾아가 말하였다.

"지금 윤원로를 죽이라고 하면 대비의 마음이 좋겠습니까?"

윤인경과 유관은 고개를 끄덕였으나, 대윤 일파의 대간들은 윤원로를 처형해야 한다는 극론을 계속하였다.

한편으로 윤원로의 동생 윤원형은 불안했다. 이러다가 자신에게까지 화살이 겨누어지게 되면, 사건은 점점 확대되어 소윤 전부가 쑥밭이 될지도 몰랐다. 우선은 자신의 형에게 책임을 모두 전가하는 것이 상책이었다.

"형님을 어서 먼 곳으로 유배해 버리소서. 그렇게 하시면 오히려 대비마마께서 동정을 사시옵니다."

윤원형은 제 누이 문정 왕후에게 이렇게 전했고, 문정 왕후도 대신들 앞에서 언약했던 바였기에 윤원로를 불러들여 자신의 뜻을 일렀다. 윤원로는 문정 왕후의 뜻을 받들 수밖에 없었다.

"신이 공연한 소리를 퍼뜨린 죄로 귀양 가지 않으면 우리가 모의해서 대행왕을 시역한 것이 되니 가겠습니다마는 마마께서도 조심하셔야 하옵니다."

이렇게 되어 제 세상이 펼쳐질 것이라 꿈꾸던 윤원로는 그만 해남海南으로 귀양을 가서 위리안치圍籬安置 되었으나 동생 윤원형은 무사했다. 윤원형은 인종 재위시 공조참판에서 파직되었다가 명종 즉위와 함께 예조참의로 등용되었으니 계급은 낮아졌으나 여전히 소윤의 핵심 인물이었다. 또한 조정에는 그의 부하로서 호조판서 임백령, 병조판서 이기, 지중추부사 정순붕, 대사헌 허자 등의 거물이 요소요소에 자리하고 있었다.

거기에 더해 우의정 성세창이 명나라 사행에서 돌아오던 도중 객사하자, 병조판서 이기가 우의정을 겸하게 됨으로써 소윤은 삼공 가운데 한 자리도 차지하게 되었다. 또 대호군 최보한崔輔漢도 윤원형의 심복이었고, 대사간 김광준金光準도 점차 포섭되었으며 좌찬성 민제인閔齊仁도 중도적 입장에서 소윤 쪽으로 기울고 있었다. 이제 소윤도 활개를 펴기 위한 기본 세력을 형성한 셈이었다. 이밖에도 윤원형에게는 정난정이라는 지략이 뛰어난 첩이 있었다.

인성 왕후를 통해 신원을 청하는 폐비 신씨

문정 왕후와 숙적 관계에 있는 대윤의 윤임은 인성 왕후를 위문한다는 구실로 이따금 대내에 드나들었다. 인종은 죽기 전 외숙 윤임에게 인성 왕후의 뒤를 보살펴 주도록 부탁한 일이 있으므로, 윤임은 자신이 인성 왕후를 알현하는 것은 대행왕의 고명이라고 대외적인 명분을 내세웠다. 그러나 이는 은근히 궁중의 사정을 탐지하고 또한 견제하는 행위였다.

이렇게 되니 더욱 문정 왕후도 인성 왕후를 더욱 함부로 하지 못하였으며, 조정의 실권자인 윤임이 이따금 들어 위로의 환담을 나누고 가는 처지이니 대내의 여러 상궁 나인이나 무감 내관들도 인성 왕후를 무시할 수 없었다.

인성 왕후의 위신을 이렇게 만들어 놓는 윤임의 행동이 못마땅하여 그를 눈에 가시와도 같이 생각하던 문정 왕후에게 뜻밖의 구실이 생겼다. 중종의 비로서 폐위당한 단경 왕후 신愼씨에게서 봉서가 올라온 것이다. 신씨는 아버지 신수근이 매부 연산군燕山君을 위해 중종반정中宗反正 모의에 반대했다는 이유로 왕후의 자리에서 쫓겨나 2백 년 뒤에야 단경 왕후로 복위되었으며 살아서도 일평생 음지에서 불운하게 살았던 여인이다.

단경 왕후는 중종 원년인 1506년에 폐출되어 어언 40년을 고독과 한탄 속에서 살아야 했다. 단경 왕후가 당시 진성晉城 대군이던 중종과 혼인하여 부부인府夫人이 된 것은 1499년(연산 5)이었다. 그 7년 뒤에 남편이 왕위에 오르자 신씨도 왕비가 되었으나 곧바로 폐위당하며 죄인이 되었다.

중종반정의 혼란한 틈에 신씨의 친정아버지 신수근이 반정 세력으로 몰려 살해된 지 7일 만에 신씨도 폐위되어 본가로 쫓겨난 것이다. 신씨에게는 소생조차 하나 없었다.

신씨의 고모는 진성 대군의 형 연산군의 왕비로 연산군 시대에 그들이 목숨을 보전할 수 있었던 것은 신씨가 연산군 비의 조카라는 이유도 있었다.

연산군 밑에서 좌의정을 지내다가 중종반정 뒤에 살해된 신수근의 남은 가족은 쇠락할 수밖에 없었고, 신씨 역시 퇴락해 허물어져 가는 집에서 여생을 보내던 중 1544년(중종 39) 남편 중종이 서거하였다는 소식을 들었다.

그러던 어느 날 친정이 있는 일영에 절을 짓고 지내는 폐비 신씨에게 뜻하지 않은 손님 하나가 찾아들었다. 환갑을 바라보는 쉰아홉의 폐비 신씨가 방문을 열고 내다보니 한 여승이 서서 말하였다.

"신은 지난날의 윤尹 상궁이옵니다. 처음에 마마를 모시었고 다음에는 승하하신 장경 왕후 마마를 모시었으며 그 다음에는 문정 왕후 마마를 모시던 윤 상궁입니다."

폐비 신씨는 온갖 감정이 교차하며 쉽게 말문을 열지 못하였다. 옛 세월이 아련하였다.

괴로운 일생을 보내던 폐비 신씨에게 한 가지 소원이 있다면, 이제 남편 중종이 세상을 떠났으니 신원하여 죄인이라는 누명을 벗고 죽어서라도 낭군 곁으로 갈 수 있게 되는 것이었다. 신씨의 뜻을 알아차린 윤 상궁의 얼굴에 화색이 돌았다.

대윤과 소윤이 싸우고 있었지만 그 가운데 있는 인성 왕후에게 청을 하면 문정 왕후가 속한 소윤과 윤임이 속한 대윤 양쪽 실세의 허락을 받게 될 것이니 일이 수월하게 풀리리라는 윤 상궁의 판단이었다. 인성 왕후를 대하는 문정 왕후를 보면, 일리가 있는 말이었다.

중종의 세 번째 부인 문정 왕후에게 첫 번째 부인 신씨의 폐위는 다행한 사건이었겠지만, 이제 중종이 죽은 지 햇수로 2년이 되어 가니 신원마저 거절하랴 싶었기에 폐비 신씨는 탄원해 보기로 하였다.

폐비 신씨는 손수 언문으로 자신의 심중을 펼쳐 글을 써 내려갔다. 중종의 본부인 신씨가 셋째 부인 문정 왕후 윤씨에게 자신의 죄 없음과 구천에 사무치도록 억울한 죄를 벗겨 달라는 소청을, 둘째 부인 장경 왕후 윤씨가 낳은 인종의 아내 인성 왕후 박씨의 입을 빌어서 탄원하는 것이었다. 며느리에게 전하는 글이지만 처지가 처지이니 칭신稱臣해서 글월을 올렸다. 봉서는 윤 상궁을 통해 윤임에게 전달되었다. 윤임에게서 폐비 신씨의 편지를 받아든 인성 왕후의 눈망울에 어쩔 수 없이 눈물이 고였다. 폐비 신씨의 지난하고 쓸쓸한 삶이 인성 왕후에게도 고스란히 전해졌다. 자신 역시 혹 궁에서 쫓겨나지는 않더라도 남은 평생을 불안히 보내야 하는 처지였다.

그런데 바로 이 장면을 조용히 문틈으로 엿보는 자가 있었다. 문정 왕후의 첩자였다. 문정 왕후가 인성 왕후를 건드리지 않고 부드러이 대한 것은 윤임이 속한 대윤 일파와 인성 왕후를 제거하기 위한 기회를 잡기 위한 책략이었는지도 몰랐다.

대윤 타도의 계책을 실행하는 인면수심의 윤원형

한편에서는 윤원형의 첩 정난정이 궁중을 드나들면서 문정 왕후와의 연락을 맡았다. 윤원형 등이 대윤의 탄핵을 받고 삭직되어 궁중 출입이 금해지자 윤원형은 정난정을 통해 문정 왕후와 연통하기 시작했다. 윤원형이 자주 드나들면 대윤 일파가 시끄럽게 들고 일어날 것이므로 윤원형은 정난정을 시켜 궐내 사정을 속속 알아 오게 한 것이다.

이렇게 하여 소윤의 거두 윤원형이 윤임과 대윤 일파를 제거할 준비를 갖추는 데에는 불과 한 달 남짓에 불과했다. 1545년(명종 즉위) 7월에 윤원로가 해남에 부처된 후 곧 이은 8월에 그 아우 윤원형은 칼을 뽑았다.

윤원형은 문정 왕후의 처소로 들어가 준비가 되었음을 알렸다.

"대비마마, 윤임이 자기 조카 되는 계림군을 대행왕의 양자로 세워 조정을 뒤집으려 합니다."

문정 왕후는 깜짝 놀랐다. 계림군 이유는 윤임의 생질이었다. 윤임의 누이 둘은 왕족과 혼인하였는데 계림군의 어머니가 손위요, 인종의 어머니 장경 왕후가 손아래였다. 계림군의 어머니는 월산月山 대군의 장자 덕풍군德豊君의 아내가 되어 아들 셋을 두었고, 그중 둘째인 계림군은 성종의 서자인 계성군桂城君 이순李恂에게 양자 갔다. 그러니까 계림군은 죽은 인종과는 사촌 간이었다.

계림군은 이미 양자로 있었으며, 죽은 인종보다 열네 살이나 위인 마흔다섯 살이었다. 윤원형의 말대로 이러한 사람을 양자로 삼는 경우는 참으로 부득이한 경우로, 가까운 종친이 없어서 사위嗣位한다면 모를까 사실상 이러한 양자란 있을 수 없는 일이었다. 후궁의 자식은 적자가 있는 한 왕위 계승권이 없었고, 그러니 똑똑한 체하다가는 반역죄로 몰려 죽기 십상이었다. 못난 척이나 하다못해 미친 척이라도 해야 하는데 계림군만은 똑똑하다는 소문이 나 있어 윤원형 일파의 모함을 받게 된 것이다.

덕풍군 묘비.
「승헌대부 덕풍군 증시 소도공지묘.
파평현 부인 윤씨지묘」

문정 왕후는 오로지 친아들 명종을 왕위에 앉히는 것이 필생의 소원이었기 때문에 이에 조금이라도 방해가 된다 싶은 자가 있으면 용서하지 않았다. 이 사실을 잘 아는 윤원형은 이 점을 이용하여 문정 왕후의 감정을 극도로 자극하였다.

인종의 죽음은 너무도 갑작스러웠으며, 또한 임종 때에 윤임 등 대윤 일파만 자리하고 있었기에 이것이 화근이 되어 인종의 죽음에 의혹이 있다거나 다음 후계자는 명종이 아니라 계림군이다 라는 등의 소문이 있던 것을 대윤과 계림군에게 덮어씌운 것이다.

윤원형은 다음날 정난정을 문정 왕후에게 보내 궐내에서도 물증을 하나 만들어 줄 것을 청하였다. 문정 왕후는 흡족한 미소를 띠우고는 언문으로 윤원형에게 보내는 편지를 썼다.

〈윤임은 대행왕의 고명을 빙자해 그 생질부 되는 왕대비 인종 임금의 비 박씨를 위로한다고 드나들며 이제 상부喪夫한 지 한 달밖에 안 되는 미망인의 손목을 잡는 등 해괴한 짓을 하는 것을 본 눈이 두셋이 넘습니다. 그리고 계림군이 보낸 만리장서의 봉서를 윤임이 전하는 것을 목격한 눈이 있을 뿐만 아니라 양자 소리를 여러 차례 들은 귀가 있으니 윤임 일당을 일망타진하도록 하십시오.〉

문정 왕후는 동생이 시키는 대로 영의정을 거치지 않고, 정난정을 통해 밀지를 공조 참판 윤원형에게 건넸다. 이것은 대윤 공격의 마지막 신호였다. 윤원형은 그날 밤, 참모들을 모아 대윤 타도의 명령이 내렸음을 발표하였다.

윤원형은 그길로 이기, 임백령, 정순붕 등의 심복들과 대윤을 타도할 구체적 방안을 논의하였고, 궁중의 문정 왕후도 윤임에게 어떻게 죄증을 조작해 씌울 것인가 고심하였다.

윤원형은 밀지 건을 가지고 사간원과 사헌부의 합동 회의를 열었다. 사헌부와 사간원은 양사兩司라 하여 요즘의 검찰과 감사원을 겸한 막강한 권부였다. 모든 음모는 이기의 머릿속에서 나왔다. 그는 먼저 한글로 쓴 가짜 편지를 만들어 대궐 마당에다 흘리도록 했다. 윤원형이 직접 쓴 이 편지의 내용은 〈돌아가신 인종의 왕비 인성 왕후가 문정 왕후에게 하루 속히 윤원형을 제거해야 한다〉고 했다는 것이었다. 이어 윤임이 속한 대윤 일파가 명종의 즉위와 문정 왕후의 섭정을 반대하고 있다는 소문을 퍼뜨려 문정 왕후를 더욱 진노하게 만들었다.

다음날인 1545년(명종 즉위) 8월 22일 아침 일찍 소윤 윤원형 일파는 나라에 큰일이 났다면서 긴급 어전회의를 소집하였다. 이기, 윤원형, 정순붕 등은 승정원에 들어가 나라에 크나큰 사건이 발생하였으니 대왕대비와 임금을 알현하고자 한다며 상주토록 하였다. 기다리고 있던 문정 왕후는 짐짓 놀라는 척하며 아들 명종과 함께 충순당으로 나섰다. 문정 왕후의 명령에 궁중 부중에 있던 당상관급 대신들도 모두 입시하였다.

왕후의 밀지, 바로 법률이 되다

"이렇게 별안간 하던 공사들도 다 중지하고 입시하라 한 이유는 다름이 아니라 나라에 크나큰 역적모의가 있다는 사실이 밝혀졌기 때문이오. 어디 그 내막을 자세히 밝혀 보시오."

문정 왕후의 이 말이 떨어지자 이기가 어전으로 나와 밀지의 내용을 다시 고하였다. 이기는 이때 나이 일흔으로 겨우 마흔 살밖에 되지 않은 윤원형의 수족이 되어, 제 이종 동생인 유인숙까지 죽이려고 하였다. 예순한 살의 유인숙은 이종형이 어전에 나가 뒤에 서 있는 자신을 무함하는 것을 보고 기가 막혔을 것이다. 제 일신의 영달을 위해 친척과 부모, 동기간도 가릴 것이 없었던 것이다.

아직 어전의 형세는 두 파가 막상막하로, 결정권을 쥐고 있는 것은 명종과 문정 왕후였다.

"이것은 매우 놀라운 일이로구나."

어린 명종이 말하자 가슴이 내려앉은 윤임은 황급히 어전에 부복하였다.

그러나 이번 기회에 대윤을 제거해야만 하는 소윤이었다. 소윤들은 하나같이 나서 거짓을 진실로 뒤바꿔 강력히 주장하였다. 문정 왕후는 육경六卿 이상의 원로대신들을 모두 불러 다시 의논할 것을 분부하였고 다시 격론이 벌어졌다.

영의정을 지내고 영중추부사로 있는 홍언필洪彦弼은,

"유관과 유인숙은 다른 벼슬로 좌천하고 윤임은 이 소란의 책임을 지워 유배하소서."

하고 온건한 주장을 폈으나 역시 소윤 편을 들었다. 이어 우참찬 신광한申光漢이 인심을 진정시키는 뜻에서 윤임의 죄를 관대히 처분

하면 좋지 않겠느냐는 뜻을 밝혔고 좌
찬성 이언적도 사건은 공명정대하게
처리해야 하니 물증이 필요하다고 주
장하였다. 이언적은 백성들이 송덕비
를 세울 만큼 선정을 베푼 사람으로
곧은 이였다.

「백 휴암 (인걸) 선생 유허비」

사실 증거가 희박하였으므로 정순
붕도

"종사를 모해한다는 결정적인 형적
이 아직 없으니 경중에 따라 죄를 주되 극형은 피하소서."
하며 일보 후퇴하였다.

원체 사건이 애매했으므로 대윤을 실각시키는 정도로 온건히 마
무리 지으려던 소윤들은 백인걸이 상소를 올리자 크게 정신을 차렸
다. 잘못하다간 자신들이 모조리 당하게 될 터였다. 윤원형의 사주
를 받은 정순붕은 말을 바꿔 윤임을 맹렬히 공격하였다.

"윤임은 지난날 삼흉 김안로, 허항, 채무택과 손잡고 국모를 해치
고자 하였으나 일이 잘 안되자 다시 중종 대왕이 동궁을 폐하고 경
원 대군을 세자로 세우려 하신다고 거짓말을 퍼뜨려 조정을 불안하
게 하였습니다. 그리고 이제 대행왕이 승하하여 자신의 지위가 불
안해지자 권신들과 결합하고 불궤不軌를 꿈꾸어 노리는 자이옵니
다. 극형에 처하십시오!"

정순붕은 대사헌을 쟁쟁히 지낸 사람이므로 탄핵하고 언론을 움

직이는 데에는 빠삭했다.

"또한 좌의정 유관, 좌찬성 이언적, 병조참의 이임李霖, 이조판서 유인숙, 판의금부사 권벌 등은 윤임과 부동符同(한통속)이 되어 일을 거사하고자 한 자이니 극형에 처해야 하옵니다."

처형당하는 대윤 일파와 계림군 일가의 몰락

소윤이 막바지 공격을 가한 지 불과 이틀 뒤인 8월 24일, 윤임은 먼 남해의 섬으로 유배하고 유관은 서천舒川, 유인숙은 전라도 무장茂長으로 유배되었다.

그리고 이날 새 내각의 명단이 발표되었다. 우의정 이기, 이조판서 임백령, 호조판서 민제인, 대사헌 허자, 대사간 나세찬羅世纘으로서 소윤이 입법, 사법, 행정 3권을 모두 독차지하게 되었다.

문정 왕후는 빨리 일을 마무리하고 싶었다. 어느 사이 윤임 일파의 세력이 어린 명종이나 중전에게 손을 뻗치고 있는지도 알 수 없는 일이었다. 이럴 즈음 정순붕 등이 윤임 일파의 극형을 강력히 주장하고 나섰다. 문정 왕후는 다음날 왕을 앞세우고 충순당으로 나와 소윤 일파 몇 사람의 상주하는 말만 듣고 나서 처분을 내렸다.

"대역 죄인 윤임, 유관, 유인숙은 사사하고 그밖에 부동한 자들은 각기 경중에 따라 멀고 가까운 곳으로 유배하도록 하오."

그러나 소윤의 거두 윤원형으로서는 아직 성이 풀리지 않았다. 겨우 세 사람을 죽이고 몇 사람을 귀양 보내는 정도로는 대윤의 뿌리가 뽑힐 리가 없다는 것이 그의 생각이었다. 윤원형은 며칠 후 정난 정을 시켜 경기도 관찰사 김명윤이 명종에게 밀계를 올리도록 했다.

〈역적 윤임의 생질 계림군 이유는 윤임의 남은 세력을 비밀히 모아 흉모를 계획하고 있사옵니다.〉

이는 윤임에게 완전한 역적 누명을 씌우기 위해 사건을 확대시킨 것으로 밀계를 받아 본 문정 왕후는 김명윤을 크게 칭찬하며 즉시 불러들여 인견하였다. 이제 계림군마저 처치할 구실이 생긴 것이다.

한편 계림군의 어머니 윤씨는 성종의 후궁 남빈南嬪 남씨와 친했다. 그녀의 동생 장경 왕후가 효혜 공주에 이어 인종을 낳자 효혜 공주는 이모인 윤씨와 공주의 할머니뻘인 남빈 남씨가 맡아 기르다시피 했다. 장경 왕후가 인종을 낳고 얼마 되지 않아 산후병으로 세상을 떠나자, 효혜 공주는 차가운 문정 왕후보다는 이모 윤씨와 할머니 남빈 남씨를 친어머니처럼 대하였다.

효혜 공주는 자라서 김안로의 아들 김희에게 하가하였으며, 김희는 연성위 延城尉로 봉해졌다. 그런데 김희는 심정과 유자광柳子光에게 원한을 품은 아버지 김안로의 사주를 받고 두 사람을 제거하려고 이른바 작서의 변을 조작했었다. 그런데 이 일은 엉뚱하게 중종의 후궁 경빈 박씨와 그 아들 복성군에게 화를 미쳐 죽음을 당하였고, 1531년(중

경빈 박씨 묘비. 「경빈 밀양박씨지묘」

종 26) 김희의 죄도 밝혀져 사사되었다. 이로써 김안로의 집은 역적으로 몰려 풍비박산이 났다.

그런데 효혜 공주는 김희가 죽기 불과 얼마 전 딸 하나를 낳고 세상을 떠났고, 남빈 남씨는 계림군의 어머니 윤씨에게 효혜 공주가 하가할 때 가지고 간 보물을 어떻게 할 것인지 상의하였다. 효혜 공주의 유산인 보물 여덟 상자는 이모인 계림군의 어머니 윤씨가 맡았다가 효혜 공주가 자라면 주기로 하였다.

계림군의 어머니 윤씨는 세상을 떠날 무렵, 자신의 아들 삼형제에게 보물 여덟 상자를 나누어 주었는데 그중 둘째 아들인 계림군에게 보물을 가장 많이 남겼다. 효혜 공주의 외동딸 김씨가 자라서 문정 왕후의 친정 조카인 윤백원尹百源에게 시집가게 되니 문정 왕후는 관심을 안 가질 수가 없었다.

그때에야 효혜 공주 딸의 소유인 보물 여덟 상자가 대부분 계림군에게 돌아간 사실을 알게 된 문정 왕후는 계림군을 불렀다. 그러

윤백원 묘소

나 이미 계림군 삼형제는 그 물건을 처분해 쓴 지 오래였다. 계림군 형제는 목록을 적어 주면 그 값으로 변상하겠다고 했으나 간수를 위해 가져간 물건을 처분하였으니 문정 왕후는 이때부터 계림군 일가를 괘씸하다고 생각하기 시작했다.

윤임 처형 뒤 계림군을 역모 혐의로 붙잡을 것이 결정되자, 이조 정랑으로 있던 계림군의 처남 정자鄭磁가 허겁지겁 그 사실을 전하였다. 정자는 송강松江 정철鄭澈의 형으로 정자의 누나 둘 중 한 명은 윤임의 아내였고, 한 명은 계림군의 아내였다. 윤임과 계림군은 외삼촌과 생질 사이일 뿐만 아니라 아내 쪽으로는 동서 지간이기도 하여 안팎으로 얽혀 있었다. 계림군이 과거 윤임의 세력을 믿고 문정 왕후의 보물 환수 명령쯤 무시해 버린 것도 사실이었다.

죄 없이 잡혀 무서운 형극을 당할 생각을 하니 계림군은 도망가는 수밖에 없을 것 같았다. 계림군은 양화도楊花渡에서 배를 타고 배천白川, 평산平山, 우봉牛峰, 토산兎山, 이천伊川, 평강平康을 거치며 헤매다가 함경도 안변安邊의 황룡산黃龍山 기슭 이웅李雄의 집에 숨어 삭발하고 승려가 되었다.

그런데 계림군을 잡으러 간 금군禁軍들에게 계림군이 도망갔다는 소리를 들은 윤원형과 문정 왕후는 속으로 크게 기뻐하였다. 그것은 오히려 계림군이 실제로 역모를 꾸몄다는 충분한 구실이 되기 때문이었다. 윤임 등의 사형 집행은 잠시 연기되었다.

이럴 때 진사 안세우安世遇가 조정에 또 하나의 밀계를 올렸다.

〈윤임 집의 계집종 모린毛麟은 대내로 출입하면서 서신을 전하였습니다. 또한 윤임의 첩 옥매향玉梅香은 음모의 전말을 잘 알고 있으므로 윤임은 옥매향을 집 안에 가두고 늘 감시하게 하였으며, 그밖에 윤임의 가속으로 이에 관련 된 자가 많으니 모조리 잡아 문초하여 처단해야 하옵니다.〉

안세우의 밀계에 따라 윤임의 식솔과 친척들은 줄줄이 잡혀 금부에 투옥되었다. 계집종 모린과 첩 옥매향 그리고 윤임의 세 아들 윤흥인, 윤흥의, 윤흥례尹興禮와 윤임의 사위 이덕응도 잡혀왔다. 이들을 문초하는 추관은 호조판서 임백령과 대사헌 허자였다. 그런데 이덕응의 형 이덕문李德文은 평소에 임백령과 친했기에, 그날 밤 임백령 처소로 찾아 가 동생을 구할 방법을 탄원했다.

한참 생각하던 임백령은 친구의 청도 들어 주고 또 윤임도 없애, 윤원형에게 잘 보일 묘안을 생각해 냈다.

"자네 아우더러 모든 것을 윤임이 했다고 고변하면 죽음을 모면할 수 있을 걸세. 윤임은 이왕 죽을 사람이니 이덕응이 그렇게 말한다면 내 자네 아우만이라도 살려 보겠네."

장인을 고발하는 일이었으나 동생의 목숨이 더 중요했던 이덕문은 옥으로 찾아가 이덕응을 설득시켰다.

이럴 즈음 토산 현감 이감남李坎男은 계림군이 토산 부근으로 잠입했다는 소식을 듣고, 계림군의 집종 무응송無應松을 매수하여 황룡사의 승려로 둔갑해 있는 계림군을 잡는데 성공하였다.

계림군이 잡혀 오자 문정 왕후는 직접 죄를 신문하기로 하고, 친국 장소는 경회루의 남문으로 정하였다.

계림군은 문정 왕후와 동갑으로 마흔다섯이었다. 그는 윤임이 자신을 추대하려 했다는 말은 뜬소문일 뿐이라며 결백을 주장하였으나 무릎을 꿇리고 그 위에 널판을 댄 뒤 무거운 돌을 올려 뼈를 으스러뜨리는 압슬형壓膝刑, 불에 달군 쇠로 몸을 지지는 단근질이 이어지자 거짓으로 자복할 수밖에 없었다. 계림군에게 돌아온 것은 처형 명령이었다.

봉성군 묘비.
홍경주 외손자, 희빈 홍씨 아들.
「왕자 봉성군지묘. 동래군부인 정씨지묘」

다음으로 끌려온 것은 윤임의 사위 이덕응이었다. 이미 계획된 대로 추관 임백령의 심문을 받기 시작한 이덕응은 곤장 몇 대를 맞고는 순순히 거짓을 사실로서 고하기 시작하였다.

"옹립하자는 종친은 계림군으로 윤임과 함께 모의에 가담한 자는 유관, 유인숙, 성세창, 박성번朴成蕃 등입니다. 봉성군을 추대하려는 자도 있었으나 그는 스스로 사양하고 계림군의 추대를 도왔습니다."

이리하여 봉성군 이완까지 화를 입어야 했다. 봉성군은 중종의 서자로 희빈熙嬪 홍洪씨 소생이었다. 그 외에도 수많은 선비들이 끌려와 당한 고문으로 경회루 남문 앞은 유혈이 낭자하였다.

바로 그곳에서 얼마 떨어지지 않은 곳에 인종의 관이 놓여 있었다. 아직 인종의 관이 출상하지도 않았는데 무자비하게 외척과 공신들을 도륙하였으니 참으로 무자비한 정치적 보복이었다.

8월 28일 어전회의에서는

〈윤임 일당의 죄는 옛날 남이南怡 장군의 역모 죄에 해당하는 것이

니 그들을 살려두면 나라가 위태롭다.〉

라고 결정되어 마침내 다음날 윤임, 유관, 유인숙에게 사약을 내렸
다. 윤임과 유관, 유인숙을 처단하는 데 있어 이기 다음으로 공을
세운 자가 정순붕이었다. 그의 동생과 아들 그리고 사위까지 모두
정난공신靖難功臣으로 녹훈되었는데 정순붕은 중신들의 뒤를 밟다
몰래 마루 밑과 같은 곳에 숨어 들어가 엿듣고 있다가 재빨리 윤원
형에게 이 사실을 보고한 밀정이었다.

문정 왕후는 이번의 옥사를 합리화하기 위해서 이번 사건에 공로
가 있는 자를 표창하고 공신호功臣號를 내리기로 했다. 그리하여 자
신의 뒤를 든든히 해놓자는 계산이었다. 공이 있는 자는 물론이거
니와 별로 공이 없어도 포섭해야 할 사람에게 공신호를 주고 나면
한 일파가 되는 것은 어렵지 않은 일이었다. 공신호는 보익공신保翼
功臣이니 그야말로 왕을 곁에서 보좌하는 공신을 뜻했다.

보익 일등공신은 이기, 임백령, 정순붕, 허자였으며 보익 이등공
신은 홍언필, 윤원형, 민제인, 최보한, 김광준, 임구령林九齡, 한경
록韓景錄이 되었다. 영의정 윤인경은 윤원로를 귀양 보낼 때에는 앞
장을 섰지만 지금은 윤원형에게 포섭되어 이등공신에 올랐다. 이언
적은 정순붕으로부터 극형에 처하라는 탄핵은 받았지만 삼등공신
에 올랐으며, 송인수 같은 소윤의 반대파도 삼등공신으로 포섭되었

정황 묘소. 정철의 형, 선조 후궁의 장인.

다. 안세우와 김명윤 역시 보익 삼등공신에 올랐다.

또한 문정 왕후는 이기가 꼭 자신의 마음에 드는 말만을 하는지라 그의 말을 받아들여 불과 1개월 만에 인종의 국상을 끝내려 들었다. 임금의 5월장을 단 1월장으로 단축하려 든 것이다. 반대한 사람은 정황丁熿 단 한 사람뿐이었다.

아무리 빨리 국상을 치른다 해도 2달 만에 끝낸다는 것은 지나친 일이었다. 결국 인종의 국상은 3월장으로 2달 더 연장되었다. 10월 15일 발인하는 날에는 왕이 세상을 떠났음에도 길에 나와 우는 사람이 없었다. 이기 등 소윤들이 서슬 퍼렇게 거리를 단속하니 함부로 나와 곡을 했다가는 포도청에 잡혀갔기 때문이었다. 그러한 위험을 무릅쓰고 노인 30명이 거리에 나와 통곡을 하며 인종의 대가大駕를 배송했다고 한다.

소윤 이기와 윤원형은 여기에서 멈추지 않았다. 인종의 능을 쌓는데 봉분에 아무렇게나 잔디를 깔게 하고 석물은 절대 세우지 못하게 했으며, 위패 또한 종묘에 모시지 않고 연은전에 따로 모셨다. 연은전은 왕위에 오르지 못하고 죽은 세자의 위패를 모시는 곳으로, 이것은 인종을 임금으로 모시지 않겠다는 뜻이었다.

1545년의 을사사화는 정치가의 중상모략과 보복이 어떤 것인가를 보여준 대표적인 사례였다. 사화는 당쟁을 부르고 당쟁의 배후에는 반드시 벼슬아치들의 탐욕과 부정부패가 도사리고 있었다.

을사사화의 여파

친국을 끝낸 문정 왕후는 나머지 죄인들에 대한 처리는 추관들에게 맡겼다. 윤임과 계림군 등의 죄는 확실히 판결이 났다. 이튿날 세 사람은 귀양지로 가던 길에 사약을 받아 죽었다. 유관은 죽을 때

"내가 어찌 어린 임금에게 반역할 마음을 품었겠는가. 천지가 알 것이라."

라고 독백하면서 억울해 했다고 한다. 윤임의 아들 삼형제에게도 모조리 사약이 내렸고 계림군에게는 가장 무거운 형벌인 거열형車烈刑이 내려져 계림군의 사지는 여섯 토막이 되었다. 유관과 유인숙에게도 사약이 내려져 사형이 집행되었다. 을사년, 1545년 9월의 일로 수찬 이휘, 부제학 나숙, 참봉 나식, 헌

이중열 단비.

납 정희등, 사간 박광우, 사간 곽순, 정랑 이중열 등 10여 명도 뒤따라 참형을 당하였다.

봉성군은 경상도 울진蔚珍으로 귀양 가는 도중에 병이 심하여 강원도 평창平昌으로 배소가 변경되었으나 그마저도 2년 뒤에 사약이 내려져 목숨을 잃어야 했다.

나머지 종범들도 추관 임백령과 허자의 문초를 받고, 윤임의 첩 옥매향의 차례가 되었다. 순간 아래를 내려다보던 임백령의 두 눈에 담뿍 안개가 끼었다. 26년 전 임백령이 한양에서 대과를 준비하던 중 옥매향과는 사랑하던 사이였다. 그런데 당시 세력가였던 윤임이 옥매향에게 반해 임백령과의 사이를 알면서도 자신의 첩으로 만들어 버렸다. 임백령은 윤임에 대해 정치적 대치 관계를 떠나서도 이와 같은 오랜 원한이 있었다.

임백령은 이제 윤원형의 참모로서 윤임을 쓰러뜨리고 생살여탈의 대권을 쥔 추관으로서 이번의 엄청난 옥사를 다스리고 있었다. 윤임과 적으로 만나 그의 사사를 지켜보고 적에게 빼앗겼던 여인마저 추국해야 하는 현실에 임백령은 만감이 교차하였다. 허자는 임백령과 옥매향의 과거 일을 알고 있었고, 옥매향은 사화와 관련이 없다는 사실을 알았기에 밤중에 조용히 풀어주었다.

이번 사화로 크게 성공하여 대윤을 완전히 타도한 문정 왕후는 을사사화에 참여한 이들의 공신호를 보익공신에서 좀 더 격을 높여 위사공신衛社功臣으로 개칭하도록 하였다. 사직을 보위한 공신이라는 뜻이었다.

그러나 이것은 을사사화의 시초로 대윤 일파는 계속해 잡혀 들었다. 위에 언급한 인물들은 1545년 한 해에 죽은 사람이고 그 2년 뒤에 양재역 벽서 사건이 터지면서 여러 사람이 죽었으며 이후 거의 5, 6년 동안 윤임 등을 지지하였다는 등의 갖가지 죄명으로 유배되고 죽은 자의 수는 1백 명에 이르렀다.

조선 시대 마지막이 되는 을사사화는 연산군 이래 가장 큰 옥사로서 대윤 일파를 그야말로 발본색원하는 무자비한 숙청이었다.

한편 임백령은 숭선崇善 부원군에 봉해지고 의정부 우찬성에 올랐으며 이해 10월에는 사은사가 되어 명明나라에 고명을 받기 위해 떠났다. 그는 동지사와 이듬해 정초의 정조사까지 겸하여 임무를 마치고 돌아오는 길에 영평永平(현 포천시 영평리)에서 병으로 객사하고 말았다.

형제 윤원로와 윤원형의 대치

한편 해남으로 귀양을 가 있던 윤원로는 을사사화가 무르익자 바로 풀려나 일약 정3품 당상관직인 돈령부 도정으로 기용되었다.

윤원로가 한양으로 돌아왔을 때 을사사화는 거의 마무리 단계여서 그가 할 일은 남아 있지 않았다. 윤원로에게는 이것이 천추의 유한이었다. 사실 대윤을 없애고자 서두르다 쫓겨났던 사람은 자신이었는데 조정에서는 그에게 공신호의 말석조차 주지 않으니 윤원로 입장에서는 이번 인사가 마음에 들 수가 없었다.

대윤과의 싸움이라면 윤원로 자신이 최고의 총수로서 최일선에서 지휘를 하던 입장이었는데, 그가 귀양 가 있는 사이 일이 터졌다 해서 진짜 공신인 자신을 제쳐 놓았으니 억울하였다. 윤원로는 즉시 누이동생 문정 왕후에게 항의하였다. 윤원형과 상의하여 관직을 높여 주겠다는 문정 왕후의 말에 윤원로는 더욱 분노했다.

이제 조정은 동생 윤원형이 좌지우지하고 있었다. 문정 왕후는 형제간의 싸움만은 원하지 않았기에 윤원형을 불러 윤원로의 일을 상의하였으나 윤원형의 입장은 단호했다. 여론과 이목이 있으니 민심의 안정을 위해서라도 당분간 윤원로를 요직에 앉힐 수는 없다는 것이었다.

윤원형 역시 을사사화로 공신을 녹훈할 때에 스스로 보익 삼등공신에 오르는 것으로 만족한 터였다. 그리고 보익공신에서 위사공신으로 명칭을 바꿀 때도 이등으로 올랐거니와 그것도 자신은 굳이 사양했었다. 또한 다른 공신들은 부원군으로 봉해 주면서도 자신은 서원군瑞原君으로 봉작받았으며, 벼슬도 정3품 당상의 도승지밖에 차지하지 않았다. 그것은 윤원형 스스로 사태의 분위기를 지켜보기 위해 조심했기 때문이기도 했으며, 그가 점복을 믿는 사람이었던 데도 이유가 있었다.

윤원형은 빨리 요직에 오르기 위해 조바심을 내며 성급하게 구는 형 윤원로를 보면서, 자신까지 함께 잘못되는 것은 아닌가 싶어 조바심까지 났다. 윤원로는 윤원로대로 윤원형이 자신의 출세를 막는다는 사실을 알고는 당장 동생을 집으로 불렀다.

이제 윤원로와 윤원형 형제는 서로 적이 되어 싸우게 되었다. 파평坡平 윤씨는 같은 집안끼리 권력을 놓고 대윤과 소윤으로 갈려 온 조정을 피로 물들이더니 이제 형제간에도 권세를 놓고 으르렁거리게 된 것이었다.

윤원로는 형으로서 손아래인 윤원형을 굴복시키고자 하였으나, 세력은 윤원형이 훨씬 크고 단단했다. 이들을 지켜보던 문정 왕후는 마침내 승정원에 전교를 내려 두 사람을 모두 파직시켜 물러나도록 명하였다. 이 전교는 여러 대신의 간청으로 철회되었지만 조정은 윤원형 편을 들며 은연중 윤원로를 소외시키려는 형국이었다.

이때 윤원형은 정난정이 거두어들인 막대한 뇌물을 이용해 정치 자금으로 활용하며, 문정 왕후에게도 바쳐 문정 왕후의 환심까지 장악하고 있었다.

이에 크게 불안을 느낀 윤원로는 자신이 섭정하기 위한 모의를 꿈꾸기 시작했다. 윤원로는 대내로 들어가 문정 왕후 모르게 명종을 은밀히 알현하고 문정 왕후가 수렴청정을 거둘 수 있도록 일을 진행하고자 했다.

명종 역시도 어머니 문정 왕후와 윤원형이 사람을 지나치게 많이 죽이고 혹형을 가한데 대해 늘 두려웠던 터였다. 윤원로가 그간 행한 일들을 보자면 그의 음모와 계략은 결코 불가능한 이야기는 아니었다. 그러나 만약 명종이 문정 왕후의 수렴청정을 거두고 윤원로가 원상으로서 섭정을 한다면 윤원형 일파는 모조리 피를 뿜고 죽을 것이니, 또 얼마나 큰 모사가 될 것인가.

윤원형은 아무리 형이라도 윤원로를 그대로 두었다가는 자신의 목숨이 위태롭게 될 것을 깨닫자 윤원로를 없앨 계획을 궁리하기 시작했다. 이때 나이 서른셋의 쟁쟁한 언관言官 윤춘년尹春年이라는 자가 있었는데 그는 윤원로 형제의 육촌 동생이었다. 창주滄州 윤춘년은 대과를 거쳐 사가독서賜暇讀書를 하고 문장과 이론에 능하였으며 또한 중국의 역사 소설을 좋아하여 명나라 구우瞿佑의 소설집『전등신화剪燈新話』까지 주해한 실력 있는 학자였다.

그는 을사사화에 윤원형을 도와 크게 활약을 했었기에 윤원형은 다시 윤춘년의 집을 찾아가 도움을 청하였다. 윤춘년은 윤원형의 속을 짐작하고 말하였다.

"타합이 되지 않으면 큰일이지요. 자고로 두 호랑이가 오래 싸우게 되면 양편 다 지쳐서 쓰러지는 법이니 말입니다."

"그러니 한편이라도 살아남는 것이 좋지 않겠는가? 자네 그 좋은 글재주로 상소나 한 장 해보게."

윤원형은 윤원로가 문정 왕후를 배반하려는 낌새까지 눈치채고 있었으므로 어느 정도 확신이 있었다. 윤춘년은 가만히 그 두 형제를 저울질해 보았다. 아무래도 윤원로 편이 약했다. 전부터 윤원로는 매사를 진중하게 처리하지 못하고 급하게 행동하였으나, 그에 비해 윤원형은 지모를 겸비한데다가 침착하기까지 했다. 마음을 굳힌 윤춘년은 즉시 상소문을 올릴 준비를 하였다.

윤원형은 그와 함께 정난정을 시켜 윤원로의 역모 사실을 전하였다. 문정 왕후의 수렴청정을 거둔 뒤 명종이 친정하도록 하고 윤원로가 대리 섭정을 하고자 한다는 이야기를 들은 문정 왕후는 긴장하였다.

윤춘년의 상소문과 숙청당하는 윤원로

때를 맞추어 1546년(명종 1) 2월 사헌부의 언관 윤춘년의 상소문이 올라갔다. 당대의 신진 문장인 윤춘년이 이 한 장의 상소에 모든 것을 걸고 심혈을 기울인 글이니 그 내용은 청산유수였다.

〈……이미 윤임을 죽였다 하오나 대왕대비께서 대행하신 인종 대왕을 폐위시키고자 하셨다는 요언은 세상에 그대로 남아 있어 상금尚수 인심이 가라앉지 않고 있사옵니다. 그런데 이러한 말이 자꾸 새삼스러이 퍼지게 암암리에 작作하는 자는 죽은 윤임뿐만이 아니라 윤원로도 포함이 되어 있사옵니다. 이는 필시 대왕대비를 무함하여 백성의 인심을 들끓게 하고 그에 편승하여 무슨 일을 꾸미려는 뜻이 분명해 보입니다. 그리하여 윤원로는 자기에게 아부하지 않는 자는 누구든 해치고자 할 뿐만 아니라, 신하로서 임금이 암우暗愚하다는 말을 예사로 하고 다녔으며 지난날 인종 대왕이 얼른 승하하시도록 저주를 한 것도 모두 대왕대비께 전가시켰사옵니다. 이는 이미 승하하신 인종 대왕께 대한 대역죄이니 마땅히 그 성명性命을 살려 둘 수가 없는 것이옵니다. 윤원로는 작년에 인종 대왕이 승하하시자 능원위陵原尉 구사안具思顔을 보고 "주상이 승하하시므로 내 심화가 씻은 듯 없어졌다"고 말하였다 하옵니다……〉

구사안은 문정 왕후의 사위이자 윤춘년의 친구로서, 윤춘년이 구사안을 언급한 것 또한 치밀한 계략이었다. 구사안은 중종의 셋째 딸이자, 문정 왕후 소생으로는 둘째 딸인 효순孝順 공주와 혼인하였다. 문정 왕후가 딸의 미래를 생각해서라도 윤원로를 처치하지 않을 수 없게 만든 것이다.

과연 윤원형의 하는 일에는 지모가 따랐다. 이 상소가 들어가 조정이 발끈 뒤집히자 문정 왕후는 탄식하였다. 윤원로의 소행이야 미웠으나 그래도 친동생이니 덮어 두려 하였는데 그럴 수조차 없게 되었다.

마침내 문정 왕후는 윤원로를 파직하여 변방으로 유배보낼 것을 명하였다. 이러한 문정 왕후에게 빗발치는 상소가 올라왔다.

〈윤원로는 대역 죄인이오. 사사하십시오! 지금 윤원로를 죽이지 않으면 언제 다시 모사하여 변을 일으킬지 실로 예측할 수 없는 일이옵니다. 그를 죽이지 않으면 신 등이 사직할 것이옵니다. 나라의 기강을 생각하시고 앞날을 생각하여 대의를 밝히시옵소서. 친형제의 목숨 하나가 종사宗社보다도 클 수는 없는 것이옵니다.〉

그러나 문정 왕후는 친동생을 죽일 수는 없어, 윤원로를 변방에 유배해 위리안치 시키는 것으로 끝맺었다.

무고한 사람들을 처형하는 소윤

윤원형은 이제 자신의 뜻과 마음이 맞지 않는 선비나 벼슬아치는 모조리 내쫓았다. 1547년(명종 2) 9월이 되자 또 한 번 크게 피를 부를 사건이 발생하고 만다. 이른바 양재역 벽서 사건으로 경기도 광주廣州의 양재역 벽 위에 누군가가 붉은 글씨로 크게 낙서를 하여 붙여 놓은 것이다.

〈여주女主가 위에서 집정하고 간신 이기 등이 아래에서 농락하니 나라의 멸망이 가까워졌구나. 이 어찌 한심한 노릇이 아니랴! 〉

정언각 옛 묘비.
「가선대부 호조참판 겸 오위도총부도총관 정공지묘」

사람이 많이 모이는 장소에 붙인 것이므로 길가는 행인들의 주목을 끌었고, 선전관 이노李櫓와 을사삼간乙巳三奸의 하나로 불리던 부제학 정언각鄭彦慤 등은 이것을 즉시 떼어다가 문정 왕후에게 보였다. 1년 동안 큰 사건 없이 소강상태로 접어드는 것처럼 보이더니 을사사화에 대한 백성들의 반발심이 고개를 든 것이었다.

윤원형 일파는 이를 이용해 윤임과 윤원로 잔당을 일소하려 하였다. 영의정 윤인경, 좌의정 이기, 우의정 정순붕, 좌찬성 허자, 판중추부사 민제인, 이조판서 김광준 그리고 윤원형 등은 즉시 한자리에 모여 이 문제를 의논하였다. 결론은 뻔한 것으로 그들은 벽서를 붙인 주범이 누구인지도 알 수 없는 상황에서 그저 윤임의 잔당이 한 짓이라고 단정을 하였다. 조정은 다시 윤임의 잔당을 토벌하는 문제로 시끄러워졌다.

벽서 사건의 혐의를 받고 양재역 찰방 배수광裵繡光과 장흥고동長興庫洞의 유생 전의성全義成은 붙잡혀 와 문초를 당했으나 아무 증거가 없으므로 내보냈다.

이번에는 봉성군과 송인수가 그들의 눈 안에 들었다. 이로써 명종의 이복형 봉성군이 계림군에 이어 종친으로서는 두 번째로 사사당하였다. 송인수는 지난날 대사헌으로 있으면서 윤원로 형제를 탄핵해 파직시킨 인물이었으나, 을사사

이약빙 옛 묘비.
「준암선생 광주이공약빙지묘.
숙부인 악계홍씨 합부.
정축 2월 14대손 범재 입」

화 당시에는 한성부 좌윤으로 있다가 반대로 파직당하고 고향인 충청도 청주淸州로 내려가 은거하고 있었다. 누군가가 양재역에 현 정권을 비난하는 글을 써 붙인 일로 인해 그의 집에도 사약이 내려졌다.

좌통례 이약빙李若氷은 윤임과 사돈 간인 실력 있는 선비로서 옳은 말을 하는 데도 두려워하지 않아 바른 소리를 하다가 쫓겨나는 일이 잦았다. 그는 일찍이 조광조 등의 사면을 상소했다가 파직되었고, 재기용되자 단종端宗과 연산군, 그리고 중종의 서자 복성군의 후사를 세워 제사를 지내게 해야 한다고 상소했다가 또 파직되었다.

이렇게 바른말하기를 두려워하지 않는 사람은 조정에 있어서는

안 되었다. 윤원형은 이번 기회에 그에게도 사약을 내리게 한 뒤 가산도 적몰해 버렸다.

윤원형과 소윤 일파는 이렇게 자신들의 기준에 위험한 인물은 거의 죽이고 그밖에 꺼림칙한 인물은 모조리 이 사건에 연루시켜 극변極邊으로 귀양 보내 위리안치해 버렸다.

이제 대윤은 눈을 씻고 보아도 보이지 않을 정도가 되었다. 그러나 아직 꺼림칙한 또 하나의 거물이 남아 있었다. 북청北靑 땅에 귀양을 가서 한양의 소식이 어떻게 되어 가는지 주시하고 있는 윤원로가 그 장본인이었다. 모든 상황을 조작해서 반대파들을 숨죽이게 만들어 놓았지만 민심은 이탈될 대로 이탈되었으니, 윤원로가 거기에 편승하여 함경도의 군대라도 끌고 쳐들어온다면 적잖은 문제였다.

양재역 사건도 끝이 나고 12월이 되자 소윤들은 이제 슬슬 포문을 윤원로에게로 돌렸다. 양재역 벽서 사건을 뒤에서 사주한 자를 윤원로로 지목하면서 사사할 것을 주청한 것이다. 대간들의 아우성에 문정 왕후는 동생 윤원형을 불렀다. 친형제인 윤원로를 차마 죽이고 싶지 않아 타결할 방책을 묻기 위함이었으나 윤원형의 뜻은 전과 조금도 변함이 없었다.

문정 왕후는 그래도 차마 직접 교지를 내릴 수는 없어서 쪽지에 언문으로 적어 어린 임금에게 보냈다. 쉽게 어머니의 뜻을 따르지 못하고 망설이는 열네 살의 명종 앞에 읍하고 선 윤원형은 임금의 어린 손을 보며 재촉하였다.

윤원형에게는 조금의 주저함도 보이지 않았다. 힘이 없는 명종은 그들의 뜻에 따를 수밖에 없었다. 1547년(명종 2) 12월 26일이었다. 윤원로는 삭풍 부는 변방 배소에서 사약을 받았다. 1년 10개월 동안 울분을 삭이고 있던 그 앞으로 사약이 온 것이다.

그토록 원수로 싸우던 윤임이 똑같은 방법으로 먼저 세상을 떠난 지 불과 2년 남짓 되었을 뿐이었다. 윤원로는 사형을 집행하는 금부도사가 시키는 대로 북향하고 한양의 임금에게 네 번 절을 하고서는, 자신 앞에 놓인 약 그릇을 응시했다.

윤원로의 사사 소식을 들은 백성들은 한탄했다. 이들 남매의 아버지인 파산坡山 부원군 윤지임은 교하交河의 지산리芝山里라는 곳에 묻혀 있었는데, 그곳 사람들은 산소를 보며 빈정거렸다. 윤지임과 그 자식들을 비난하는 소리는 퍼지고 퍼져 나중에는 궁중에 있는 문정 왕후의 귀에까지 들어갔다.

문정 왕후는 크게 노하여 교하 현감에게 엄명을 내려 그런 말을 한 자를 당장 잡아들이라고 호령하였다. 교하 현감은 누구를 잡아들여야 하는 것인지 난감해 하다가 전부터 감정이 좋지 않던 곽원종郭元宗을 범인이라고 붙잡아 보냈다. 문정 왕후는 치도곤治盜棍으로 흠씬 매질하도록 해 귀양을 보냈으나 이는 오히려 백성들의 마음을 멀리 떠나보내는 일이었다.

윤원형의 벼슬은 동지춘추관사로 중종과 인종의 실록을 편찬하는 일이 공식적인 그의 업무였다. 그런 그에게 부하들은 우의정을 하라고 야단이었다. 그도 그럴 것이 자신들의 벼슬이 더 높아 실질적으로 벼슬이 낮은 윤원형을 보기가 민망하였던 것이다. 윤원형은 이번에도 점쟁이를 불러 물어 보았으나 돌아오는 점괘는 아직 4년 동안은 정승이 되어서는 안 된다는 것이었으며, 꾀가 많은 첩 정난정도 그에게 아직 시기가 이르다고 일렀다.

꼬리를 무는 자중지란自中之亂

정당한 방법으로 정권이 이양되면 뒤탈이 없지만 정변을 통해서 정권이 교체되고 권부가 형성되면 탈이 날 수밖에 없는 법이었다. 정변의 주도 세력은 공신이 되고, 주도자들이 자연히 텃세를 부리다가 서로 다투기 십상이니 자중지란이 일어나 끊임없는 권력의 악순환을 이루었다.

양재역 벽서 사건으로 나라가 어수선해진 지도 2년이 흘러 1549년(명종 4)이 되었다. 조정에서는 윤원형 일파만 남게 되었고, 윤원형은 정변에 함께 참여한 주도 세력을 자꾸 도태시켜야 하는 입장이 되어, 다툼은 그들끼리 벌여야 할 상황이 되었다. 윤원형은 적을 없애는 도구로 이용해 온 자신의 수족들 가운데 권력에 욕심을 부리는 자들을 제거할 궁리를 하였다.

그 거물들을 다 제거한 다음에 자신이 정상의 자리에 오를 참이었다. 을사사화의 공신 가운데 임백령은 명나라에 갔다 오는 길에 객사하였고, 정순붕도 세상을 떠났으니 윤원형으로서는 그야말로 잘된 일이었다. 남은 심복은 진복창陳復昌, 윤인서尹仁恕 등이었다.

그런데 이해 4월 즈음 또 한 번 세상이 들썩할 난리가 일어났다. 벽서 사건으로 이약빙이 죽을 때, 그의 아들 둘도 귀양을 가게 되어

큰아들 이홍남李洪男은 강원도 영월寧
越로, 작은아들 이홍윤李洪胤은 고향인
충청도 충주忠州로 갔다.

이홍남은 아버지 이약빙이 죽고 집안
이 망하게 된 것은 모두 동생 이홍윤이
윤임의 사위였기 때문이라고 분함을 감
추지 못했었다. 그 둘은 본래부터 사이
가 좋지 못했는데 벽서 사건으로 더욱
관계가 소원해진 것이다.

이홍윤 묘비. 이약빙 아들.

이홍남은 귀양살이를 2년 가까이 하다 보니 진저리가 났다. 그러
던 어느 날 그는 윤원형이 제 형을 죽인 것처럼 자신도 동생을 옭아
넣고 살아날 꾀를 부렸다. 2년 전 양재역 벽서 사건의 진범으로 동
생 이홍윤을 무고하면 자신이 무사히 살아날 듯싶었던 것이다. 이
홍남은 즉시 한양에 있는 친구 정유길鄭惟吉과 처남 원호섭元虎燮
에게 편지를 써 보냈다.

이홍남은 대과에 급제하고 사가독서까지 지냈으며, 3년 전에는
문과 중시에 급제를 했던 인물로 이제 자신의 생명이 언제 끊어질
지 모르는 형국이 되자 친동생까지 무함하기에 이른 것이다.

〈사제舍弟 홍윤은 본디부터 성질이 나빴던 바 함창咸昌의 요망한 점
쟁이 배광의裵光義와 모의하여 조정의 대신들을 점치며 가로되, "연
산군 때는 갑자년(1504/ 연산 10)과 을축년(1505)에 사람을 많이 죽이
게 하더니 병인년(1506/ 연산 12)에 임금이 쫓겨났다. 이제 금상 전하

도 연산군처럼 사람을 많이 죽이니 오래잖아 쫓겨날 것이다"하고 전부터 이런 무엄한 소리를 하며 동지를 널리 모으고 있었네. 또 대왕대비를 욕하는 일이 한두 번이 아니었으니 아마 양재역의 벽서 사건도 홍윤 일당이 한 짓인 모양이네.〉

이 편지를 받은 정유길과 원호섭 역시 자신들의 출세가 보장되는 일이었으므로 편지를 가지고 승정원에 나가 상변하였다.

문정 왕후는 우선 이목을 피해 영월에 있는 이홍남을 가만히 불러들이도록 궁중의 좋은 말 한 필을 영월로 내려보냈다. 상복을 입은 채로 궁중에 들어선 이홍남을 인견한 문정 왕후는 그에게 주안상을 하사하였다.

금부에서는 충주에서 이홍윤을 불러들여 모진 문초를 하였으며, 그는 매질에 못 이겨 하지도 않은 역모의 내용을 뱉어냈다.

"역모를 했소. 강유선康惟善이 대장이 되고 김의순金義淳, 이언성李彦成 등이 통솔자가 되어 무기를 만들고 군사를 훈련한 뒤 적당한 시기를 보아 서울로 쳐들어 와 종친 중에 모산수毛山守 이정랑李呈琅(정종定宗 후손)을 임금으로 내세울 작정이었소."

모산수 이정랑 모양군 묘비

터무니없이 자기 친구들을 끌어넣어 횡설수설해 버렸으나 그러지 않고서는 견딜 수 없을 혹독한 고문을 당한 것이다.

이렇게 이홍윤의 옥사가 벌어졌다. 그와 친교가 있던 자들은 모조리 잡혀 와 문초를 받았다. 조정에서는 이것을 대역 모반 사건으로 확대하자니 더 많은 연루자가 필요하였고, 처음에는 30여 명 정도였던 것이 결국엔 아무 죄도 없는 충주 일대의 선비들을 거의 일망타진되기에 이르렀다.

주범 이홍윤은 새남터(사남기沙南基)로 끌고 가 능지처참하여 죽였고 그 일당들도 처단되었다. 새남터는 지금의 서울 한강 인도교 시발점의 오른쪽 부근으로 대부분 죄인의 처형이 이루어져 이곳에서 목 잘린 수효가 제일 많았다.

이어 대신들은 충청도에서 역적이 나왔으니 마땅히 그 이름을 고쳐야 한다고 건의해 충청도를 청홍도淸洪道라 고쳐 부르게 하고, 충주목忠州牧은 유신현維新縣으로 강등시켰다.

자신의 동생을 무고해 죽인 이홍남은 그 공으로 일약 정3품의 공조참의에 올랐다.

이어 윤원형은 좌의정이 된 황헌黃憲의 세도가 너무 커지므로 그를 제거하기로 결심하였다. 사관史官 안명세安名世는 사화에 현신賢臣들이 억울하게 죽은 사실을 빠짐없이 『시정기時政記』에 기록하였는데 그 사실을 들춰 문제 삼은 것이 이조판서로 있던 황헌이었다. 그로 인해 안명세는 1548년(명종 3) 2월에 죽임을 당한 뒤 가산도 적몰되었으며, 황헌은 그 공으로 위사공신 3등에 추록되고 우의정에 올랐다가 이번에 좌의정이 된 것이다.

윤원형은 부제학 진복창을 사주하여 황헌을 탄핵하도록 했다.

안명세 묘소

〈좌의정 황헌은 본래 공리를 탐하는 자이옵니다. 전일 김안로를 사사할 때에도 삼흉의 가산을 적몰한 것이 그 자이오며, 공신이 된 후에는 더욱 심하였습니다. 이번에는 이홍윤의 모반 사건에 자신의 사사로운 정을 앞세워 역적 모산수를 두둔하고 변호하였습니다.〉

황헌은 이 상소가 있자, 사실이 아님을 극구 항변하였으나 문정왕후는 이미 동생 윤원형으로부터 사전에 황헌을 제거해야 한다는 말을 들었으므로 단호한 명령을 내렸다. 황헌은 즉각 벼슬을 빼앗기고 조정에서 쫓겨났다.

진복창은 처음부터 윤원형의 심복으로 활약했는데 사람이 어찌나 음험한지 사관들은 그를 가리켜 독사毒蛇라고 기록하였다. 진복창의 아버지 진의손陳義孫은 녹사로 있다가 아부를 잘하여 현감에 올랐는데, 그는 아들을 보고 늘 이렇게 말하였다.

"너는 한미한 우리 집안을 장차 크게 번창하도록 일으켜야 한다. 그래서 네 이름을 복창이라 지었느니라. 권모술수를 써서라도 세도를 잡는 것이 첫째이다."

처음부터 출세를 꿈꾸던 그는 머리가 좋을 뿐만 아니라 문장과 글씨에도 뛰어났다. 진복창은 풍덕豊德으로 고향이 같은 당대의 학자 구수담에게서 글을 배웠는데 당시 그의 아버지 진의손은 대윤의 거두 유인숙의 집 녹사로 있었다. 그리하여 진복창은 개성에 있는 유인숙의 집을 어려서부터 자주 출입했었다.

1535년(중종 30) 진복창이 생원으로서 개성 유인숙의 집에 왔을 때 마침 개성을 순행하던 중종이 별시 문과를 치르게 했다. 별시 문과란 특별히 치르는 과거로서 임금이 친시親試하였으며, 최종 선발 때는 임금이 시험관이 되어 문답하며 선별하였다. 여기서 진복창은 장원으로 급제해 한양으로 올라왔고, 당시의 세도가 김안로는 그를 자기 사람으로 삼아 길렀다. 그런데 김안로의 세도를 업고 있던 진복창은 김안로가 역적으로 몰려 죽임을 당하자 재빨리 대윤 편에 섰다. 아버지 진의손의 주인이던 유인숙과 스승 구수담, 그리고 허자 등은 당시 윤임의 최측근들이었다.

그러다가 대윤이 패하고 소윤이 득세하자 진복창은 얼른 윤원형 편에 서 갖은 아부와 모사를 꾸몄다. 그러자 그의 스승으로서, 대사간을 지낸 구수담은 제자 진복창을 불러 꾸짖었다.

"너야말로 반복이 무쌍한 자이구나. 어찌 선비된 사람이 의를 모르느냐? 그러다가는 결코 네 앞이 길지 못하리니 몸을 조심하고 명리만을 좇지 말아야 될 것이다."

스승은 진심으로 충언을 하였으나 진복창은 그 말에 오히려 앙심을 품었다.

진복창과 함께 윤원형의 신임이 가장 두터운 인물로 영의정 이기가 있었는데, 그는 나라의 어수선한 분위기를 이용해 자신이 꺼리는 구수담, 허자, 이준경, 송순宋純 등을 제거하기로 했다. 윤원형의 내락을 얻은 그는 곧 진복창에게 이 네 사람을 제거할 일을 의논하였다. 구수담에게 감정을 갖게 된 진복창은 즉시 계획을 세웠다. 그러나 아무리 모사에 능한 진복창이라도 이번 일만은 차마 먼저 말을 꺼낼 수가 없었다. 그래서 그는 개성에서 함께 별시 문과에 급제한 동기 사간 이무강李無彊에게 털어놓고 공모하였다.

1550년(명종 5) 7월의 어느 날 경연經筵 자리에 입시한 이무강은 자신들이 제거하고자 모의한 네 사람이 마침 그 자리에 없자 임금에게 상주하였다. 명종의 나이도 이제 열일곱으로 경연에 참여하며 모습뿐이나마 조정을 돌보기 시작하였다.

〈전하, 경상도 감찰사 구수담은 현 조정을 비방하고 을사년에 일어난 사건을 너무 혹심하다고 평하여 이미 귀양 간 자들을 다시 불러들여 복직시킬 준비를 하고 있습니다. 그러하옵고 이조판서 허자도 을사년에 공신이 되었으면서 조정에 늘 불만을 품고 조정 대신들을 분열시키려는 자이옵니다. 그는 늘 이론異論을 제기하면서 구수담, 이조참판 송순 등과 결합하여 죄인의 자제들을 다시 써 보겠다고 조정을 흔들고 있사옵니다. 이밖에 이 두 흉물의 일파인 대사헌 이준경과 그의 형 승지 이윤경李潤慶도 이홍윤을 두둔하고 윤입을 비호하는 등으로 조정을 어지럽히는 불충막심한 자들이옵니다.〉

명종은 소윤이 또 뭇 사람들을 죽이고자 하는구나 생각하였으나 경연에서 들은 말을 어머니 문정 왕후에게 그대로 고해야 했다. 임금으로부터 이무강의 말을 전해들은 문정 왕후는 까닭을 알 수 없었으므로 곧 윤원형을 불러들여 내막을 물었다.

"그들은 진작 처리했어야 할 자들입니다. 다만 윤임과 그 일당을 제거하기 위해 이용했던 것이옵니다. 경상 감사 구수담은 당대의 유신儒臣으로 입심이 지나치게 세 다루기가 힘든 자입니다. 그는 지난 을사년에는 유관을 변호하였으며, 최근에는 유관은 현신이었으니 벼슬을 되돌려 주고 그 자손도 죄에서 풀어 주어야 한다고 주장하고 있사옵니다."

구수담의 이러한 사실을 윤원형에게 고자질한 사람은 진복창이었다. 곧 구수담을 사사하라는 명이 내렸다.

이번에는 판서 허자의 차례였다. 그는 같은 소윤으로서 대윤을 물리치는데 동참하였으나 온건파였다. 그리하여 허자는 위사공신에 양천군陽川君에 봉해지고 벼슬도 올랐으나 항상 이기 등의 강경파와 맞섰기에 좌찬성에 올랐다가 판중추부사라는 한직으로 밀려나게 되었다. 그러다가 금년 비로소 실권이 있는 이조판서로 다시 기용되니 이기 등의 눈에는 가시와 같은 존재였다.

허자를 몰아세우는 명목으로는 민제인의 동생 민제영閔齊英을 문제 삼았다. 좌찬성을 지낸 민제인은 2년 전인 1548년 소윤들이 사관 안명세를 죽이고, 그가 쓴 『시정기』를 고치려 하자 그 부당함을 주장하였다. 이 일로 민제인은 문정 왕후의 노여움을 사서 관작이 삭탈되고 공주公州로 유배되었다가 이듬해에 배소에서 죽었다. 그의 동생 민제영도 을사사화의 가혹함을 주장하다가 귀양을 가게 되었는데, 형이 배소에서 죽자 정상을 참작해서 그만은 귀양에서 풀어 주었다.

그런데 허자는 민제영을 기용하여 당진唐津 현감으로 임명하였고 이것이 윤원형 일파가 허자를 추궁하는 결정적인 물증이었다. 그들은 허자를 파직시켜 홍원洪原에 유배하기로 하고 민제영도 파직시켜 귀양 보내기로 하였다.

다음으로 송순은 개성 유수로 있을 때부터 이조참판이 된 지금까지 허자와 함께 수령과 방백을 자신의 일당으로 채우고 직권을 농단하려 했다는 혐의를 들었다.

다음으로 대사헌 이준경이 병조판서로 있을 때, 이기는 관직을 구하는 자의 뇌물을 받고 그 이름을 쪽지에 적어 이준경에게 인사 청탁을 한 일이 있었다. 이준경은 이를 단호히 거절했기에, 그것이 화근이 되어 보복을 당하게 된 것이었다. 또한 그의 형 이윤경의 아들 이중열이 을사사화에 윤임 일파로 몰려 귀양 갔다가 사사되었는데, 이윤경도 연좌되어 귀양을 갔다가 이해에야 동생 이준경의 음덕으로 풀려나와 승지에 임명되어 있었다. 이윤경의 일도 이준경을 제거하기 위한 명목이 되었다.

이같이 죄 있는 자들을 자꾸 풀어주고 관직에 복귀시키다가는 조정이 도로 윤임 무리들의 것이 되지 않겠느냐는 것이 윤원형이 사건을 정당화시키는 이유였다.

다음날 사헌부와 사간원에서는 이 문제로 소란이 일었다. 이준경은 대사헌으로 앉아서 자신의 부하들에게 탄핵을 받는 셈이었다. 그러나 사헌부는 아무래도 현직 대사헌이 걸려 든 일이었으므로 서로 눈치를 살피며 사건 해결에 별 진전이 없었고, 반면 사간원에서는 서로 기를 쓰며 소리를 질러 댔다. 그러나 탄핵을 받은 네 사람도 쟁쟁한 언변들이라서 얼른 승부가 나지 않았다.

그러자 윤원형이 슬그머니 삼공에게 다가가 사간 이무강의 말을 잘 검토하여 상주하고 어명을 받도록 해야 하지 않겠느냐며 압박하였다. 조심해 처리하라는 윤원형의 말은 이무강의 말대로 처벌하라는 지시였다. 삼공은 고개를 끄덕여 응낙하였다. 어느 영이라고 복종하지 않을 수 있겠는가. 남은 것은 어명 절차뿐이었다.

그날 밤, 탄핵당한 허자가 윤원형의 집으로 찾아갔다. 허자와 윤원형은 사실 매우 가까운 사이였고, 을사사화에는 추관으로서 임백령과 함께 모든 죄인을 심문하여 넘겼었다. 윤원형도 허자가 자기를 배반하려한다는 생각보다는, 다만 너무 힘이 커지려하자 제거하려는 것뿐이었다. 자신을 외면하려는 윤원형에게 허자가 말하였다.

"대감, 이대로 나가다가는 조정이 이기와 진복창의 독무대가 되겠소이다. 한 가지 명심해 두실 것은 진복창을 없애야만 조정이 조용할 거라는 사실이오. 그는 장차 영의정이 되고자 하는 자요."

그 말에는 윤원형도 깨닫는 바가 있었다.

허자는 돌아가면서 일루의 희망을 걸어 보았으나 윤원형은 그를 구해 주지는 않았다. 다음날 어명이 내려 구수담은 사약을 내려 목

숨을 끊고, 허자는 홍원으로 유배시
켰으며 송순, 이준경, 이윤경 등도 모
두 관직을 삭탈하여 유배시켰다.

그 일이 있은 후로 사람들은 진복
창을 쳐다보기조차 무서워하였다.
제 스승까지 몰아서 죽인 그의 악행
은 뭇 사람들을 두려움에 빠지게 했
다. 그에게 조금이라도 잘못 보이면
오는 것은 죽음뿐이었고 그렇게 되
면 그 집안은 모두 몰살당해야 했기
때문이다.

기성수 묘소.
「선휘대부 기성수. 혜인 창녕성씨지묘」

진복창은 이 공으로 대사헌이 되었으며, 대사간 윤인서와 한 뭉
치가 되어 윤원형에게 갖은 아부를 하였다.

그럴 즈음 충의위忠義衛의 장교 이희무李義武와 이희정李義精 형
제가 크게 다투어 송사를 벌였다. 이들은 왕실 종친의 후손으로 그
들의 할아버지는 기성수岐城守였다. 종친의 서열은 군君, 정正, 수守
의 순서로서, 그는 수에 해당하지만 대대로 받은 유산이 많았다. 그
런데 그 유산으로 형제간에 싸움이 벌어지게 된 것이다. 명목상으로
는 조부의 제사를 서로 자신이 받들기 위함이라며 소송을 한 것이지
만 거기에 걸린 재산이 크다는 것이 속내였다.

동생 이희정은 온갖 궁리 끝에 대사간 윤인서에게 뇌물을 바치고
는 자신에게 유리한 판결이 되도록 부탁해 놓았다. 그러자 윤인서

는 즉시 형 이희무의 죄목을 만들어 잡아 가두도록 대관에게 위촉하였다. 동생의 일을 알게 된 이희무는 분해 하다가 대사헌 진복창에게 뇌물을 갖다 바치도록 집사람을 시켰다. 뇌물을 받은 진복창은 곧 부하를 시켜 이희무를 살려 내보내라 명하였다.

이렇게 해서 이희무 형제는 진복창과 윤인서의 싸움을 붙인 격이 되었다. 윤인서는 자신이 청탁한 사건인줄 뻔히 알면서 나선 진복창이 괘씸하게 생각됐다. 윤인서는 곧 진복창이 사사로이 공사를 다스려 죄 있는 자를 방면하려 한다고 폭로하였고 진복창 역시 윤인서야말로 뇌물로써 무죄한 사람을 잡아 가두었음을 탄핵하였다.

국방에 각별한 관심이 있던 윤인서는 화포火砲 제작에 성공하였는데 이때 투자한 돈은 거의 개인 재산이었으나 국방을 위한 연구를 빙자해서 실은 많은 뇌물을 받았으므로 그렇게 벌어들인 재산은 투자액보다 몇 갑절 많았다. 이희정에게서 받은 뇌물도 겉으로는 사용 이희정으로부터 화포 제조를 위해 받은 찬조금 형식을 갖추었다.

1546년(명종 1) 4월 윤인서가 목사로 있던 제주도濟州島에 박손朴孫 등 세 사람의 명나라 사람이 표류해왔다. 박손 등은 크게 발달한 명나라의 과학 기술을 익힌 자들로서 그들이 조선에 귀화하게 되면서 윤인서는 그들에게 농사에 쓰는 수차水車를 만들게 해 각 도에 보급하도록 주선하였다.

이후 경연의 시독관이 된 윤인서는 명종에게 이러한 이야기를 자세히 상주하였고 임금은 흔쾌히 화포 개발을 윤허하였다. 윤인서는 건충도위 박충원朴忠元과 함께 3년만인 1550년 포신의 무게 370근

에, 사정거리는 5백 보步에서 1천 보
에 이르는 화포 제작에 성공하였다.

명종이 화포의 실제 위력을 확인
하면서 그 공로를 높이 평가해 윤인
서를 대사간으로 삼았고, 그는 한창
득세하던 때에 임금의 신임까지 얻
었으므로 윤원형의 일급 심복이던
대사헌 진복창과 우열을 가릴 수 없
게 되었다.

진복창 일파는 화포라는 것은 이
미 우리나라에도 많이 있음에도 윤

박충원 묘비.
「숭정대부 의정부좌찬성 이조판서 대제학
밀원군 시 문경 밀양박공 휘 충원지묘.
정경부인 성산이씨 부좌」

인서는 그것이 새로운 것인 양 괴상하게 고안을 바꾸어 성상의 이
목을 현혹하고 기망해 벼슬을 높이고자 하였으므로 더욱 그 죄를
엄히 다스려야 한다고 고하였다.

명종은 윤인서의 일을 지원했으므로, 그를 구해 보고자 문정 왕
후에게 청했으나 문정 왕후는 임금을 도와주지 않았다. 결국 대결
에서 패한 윤인서는 부정한 행위를 한 장리로 몰려 파직당하고 흥
양興陽으로 귀양 가고 말았다.

한편 동생 이홍윤을 무함해 죽게 한 공으로 공조참의가 된 이홍
남은 충주에 적몰된 채 있는 아버지 이약빙의 재산을 되찾고자 유
신현의 현감 이치李致와 말씨름까지 벌이며 소청하였으나 이치는
들어주지 않았다.

이치는 나라의 법으로 정해져 있으니 자신이 할 수 없는 일이라고 반박하다가 급기야는 동생 이홍윤을 몰아 죽이고도 부끄럽지 않느냐며 매섭게 쏘아 붙여 버렸다. 이에 이홍남은 아무 소리도 못한 채 한양으로 올라왔지만, 자신이 당한 모욕에 대해 보복을 할 결심을 하고 호시탐탐 기회를 노리게 되었다.

그러던 중 이번에 윤인서가 파직되면서 이홍남 처가의 친척인 원계검元繼儉이 대사간이 되자 이홍남은 아버지의 재산을 되찾을 수 있게 되었다는 생각에 쾌재를 불렀다.

이럴 즈음 유신현에서 죄를 짓고 변방 의주義州로 유배를 떠난 최하손崔賀孫이란 자가 몰래 돌아와 있었다. 잡히면 처단될 것이므로 그는 살 길을 도모해야만 했다. 때마침 유신현의 관헌들이 고을의 일을 의논하기 위한 향회鄕會를 열어 회의 상황 등을 문서로 작성해 두자 최하손은 그 문서를 몰래 훔쳐 유신현의 양반들은 이홍윤 모반 사건의 일파로서 모반을 꾸미려 한다고 무고하려 하였다. 이것을 안 유신현 사람들은 깜짝 놀랐다. 그렇지 않아도 나라에서는 유신현이 역적들의 고장이라고 해서 항상 감시를 받고 있는 중인데, 그러한 상변이 올라가면 무슨 사단이 내릴지 몰랐다.

유신현 사람들은 최하손을 잡아 현감 이치에게 고발하였고 노한 이치는 이자를 청홍도 감사 이해李瀣에게 보고하고 주리를 틀다가 죽이고 말았다. 이치를 주시하던 이홍남은 크게 기뻐하며 대사간 원계검과 사간 이무강에게 사주하였다. 이홍남의 사주를 들은 이무강은 진복창에게 말하였고 진복창은 이기에게 상의하였다. 이로써 이기는 전날 자신을 탄핵한 이해를 제거할 좋은 기회를 얻었고, 이홍남은 이치를 공격할 수 있게 된 것이다.

이듬해인 1550년(명종 5) 이해는 한성부우윤으로 한양으로 올라와 있었는데 그들은 이해와 이치가 최하손의 주리를 틀어 죽인 것은 고변자의 입을 막으려는 무서운 흉계라며 옥에 가두고는 무서운 고문을 가했다. 그러나 그들은 여러 날 거듭되는 잔인한 고문과 취조에도 끝까지 버티다가 이치는 장살당하였고, 쉰다섯의 이해는 갑산甲山으로 귀양을 보내라는 명령이 내렸다.

이해의 호는 온계溫溪로, 퇴계退溪 이황李滉의 형이었다. 그는 오랜 청환淸宦직을 거쳐 대사헌으로 있으면서 권신이던 이기를 탄핵해 파면하여 원한을 사게 되었으며, 대사성을 지내던 이황은 을사사화에 이기로 인해 삭직당하고 집에서 은거하고 있었다.

이해는 추운 겨울, 장독杖毒으로 걸음도 잘 걷지 못하는 몸으로 귀양을 떠나게 되었고 쉰 살의 이황은 형의 귀양길에 동대문 밖까지 나가 송별하며 눈물지었다. 지팡이에 의지한 채 걸음을 옮기는 형을 부축하는 이황에게 이해가 말하였다.

"너는 이제 아예 출사出仕하지 말아라. 결국에 가서는 좋지 않은 꼴을 보게 될 것이다."

이해는 유배지인 함경도 갑산까지도 도달하지 못하고 양주楊州 미아 고개까지 겨우 가다가 그곳에서 세상을 떠나고 말았다.

조정에 남은 을사사화의 주도 세력은 이제 영의정 이기 하나뿐이었다. 이기의 세력은 이제 제법 커져서 윤원형의 세력을 견제할 정도가 되었다. 윤원형은 자기의 수족 노릇을 하면서 이기와도 가까운 진복창을 대사헌에서 공조참판으로 옮겼다. 이것은 간접적으로 이기의 세력 확장을 경계하는 조처였다.

그런데 다음해인 1551년(명종 6) 8월이 되자 이기의 세력은 꺾였다. 이기가 중풍이 들어 활동이 힘들어지자 그는 영의정을 내놓고 영중추부사로 물러난 것이다. 권좌에서 중풍으로 물러난 그의 끝은 깨끗할 수가 없었다.

먼저 부제학 조사수趙士秀가 그를 공격하는 상소를 올렸다. 조사수는 조광조 집안의 후예로 청백리淸白吏에 녹선된 학사였다.

〈이기는 공(윤원형)을 믿고 거리낌 없이 행동해 왔습니다. 그는 나라의 둔전屯田을 마음대로 차지하여, 자신의 사전私田으로 만들고 남의 물건을 겁탈하기를 일삼았습니다. 또 관직을 임명할 때에도 뇌물과 청탁의 다소에 따라 나누어 주었사옵니다.〉

조사수의 상소는 이기가 중풍으로 물러나기 전부터 준비했던 것인데, 우연히 때를 같이 해서 올라갔다. 윤원형으로서는 자신이 사주한 바도 없었고 자신의 심복도 아니었으므로 오히려 잘 되었다고 생각하고 이기 일파를 꺾는 좋은 기회로 삼았다.

윤원형은 그리하여 대사헌 이명규李名珪에게 시켜 이기의 죄상을 낱낱이 들어 고발하게 하였고 이기의 심복 이무강까지 여기에 걸려들어 둘은 파직되었다.

온 세상이 자기 뜻대로 되는 듯 착각하며 권세를 부리던 이기는 심화병을 이기지 못하고 이듬해인 1552년(명종 7) 4월 숨을 거두었

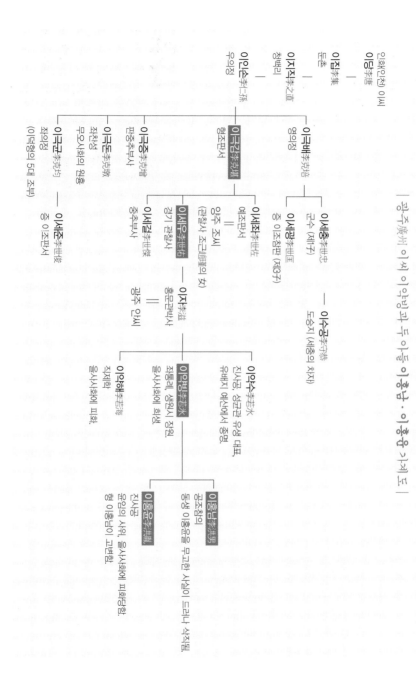

다. 조정에서는 그래도 이기가 죽은 뒤 문경文敬이라는 시호를 내렸으나 선조 대에 들어 그의 관작은 모두 삭탈되고 무덤의 비석과 상석조차 제거되었다.

이기의 후임으로는 좌의정 심연원沈連源이 승진되었다. 심연원은 청릉부원군 심강의 아버지로서, 명종의 왕비 인순 왕후 심씨의 할아버지이자 명종의 처조부였으며, 세종世宗의 처남 영의정 심회沈澮의 증손자였다. 심연원은 온건하여 모나지 않았으므로 윤원형으로선

심연원 묘비.
「대광보국숭록대부 의정부 영의정 겸 영경연 홍문관 예문관 춘추관 관상감사 세자사 증시 충혜공 심공연원지묘」

그를 영의정으로 천거하여도 걱정할 것이 없었다. 좌의정으로는 명종 대의 명상 상진이 우의정으로 있다가 올랐다.

권좌의 전면에 나서는 윤원형

윤원형은 이때에야 비로소 이조판서를 겸직하며 우의정의 자리에 앉았다. 1551년(명종 6) 8월에야 정승이 되었으니, 대권을 제 손에 쥐고 흔든 지 만 6년 만이었다. 윤원형은 이제 세도의 정상에 올라 한양에만도 큰 집으로 별궁別宮 만한 것을 열여섯 채나 가지고 있었다.

한편 부인夫人 칭호 하나 없이 사대부에게 "하게" 소리를 들어야

하는 첩실이라는 사실이 늘 못마땅했던 정난정은 윤원형을 졸라댔다. 조선의 여인으로서 문정 왕후 다음 가는 위치가 자신이라고 생각됐던 정난정이었기에 그 분함은 더하였다.

이때 윤원형의 본처 김씨는 몸져누워 피골이 상접해 있었으나 그는 앓고 있는 본처는 본 척도 아니했다. 윤원형의 부인이 병석에 오래 누워 있는 것은 장안이 다 아는 일로서 독살해 버린다고 해도 아무도 이상한 생각을 할 사람은 없었다.

정난정은 한번 생각하면 망설이는 여자가 아니었고 모사를 꾸미는 데에도 실수가 없었다. 정난정은 몰래 윤원형 본가에 있는 노비를 매수하였고 그 며칠 뒤에 윤원형의 본처 김씨는 세상을 떠났다.

이러할 때에 대궐에서는 경사가 났다. 왕자가 태어난 것이다. 윤원형과 정난정은 문후를 드리러 궁으로 들어왔으나 문정 왕후는 두 사람 모두 거절하였다. 문정 왕후는 윤원형의 첩 정난정을 아꼈으나 감히 소실로서 왕세자에게 문후를 허락할 정도는 아니었다. 그렇다고 윤원형만을 들어오라 할 수는 없었으므로 문정 왕후는 둘의 알현을 모두 거절한 것이다.

돌아 나오던 정난정은 그 까닭을 알게 되었고 윤원형에게 빨리 대비마마에게 말씀드려 정실로 만들어 달라며 독촉하였다.

성화같은 정난정의 재촉에 못 이긴 윤원형은 다음날로 다시 예궐하여 누이 문정 왕후에게 말하였다. 마침내 문정 왕후는 윤원형의 첩 정난정을 정실부인으로 특명한다는 전지를 내렸다. 그 남편이 정1품이니 정난정은 이제 첩실의 신분에서 일약 외명부의 정1품 정경부인貞敬夫人이 된 것이다.

문정 왕후가 물 쓰듯 하는 막대한 자금은 다른 경로도 물론 있었지만 대부분 정난정에게서 조달받은 것들이었으니 문정 왕후는 정난정을 정실로 만들어 줄 수밖에 없었다.

명종의 나이 이제 열여덟으로 거의 친재親裁를 하기에 이르렀으나 무슨 일에든 어머니의 명령을 좇아야 하는 처지였다. 그러나 명종은 아무리 생각해 보아도 첩실을 정경부인에 봉하라는 데에는 그대로 따를 수가 없었다.

문정 왕후는 아들이 괘씸하여 윤원형을 미리 불러다 놓은 다음 명종을 대비전으로 불렀다. 문정 왕후는 명종이 들어서자마자 외숙 윤원형에게 절을 하도록 일렀고, 명종은 임금임에도 불구하고 신하와 맞절을 하였다. 그러나 명종은 어머니의 강요와 윤원형의 오만함에도 불구하고 이번 일에 있어서는 쉽게 동의를 하지 않았다.

명종은 끝내 조정의 대신들과 상의해서 조처할 뜻을 밝혔으나 조정 대신들과 상의한다면 일을 성사시킬 수 없었다. 말없이 일어서는 명종의 뒤로 문정 왕후가 명령조로 말하였다.

"바로 왕명으로 정난정을 정경부인에 봉하도록 하거라."

여전히 명종은 문정 왕후의 명을 거역할 만한 힘이 없었고, 문정 왕후의 독촉에 못 이긴 왕은 여러 대신들 앞에서 교지를 내렸다. 윤원형 일파의 대신들도 속으로는 기겁을 하였으나, 감히 아무도 반대하고 나서지는 못하였다.

보우의 출현과 양종兩宗을 부활하는 문정 왕후

이때로부터 3년 전인 1548년(명종 3) 9월 경복궁의 내전으로 한 신승神僧이 안내되어 들어왔다. 법명을 보우普雨라고 하는 나이 서른네 살의 젊은 도승이었다.

문정 왕후 윤씨의 뜻을 받들어 이 도승을 천거한 사람은 강원도 관찰사 정만종鄭萬鍾이었다. 보우는 호를 허응당虛應堂 또는 나암懶庵이라 하고, 열여섯 살에 금강산金剛山의 마하연암摩訶衍庵에 입산하여 참선과 경학經學 연구에 전념하다가 7년 만에 하산하여 불도를 폈다. 그러나 이때는 불교를 크게 배척하던 때였으므로 2년 만에 관헌들에 의해 사찰이 불타고 주지승들이 잡혀 투옥되므로 그는 다시 금강산으로 입산해야 했다. 보우는 그 뒤 강원도 양양襄陽 신흥사新興寺의 승려로 있으면서 뛰어난 학문과 교리로 이름 높은 도승이 되었다.

보우는 도승일 뿐만 아니라 경략經略이 있는 능력가이기도 했으며, 그에 걸맞게 인물이 준수하였기에 보우가 문정 왕후 앞에 나타나면서 많은 이야기들이 떠돌았다.

이 무렵 보우는 염불 몇 마디를 하면 죽은 사람도 살려 낸다는 기적의 행자行者로 알려졌고 또 하늘의 신장神將을 육환장六環杖* 하나로 마음대로 부릴 수 있는 신승으로 알려져 있었다.

원래 불사를 좋아하던 문정 왕후는 보우의 이름을 듣고 이전부터

---

* 육환장六環杖: 승려가 짚는 고리가 여섯 개 달린 지팡이.

늘 만나보고 싶어 하였으나 유신들이 가만히 있지 않을 것이므로 이 일 만큼은 극비리에 주선하였다.

이로부터 보우는 한양 근교 선릉宣陵 옆에 있는 봉은사奉恩寺에 있으면서 차츰 문정 왕후의 신임을 두텁게 받았다. 문정 왕후는 밤 늦도록 보우와 독대하고 앉아서 불경을 들었다. 해괴한 소문은 내전의 나인들 입에서부터 새어 나가 과장되기 시작했다.

불교계에서는 승려 보우에게 거는 기대가 컸다. 연달은 조정의 불교 탄압으로 전전긍긍해 온 그들은 이제 나라의 대권을 한 손에 쥔 문정 왕후와 보우가 밀접해짐으로써 불교의 중흥을 기대해 보는 때문이었다. 그리하여 보우는 전 불교계의 기대와 여망을 어깨에 지고 봉은사의 주지가 되었다. 불교계에서 이것은 파격적인 출세였다.

1550년(명종 5) 12월에 문정 왕후는 드디어 전국의 선비들이 크게 반발할 명령을 내렸다. 불교계의 선종禪宗과 교종敎宗 즉 양종을 다시 세우라는 명령이었다.

불교는 세조世祖 때에 보호를 받았고, 예종睿宗 때에는 3년마다 한 차례씩 불교계 양종에서도 선시選試를 보도록 하였다. 선종과 교종을 대상으로 각기 달리 실시하여 30명씩 뽑았거니와, 『화엄경華嚴經』의 십지론十地論 등이 선시의 교재였다.

그러나 연산군 때에 와서 이러한 제도가 모두 폐지된 뒤로 불교계는 쇠퇴하였고, 불교는 유교에 눌려 일어설 수가 없었다. 그러던 차에 이제 문정 왕후가 섭정하여 불교를 크게 숭상하므로 불교계는 큰 기회를 만나게 된 것이다.

이로 인해 불교와 유교의 싸움은 곳곳에서 번졌다. 정인사正因寺
(수국사守國寺)를 부숴 버린 성균관 유생들은 곧 상소를 올려 선비
에게 행패를 부리는 정인사 승려들을 벌주고 정인사는 폐쇄할 것을
요구하였다. 감히 문정 왕후에게 정면으로 반하는 상소였다.

난세에 상소를 올리는 상진

궁중과 조정이 어지럽자 곳곳에서 도적이 들끓었고, 백주에 한양
장안에까지 강도가 출몰하였다. 뜻 있는 선비들은 조정에서 자리를
잃고 관직을 버리기 시작했다.

일등공신 정순붕의 아들 정렴鄭磏 형제를 비롯해 성수침成守琛,
이희안李希顔, 조식曺植, 성제원成悌元, 조욱趙昱, 이항李恒, 성운成
運 등 당시에 쟁쟁한 벼슬아치들도 속속 세상을 등졌다.

조욱 묘소

조식은 조정의 권유로 잠시 경상도 단성丹城의 현감으로 있었으나 조정의 권력 다툼이 끊일 기미가 없으므로 마침내 사직하는 상소를 올렸다.

〈지금 궁중은 자전慈殿(임금의 어머니)이 햇빛을 막고 있습니다. 주상 전하께서는 어리시어 선대왕의 한 외로운 아드님에 불과할 뿐, 아직 만백성을 거느리시지 못하고 계십니다. 그런데 지금 천재天災가 일어나며 인심이 흉흉하여 점차 이탈하는 중이오니, 이 어찌 과부와 어린 임금이 당할 일이겠습니까?〉

대신들은 임금과 임금의 어머니인 대왕대비를 욕하였으니 조식을 죽여야 한다며 노하였다. 그러나 임금의 권위를 정면으로 부정하는 이와 같은 상소를 접한 명종은 노여움에 앞서 몹시 괴로웠다.

그러자 좌의정 상진이 나서 분위기를 진정시키고자 하였다.

"전하, 조식은 죽인다 해도 조금도 굽히지 않을 것이며, 후세에 전하의 나쁜 이름만 전해질 것이옵니다. 옛날 송宋나라 영종英宗 때에도 당대의 현인 구양수歐陽修가 이와 같은 상소를 한 적이 있습니다. 전하께오서도 송나라 영종의 본을 받으셔야 하옵니다."

상진의 말에 깨달음을 얻은 명종은 조식을 벌주지 않고 그대로 사직하도록 하였다. 명종은 어리지만 공의에 맞는 판단을 할 줄 아는 임금이었으니 어머니 문정 왕후만 없었더라면 좋은 정치를 이루었을지도 몰랐다.

현감을 버린 조식은 성수침을 찾아 갔다. 성수침은 백악산白岳山 송림 속에 청송당聽松堂이라는 서당을 짓고 한가로이 지냈으며 때로는 파평산坡平山 아래 우계牛溪에 살면서 청풍명월淸風明月을 벗 삼아 세월을 보내고 있었다.

이제 윤원형 일색의 조정 가운데 마지막으로 남은 크고 청청한 소나무와 같은 이는 예순한 살의 상진이었다. 그는 세종 때의 명상 황희黃喜와 버금가는 명재상이었다. 시사가 어지러움을 보다 못한 상진은 마침내 상소하기에 이르렀다.

〈요승 보우는 궁중에 자주 출입하며 무차대회無遮大會*를 불시로 열고, 큰 절에 나가 재를 올리는 수가 많아지게 하니, 이는 국가의 막 대한 경비를 불사佛事에 소비하게 되는 일이옵니다.〉

이 상소가 올라가자 대왕대비 문정 왕후는 크게 노하여 좌의정 상진을 필두로 한 유신들과 마주하였다.

"상 정승, 그래 공자님의 가르침은 모두가 옳고 석가모니 부처님 의 가르침은 다 요망한 소리란 말인가요?"

그러나 조정에 남아 윤원형에게 견제가 될 만한 사람이 상진이었 으니 이 선에서 쉽사리 물러서지를 않았다. 그는 중종 때에도 소윤 과 대윤을 함께 몰아내야 온 조정이 조용해진다고 주청하다가 귀양 살이를 했었다.

상진은 백성들의 오해를 없애야 하지 않겠느냐며 항간에 떠도는 소문을 열거하였다. 정난정이 전국 방방곡곡에서 뇌물을 받아 줄달

---

* 무차대회無遮大會: 국가가 시주施主가 되어 승려나 속인, 남녀, 귀천의 차별을 두지 않고 누구 나 자유롭게 참여할 수 있도록 한 법회의 하나.

아 올라오는 봉물封物로 문전성시를 이루는 세태하며, 보우가 우의정 윤원형에게 뇌물을 선사한 일이며, 그가 구중 내전에 드나들며 밤이 새도록 천일주에 고기를 씹으며 요술로써 대왕 대비마마를 현혹시키고 있다는 소문들을 연달아 고하였다. 상진은 마지막으로 보우가 대비마마와 음행을 하였다는 소문에 대해서도 정면으로 고하였다.

좌의정 상진은 분노로 어쩔 줄 모르는 문정 왕후 앞에서 조금도 낯빛을 변하지 않았다.

"대비마마, 깊이 통촉해 살피십시오. 신 상진은 너무 오래 관직에 있었습니다."

이것은 자신이 을사사화에 이미 윤원형 일파에게 몰려 죽었어야 할 사람인데, 아직 살아 있다는 말이었다.

문정 왕후는 상진을 옭아 죽이고자 하였으나 상진은 조야 간에 신망이 매우 두터운 사람이었다. 권세를 위해 못할 짓이 없는 윤원형의 수족들도 상진에게만은 적의가 없었다. 문정 왕후는 그를 무함하기 전에 죄를 찾아보고자 심복 내관인 안영복安永福를 시켜 비밀리에 윤원형과 상진의 집을 밀탐하고 오도록 하였다.

문정 왕후의 분부를 받은 내시 안영복이 가만히 윤원형의 대궐 같은 집 문전에 이르러 보니 뇌물로 올라오는 봉물이 그대로 바리바리 꼬리를 물고 들어가고 있었다. 안영복은 어이가 없어 넋을 잃고 쳐다보았다.

그러나 안영복이 좌의정 상진의 집에 이르렀을 때는 형편이 전혀 딴판이었다. 저녁때가 되었는데 계집종들이 맷돌에 무엇을 열심히 갈고 있었다. 안영복은 과객 행색을 하고서는 슬쩍 이것저것 물어보며 분위기를 살폈다.

계집종들이 맷돌에 갈고 있는 것은 밀로써 밀을 갈아 죽을 쑤어 먹기 위함이었다. 대신 중 두 번째로 높은 좌의정의 상황이 이렇다는데 믿기지가 않았지만, 종들은 말하기를 녹봉으로 나라에서 나오는 밀의 절반은 썩어 있기 일쑤고, 썩은 밀조차 제때에 나오지 않는다는 것이었다.

상진은 종들이 제대로 배를 채우지 못하는데 자신의 밥상에만 쌀밥을 해 놓을까 염려할 정도였고, 백성들 가운데는 이것조차 못 먹어 풀뿌리를 밥 삼아 먹고 나무껍질을 옷 삼아 감는 자가 부지기수였다. 도적질에 토색질해 먹는 자는 한없이 비대해지고, 반면에 가만히 있는 자는 굶어 죽는 형국이었다.

정조正祖 때에 『연려실기술然藜室記述』을 저술한 이긍익李肯翊은 도적조차도 상진의 집 담을 넘었다가는 도리어 동정을 해서 훔친 물건을 되돌려 주고 사라졌다고 적고 있다.

내시 안영복은 문정 왕후에게 자신이 보고 온대로 자세히 여쭈었고 문정 왕후도 이로써 상진의 일은 불문에 붙이고 다시 꺼내지 않았다. 이야기가 전해지자 명종 내외는 탄식하였다.

"좌의정 상진이 밀기울 죽으로 연명을 하고 있더라 하오. 후세에까지 나는 낯을 들 수 없는 임금이 되기 꼭 알맞겠소."

"전하, 이제 조정에 간신 밖에는 안 남은 줄 알았더니 그런 충신이 아직도 조정에 남아 있는 것 아니옵니까. 신첩이 들으니 옛적 세종 대왕 때의 명정승 황희와 맹사성孟思誠도 새는 집에서 살다가 외벌뿐인 관복이 젖어 출사가 늦고, 하도 남루한 옷을 입고 다니니까

맹사성 집터

지방 수령이 정승을 다 몰라보고 꾸짖었다 하지 않습니까? 이제 전하께서 친정하실 때도 머지 않으셨으니 상진과 같은 신하가 전하에게 있다는 것이 얼마나 반가운 소리이옵니까?"

장성한 명종은 누구보다 좌의정 상진을 가장 신임하였다.

그러나 이럴 때 대비전에서는 문정 왕후의 동생 윤원형이 오히려 누나에게 대들고 있었다. 이목을 생각해서라도 조심하라는 문정 왕후에게 윤원형은 그렇게 들어오는 재물은 모조리 누님인 문정 왕후와 명종의 뒤치다꺼리를 하는데 들어간 것이라 목소리를 높였다.

이제 실질적으로 나라의 가장 큰 권력을 쥔 자는 윤원형이었다. 윤원형은 돌아가면서 신승 보우의 세력이 너무 커지면 좋지 않을 테니 조심하라는 말을 남기고 돌아섰다.

성균관의 유생들은 여전히 관館을 비우고 동맹휴학하면서, 보우를 죽이라고 상소하였으나 아무리 여러 사람이 떠들어도 보우를 몰아내라는 말은 문정 왕후에게 통하지 않았다.

모략에 능한 윤원형 일파는 마침내 보우 타도에 합세하여 보우가 지난날 금강산 암자의 승려로 있을 당시 윤임에게 왕으로 추대되려

다가 도망간 계림군을 그의 절에서 은신시켰다는 혐의를 씌웠다. 그리고 보우는 윤임의 일파로서 궁중과 친분을 두었다가, 다른 이를 왕으로 세울 대역 모반을 꿈꾸는 역적이라고 떠들어 댔다.

문정 왕후는 몰래 사람을 시켜 탐사하도록 하였고 윤원형을 비롯한 그들의 주장은 순전히 근거 없는 말이라는 것을 밝혀냈다. 그리하여 오히려 성균관 유생들만 거짓으로 신령스런 선사禪師를 모함한다는 꾸중을 들었다.

친정을 시작하는 명종

인순 왕후 심씨는 답답한 마음을 명종에게 전하지 않을 수 없었다.

"전하의 보령寶齡도 이제 스물이십니다. 백성들은 그저 대비마마가 수렴청정을 거두고 상감마마가 친정을 베푸시는 날이 오기만 기다리고 있습니다."

명종은 깊은 생각 끝에 인순 왕후의 할아버지 영의정 심연원을 조용히 청하였다. 심연원이 예순세 살에 이르도록 무서운 세력 다툼의 소용돌이 속에서 무사했던 것은 중전의 조부라는 이유도 있지만 또한 높은 그의 덕 때문이었다. 심연원은 석학 김안국金安國의 문인으로서 성품이 원만한 덕인이었기에 조야 간에 적이 없었다.

영의정 심연원은 명종 부부가 자신을 부른 이유를 알고는 조심스레 입을 열었다.

심순문과 증 정경부인 평산 신씨 묘소

"신의 아비 심순문沈順門은 사인 벼슬로 있다 세력 다툼에 휘말려 군기시 앞에서 참수되었습니다. 그 뒤로 신은 일체의 세력 싸움에 나서지 아니하였고, 아비가 죽은 군기시 앞은 멀리 돌아다니며 한번도 그 앞을 지나지 아니하였습니다. 하오나 오늘은 신도 모른체 할 수가 없어 전하께 한 가지 계책을 드리옵니다. 윤원형은 본래 탐욕이 많은 사람이라 영의정이 되라 하시면 좋아할 것입니다."

대사를 위해 심연원 자신의 벼슬을 내려놓은 것이었다. 명종은 곧 심연원이 일러준 대로 외삼촌 윤원형을 청해 들여 말하였다.

"심 정승이 몸이 불편하여 벼슬을 물러나고자 하는 뜻을 비치었습니다. 그런데 심 정승 말씀이 자신이 물러나면 후임으로 좌의정 상진이 오르게 되어 있으나 외숙을 영의정으로 삼으라는 마지막 권고를 하였습니다."

윤원형은 나라를 위하는 일에 어떤 벼슬자리에 오르는 것이 무슨 상관이냐 말은 하였으나, 명종과 심연원의 말에 기분이 흡족한 것은 어쩌지 못했다.

1553년(명종 8) 7월이 되자 영의정 심연원은 문정 왕후에게 치사致仕를 청하였고, 문정 왕후는 곧 궁중 내불당에서 염불삼매에 들어 있는 보우에게 상의하였다. 윤원형을 영의정으로 삼으려 하는 문정 왕후에게 보우는 한참을 생각하다 나직이 말하였다.

"대비마마, 심연원의 사표는 수리하지 마셔야겠습니다. 이는 대비마마에게 수렴청정을 거두시라고 낸 사표입니다. 하오나 심연원과 상진이 물러가면 윤원형은 더욱 거칠 것이 없어지게 되옵니다. 앞날을 내다보는 윤원형이 청송 심씨들과 손을 잡지 않으리라고 누가 보장을 하겠습니까?"

현 상태를 최대한 유지하는 것은 보우 자신에게도 중요한 문제로 문정 왕후가 실각하면 자신 역시 살아남지 못할 것이었다. 그렇지만 더 이상 문정 왕후의 섭정에는 명분이 없었다. 차라리 솔선해서 수렴청정을 거둔 뒤, 배후에서 실권을 휘두르는 것이 더 나은 일이라는 것이 보우의 판단이었다.

문정 왕후는 마침내 7월 12일을 기하여 수렴청정을 거둔다는 언문 교지를 내렸고 영의정 심연원의 사표는 반려되었다. 영의정이 될 기대를 품고 있던 윤원형은 뜻하지 않은 보우의 계략으로 그대로 우의정에 머물러야 했다. 문정 왕후는 아들에게 정치를 내맡기고 보니 홀가분하기도 했다. 그리하여 인수궁仁壽宮에 정업원淨業院을 세우고 그곳에 보우를 거처하도록 하고는 자신이 원할 때면 언제나 불경을 들었다.

또한 문정 왕후는 연회를 베풀어 참석한 부인들에게 을사사화의 공신을 받드는 내조자임을 축하하는 뜻으로 순서에 따라 꽃을 꽂아 주었다. 오래 전에 죽은 공신 임백령의 부인 차례가 되었으나 부인은 머리를 숙이고 공손히 사양하였다.

남편이 죽은 미망인은 비록 삼년상이 지났다 하더라도 죽을 때까지 색깔이 있는 옷을 입지 않고 화려한 놀이에도 참여하지 않는 것이 당시의 도리였다. 임백령의 부인은 문정 왕후의 명으로 억지로 연회에는 참석했으나 은연 중 문정 왕후에게도 삼가라는 암시를 한 것이었다. 남편 임백령은 윤원형에게 아부하여 악행을 하고 공신이 되었으나 그 부인은 자신의 소신을 굽히지 않았기에 문정 왕후조차도 더 이상 강권하지 못하였다. 그러나 임백령의 부인이 이런 자리에 있어서는 자신이 원하는 유흥을 즐길 수가 없으므로, 이로부터 문정 왕후는 임백령의 부인을 꺼리게 되었다.

한편 정난정은 이해 10월에는 양첩良妾의 자식들도 과거를 볼 수 있게 하는 제도를 만들고자 추진하였다. 양첩이란 기생 출신의 첩이나, 양민 출신의 첩 또는 남편이 죽어서 개가한 첩 등의 이른바 천첩賤妾과 달리, 양반 집의 서녀로서 처음부터 양반 소실로 들어 온 여자를 말하였다.

정실부인이 된 정난정은 첩이었던 자신의 과거를 생각해서 이와 같은 입법을 추진한 것이었다. 이것은 당대에서는 이루어지지 않았으나, 양첩의 손자부터는 과거를 볼 수 있도록 함으로써 정난정의 뜻은 이루어졌다.

그런데 여전히 뒤에서 실세를 부리려는 어머니 문정 왕후와 외삼촌 윤원형의 틈바구니에서 명종이 나라를 잘 다스려 보고자 힘을 쏟던 중 경복궁에 큰 화재가 나면서 궁전이 발끈 뒤집혔다. 이듬해 정월부터 화재로 무너진 경복궁 중건에 착수하자 가뜩이나 살기 어렵던 백성들은 부역으로 끌려 다니며 고생을 해야 했고, 안 그래도 부족하던 국고는 더욱 메마르게 되었다. 조정의 간신들은 경복궁 중건을 빙자해 뇌물을 받아 착복하기에 바빴다.

백성의 원성이 높아가는 가운데 이듬해인 1554년(명종 9) 9월에는 경복궁의 중건이 완성되고, 동궁의 개수 공사도 이루어졌다. 그런 가운데서도 명종은 이해 6월 비변사를 강화해 변방을 지키는 국방의 일을 이곳에서 상의하도록 하였고, 8월에는 당상관의 사가독서를 처음으로 실시하였다. 사가독서 제도는 세종 때 시작한 것으로 과거에 급제한 자 중에서 특히 실력있는 몇 사람을 뽑아 나라에서 비용과 휴가를 주고 독서하도록 해서 인재를 양성한 것이었다.

명종은 이와 함께 몇 년 전부터 고향에 내려가 있던 이황에게 여러 차례 출사하도록 권고하였다. 대사성으로 있던 을사사화 때 이기에 의해 삭직당한 이황은 형 이해가 죽기 전 마지막으로 부탁한 말도 있었기에, 다시는 출사하지 않으려 하였다. 또한 이황 자신도 조정 대신들의 행태에 염증이 난 상태였다.

그러나 명종은 이황을 존경하여 그의 고향 근처인 단양丹陽과 풍기豊基의 군수를 역임하도록 하였다가 1552년(명종 7)에는 마침내 대사성으로 다시 기용하여 이황을 불러올리는 데에 성공하였다.

명종이 문치文治에 힘쓰고 정치를 정화해 보려고 노력한 것은 이황의 힘이 컸다. 1554년에는 이황을 형조참의에 임명하고 이어서 병조참의로 삼으며 조정 대신들의 분위기를 쇄신하기 위해 노력하였으나 1555년(명종 10) 3월이 되자 이황은 병이 나서 향리로 내려가게 되었다. 명종은 그에게 한직인 첨지중추부사의 직함을 내리며, 요양하고 다시 돌아올 것을 청하였다.

임금은 불출세의 대학자 이황이 곁에서 보이지 않게 될까 봐 이처럼 마음을 졸였다. 이번에 내려간 이황은 왕이 소명을 내려도 누차 사양하였고 명종은 이황을 그리워한 나머지 그의 거소인 도산陶山의 경치를 화공더러 그려 오게 해 병풍을 만들어 바라보았다.

왜구의 침입과 기강이 무너진 조선 병사들

이황이 향리로 돌아가자 명종의 마음은 그렇지 않아도 허전한데, 두 달 뒤인 5월에는 전라도 영암靈巖의 달량포達梁浦에 큰 왜변倭變이 일어났다. 자그마치 70여 척의 병선을 타고 몰려온 왜구들은 달량포와 이진포梨津浦에 상륙하여 닥치는 대로 노략질을 하고 민가에 불을 지르며 사람을 학살하였다.

별안간 급습을 받은 전라도 병마사 원적元績은 급히 달량성으로 달려가 성을 지켜냈다. 성중에는 영암 군수 이덕견李德堅과 장흥長興 부사 한온韓溫이 와서 함께 싸웠다. 이 을묘왜변乙卯倭變으로 조정은 깜짝 놀라 경상도에도 영을 내려 왜적을 몰아내도록 하였고

경상도 도순찰사 조광원
曹光遠 등을 급히 원병으
로 보냈다. 경상도의 응
원군으로서 수군을 거느
리고 고흥의 나로도羅老
島에 이른 조광원, 남치근
南致勤, 김경석金景錫 등
은 적선 2척을 화포로 쏘

한온 장군 충신 정문

아 격파하고 31명을 살해하는 수훈을
세웠다.

그러나 얼마 못 가 달량성과 영암성
은 함락되었고, 경상도의 원군은 근처
에 오지도 않고 멀리서 구경만 할 뿐
싸울 궁리는 하지 않았다.

이때에 해남 현감으로 있는 변협邊
協 만이 성을 굳게 지키며, 왜병의 공
격을 모두 격파하며 막아 냈다. 변협
은 무과를 한 사람이었으나, 자신보다

조광원 묘비.
「숭정대부 판돈령부사 창양공 충경공 조광원지묘.
정경부인 영월신씨지묘 부우」

8년 아래인 율곡栗谷 이이李珥를 찾아가 주역周易을 배웠으며 천문
과 지리, 수학에도 능통한 지혜를 겸비한 장수였다.

다른 군수나 현감에 있는 자들은 모두가 윤원형 일파나 문정 왕
후가 뇌물을 받고 배치해 놓은 자들이었으니 토색질에는 소질이 있

변협 묘소

을지 몰라도, 나라를 지킬 용맹을 보일 턱이 없었다. 문정 왕후는 나라에 재변이 일어난 것은 조정의 대신들이 보우를 욕하기 때문이라며 자신이 어떤 마음으로 정치를 하였는지는 생각하지 않았다. 문정 왕후는 역시나 보우에게 전라도의 왜적을 막을 계획을 물었고, 보우는 승군僧軍을 조직하기로 하였다. 문정 왕후는 보우를 통해 전라도와 경상도, 충청도의 승려들로 하여금 승군을 조직하여 왜적과 싸우라는 영을 내렸다.

경험이 전무한 승군은 어쨌든 조직되었다. 그래도 다행한 일은 이때에 승군이 조직된 것을 바탕으로, 임진왜란 때에 서산西山 대사(휴정休靜)나 사명四溟 대사(유정惟政) 등의 승장이 생겨 승군을 이끌고 왜군과 항쟁하게 된 것이라 하겠다.

이와 같은 절망적인 상황에 이윤경이 솔선해서 적을 막으러 나섰다. 급박한 상황이었으므로, 이준경은 군령을 내려 형인 이윤경을 영남의 수성장으로 삼고 적과 싸워 막도록 하고 조정에 보고하였다. 이윤경과 같은 용맹한 인물로 남원南原의 판관 양모梁某가 있었다. 이윤경이 영암성에 이르러 보니 관군은 다 도망가서 찾아 볼 수가 없었고 적들은 자신들의 세상인 양 행세하고 있었다. 이윤경은 군사를 더해 싸우려 하던 생각은 아예 포기하고 자신이 데리고 간 수하의 병졸만 거느린 채 싸워야 했다.

조정이 부패하여 싸움질이니, 지방의 군사들도 나라를 지키겠다는 생각보다는 어떻게 하면 제 목숨을 보전할까 전전긍긍하여 결국 성을 버리고 달아나는 데에만 앞을 다투었다.

이윤경은 열악한 상황에서도 용감히 싸워 영암성에서 왜구 104명의 목을 베고 대패시켰다. 거기다가 남원 판관 양모가 협공을 하고 해남 현감 변협도 힘을 얻어 공격을 시작하자 왜구는 마침내 패하여 바다로 달아나 버렸다. 이로써 왜구는 겨우 물리쳤으나 국가적 손실은 컸다.

올바른 인재를 찾고 국방에 힘을 쏟는 명종

명종은 이번 전공자들에게 상을 내려 이윤경은 전주 부윤에서 전라도 관찰사로 승진되었다. 이윤경은 을사사화 때 그 아들이 윤임의 일파라고 죽음을 당하고, 그 역시 파직되었다가 복직되었으나 구수담의 일파라고 하여 다시 파직을 당했었다. 그러다가 명종이 친정을 베풀면서 이윤경을 등용하여 형조참의를 삼았다가 이해 전주 부윤으로 내려보낸 것이었다.

명종은 또 이번에 전라도 도순찰사로 형과 함께 왜적을 물리친 이준경을 우찬성 겸 병조판서로 삼았다. 함경도의 야인을 다스리고 또 전라도의 왜변을 막았으니 당연한 논공행상이었다. 이윤경과 이준경 형제는 조정의 양심 있는 대신들로서 명종을 보좌하는 세력의 바탕이 되었다. 그리고 해남 현감 변협은 장흥 부사로 높여서 종6품직에서 종3품직으로 승진되었다.

반면 남치근, 조광원, 김경석 등은 패전의 죄를 받게 되었고, 항복했다가 잡혀 죽은 윈적의 가산은 적몰되었다.

명종은 을묘왜변을 교훈 삼아 국방에 큰 역점을 두고자 하였고, 이듬해인 1556년(명종 11) 정월에는 수원水原 화량진花梁津에 경기도 수군 절도사영을 두었다. 이때까지는 충청도, 전라도, 경상도의 삼도에만 수군이 있었는데 경기도에까지 수군을 배치한 것이다.

2월에는 언제 쳐들어올지 모르는 왜적에 대비하고자 병력을 크게 양성하기로 하고 우선 무과를 특별 실시하여 2백 명의 무관을 급제시켰다. 한꺼번에 2백 명이나 무관을 뽑은 것은 당시의 관례로 매우 파격적인 조처였다.

이해 6월, 왜구는 제주도로 침략을 시도하였으나 명종의 국방 정책이 효력을 나타낸 결과인지 제주 목사 김수문金秀文은 왜선 5척을 불태우고 크게 부수며 적을 쫓아냈다.

10월에는 병장기 만드는 일에도 치중해서 명나라로부터 총통銃筒을 주조하기 위한 동철銅鐵 6만 근을 수입해 들였다.

그러나 도적질하는 지방 관원들을 찾아도 뇌물을 받고 용서해주

순회 세자 묘소 순창원

므로 암행어사에게 꼬리가 잡힌 수령들은 어사에게 바치기 위해 토색질에 더욱 힘을 쏟았다. 어사를 내려보낸 것이 오히려 백성들을 힘들게 한 결과를 낳은 것이다. 그리고 이해 2월에는 문정 왕후의 강요에 못 이겨 승도僧徒의 잡역을 금하는 명을 내려야 했다.

여기에 더해 이해 봄부터는 황해도 일대에 의적義賊이 생겨 나 횡행하기 시작했다. 이 도적들은 불쌍한 사람은 건드리지 않고 못된 부호나 양반 집만 털었으며, 특히 수령들이 한양으로 올려 보내는 봉물을 털어 갔다.

이러한 가운데 이해 8월에는 명종의 외아들 원자 이부李暊가 세자로 책봉되었다. 순회順懷 세자 이부의 초명은 곤령崑齡이라 하였는데, 이는 중국의 곤산崑山만큼 높고 푸르게 오래 살라는 뜻이었다. 1551년(명종 6)에 태어났으니 이때 순회 세자의 나이는 일곱 살이었다. 명종은 자식으로 오직 순회 세자 하나밖에 두지 못했기에 자식에 대한 애정은 더욱 컸다.

비운의 여인 폐비 신씨의 죽음

12월 초순에는 폐비 신씨가 세상을 떠나게 되었다. 중종반정으로 중종이 왕위에 오르자마자 폐위되어 지난한 삶을 살아야만 했던 여인이 임종에 이른 것이다. 소식을 전해들은 인순 왕후는 폐비 신씨가 운명하기 전에 복위시키는 교지를 내려 줄 것을 청하였다.

명종은 씁쓸히 웃으며 고개를 저었다. 문정 왕후가 가만히 있지 않을 것이 뻔했으므로 안 그래도 어수선한 정국에 또 혼란스러운 일을 만들고 싶지 않았던 것이다. 그러나 명종은 폐비 신씨의 집에 폐비 궁이라는 칭호를 내릴 것을 약속하였으며 또한 인순 왕후가 미행微行으로 나가 폐비 신씨를 위안하고 오는 것을 허락하였다.

폐비 신씨의 나이는 일흔한 살로, 무려 50년을 뼈아픈 고독 속에 홀로 살다가 섣달 초이렛날 저녁에 눈을 감았다.

한편 인순 왕후가 폐비 신씨를 문안한 사실을 알게 된 문정 왕후는 명종을 불러 노발대발하였고 여기에는 이유가 있었다. 장안의 백성들은 문정 왕후는 나라를 망친 대표적 인물로 비난을 한 반면, 폐비 신씨에게는 동정과 연민을 보내고 있었다. 또한 근자에 식자識者들 사이에는 폐비 신씨를 동정하여 사후에라도 복위를 시켜 주어야 한다는 의논이 없지 않았던 것이다.

명종 역시도 폐비 신씨를 조금이라도 예우해 후궁의 예로나마 장례를 치러 주려 했다. 그러나 문정 왕후가 엄포를 놓으므로 그와 같은 예식은 포기하고 장생전長生殿에 있는 궁중의 좋은 관목棺木을 내려 신씨의 관으로 쓰도록 한 다음, 치상은 여염으로서는 일등의 예로써 거행하도록 주선하였다. 명종은 또한 폐비 신씨가 거처하던 집에는 폐비 궁이라는 칭호를 주었다. 궁 칭호가 있으면 나라에서 녹봉이 나가고 거기 따른 노비와 전답이 배당되므로 고인의 제사를 받

온릉

들 수 있었다. 임금은 이어 제사는 신씨의 친정 조카인 신사원愼思遠이 받들도록 하여 그 뒤로 신사원의 후손들은 대대로 그치지 폐비 신씨의 제사를 받들었다.

신씨는 죽은 지 181년이 지난 1739년(영조 15)에야 복위되어 단경端敬 왕후로 추존되었다. 그리하여 신씨의 친정 후예들이 이리저리 가지고 다니던 위패는 종묘에 봉안될 수 있었다. 남편 중종의 첫 번째 비로서 두 번째, 세번 째 비보다 앞에 어엿이 봉안되어 왕실의 제사를 받게 된 것이다. 단경 왕후는 경기도 양주에 묻혔는데, 복위 이후 온릉溫陵으로 능호가 올려지면서 능을 돌봐주는 능참봉陵參奉도 생기고 묘비명도 새로 고쳤다.

세력을 키워 가는 청송 심씨 일파

이듬해인 1558년(명종 13) 5월에는 영의정 심연원이 중병으로 치사하였다가 바로 다음 달에 세상을 떠났다.

이로써 조정의 큰 감투가 대폭 움직이게 되었다. 후임 영의정으로는 좌의정 상진이 확정되었고 좌의정은 우의정인 윤원형이 오르는 것이 순서였다. 그다음 우의정은 누구로 할 것인가 하는 문제가 남았다.

청송 심씨들은 중전 인순 왕후 심씨의 힘을 믿고 또 하나의 외척 세력을 구

심통원 신도비

축하고자 기회를 노렸다. 이를 위해 청송 심씨들은 심연원의 동생인 심통원沈通源을 삼공의 하나로 승진시키고자 하였다. 심통원은 문과에 장원하고 문과중시에도 급제한 수재로서 이때에는 한성부판윤으로 있었다. 그의 나이도 예순이니 우의정으로 자격은 충분하였으나 심통원 앞에는 나이는 두 살 아래지만 한성부판윤을 거의 20년 전에 지내고 병조·이조·호조의 판서에 우찬성과 좌찬성을 역임한 안현安玹이 있었다. 안현은 더욱이 청백리에 오른 인물이었다. 이리하여 안현이 우의정으로 되자 심씨들은 매우 불만스럽게 생각하였다.

청송 심씨의 세력이 커질 것을 경계한 문정 왕후는 윤원형을 불러 청송 심씨에게 큰 벼슬을 주지 말 것을 일렀다. 11월이 되자 윤원형은 벼슬을 내놓겠다고 능청을 부렸는데, 이는 심씨들이 조정에 들어오는 것을 막기 위해서였다. 그리하여 윤원형은 좌의정에서 영중추부사로 물러앉았고, 안현은 좌의정에 이준경은 우의정으로 했다.

명종은 이러한 틈을 타서 조정의 혁신을 기해보고자 하였다. 승려 보우에 의해 불교는 중흥되고 있었으나 그 때문에 막대한 국고가 빠져 나갔다. 명종은 우선 보우의 궁중 출입을 막고자 문정 왕후와 보우에 관해 항간에 떠도는 소문을 직접적으로 전하였다.

문정 왕후도 장성한 아들이 이와 같이 말하자 얼굴이 붉어졌고, 보우의 궁중 출입을 금하는 교지만은 막지 못했다. 어머니 문정 왕후 생전에는 불교를 억제하기가 힘들었기에, 명종은 당장은 보우의 궁중 출입을 막는 데에 머문 것이다. 그러나 이것은 차츰 불교를 억압하는 정책을 펴는 초석이 되었다.

다음으로는 외숙 윤원형을 제거하는 일이 남아 있었다. 인순 왕후는 명종에게 홍문관 전한 이양을 추천하였다. 이양은 7년 전에 문과를 하고 사가독서하였는데, 효령孝寧 대군의 5세손이므로 왕실의 종친이자 인순 왕후의 외삼촌이었다.

이양은 윤원형을 견제할 사람으로 중용하기에는 적합한 인물이었다. 문정 왕후와 윤원형이 시기하고 꺼리는 것을 앎에도 불구하고 명종은 이양이 옆에서 보좌하도록 하고 모든 일을 상의하였다.

명종이 이같이 이양을 두둔한다는 소문이 나자 사람들은 이제 이양의 막하로 모여 들었다. 윤원형이나 문정 왕후는 늙어 가고 있으니 명종과 그 외척의 시대가 가까워 올 것을 예상한 무리들이 알아서 청송 심씨 이양에게 결탁하려 한 것이다. 이감李戡, 권신權信, 고맹영高孟英, 김백균金百均, 이영李翎, 김명윤, 정사룡鄭士龍, 원계검 등이 그들이었다. 또 신사헌愼思獻은 이양에게 청탁해 과거를 보아 급제하고는 이로부터 이양의 심복이 되었다.

그리고 윤원로의 아들 윤백원은 자신의 아버지가 숙부인 윤원형에게 죽었으므로 그를 원수로 생각하고 있었다. 윤백원의 부인 김씨는 김안로의 손녀이자 효혜 공주의 딸이었다. 효혜 공주는 중종의 제1계비 장경 왕후 윤씨의 딸이니, 인종의 동복누이이자 윤임의 생질녀였다. 이렇게 얽히고설킨 은원恩怨 관계로 윤백원은 이양 편에 결탁해 자신의 숙부 윤원형에게 칼을 겨누었다. 궁중은 이제 윤원형의 대세력과 이양의 신진 세력이 맞서서 싸우게 되었다.

밝은 횃불을 들고 나선 임꺽정

황해도에 의적이 횡행하기 시작한 것은 1557년(명종 12) 봄부터로 그곳을 휩쓰는 의적 일당은 날로 성하여 갔다. 그러더니 1559년(명종 14) 봄에는 더욱 창궐하여 관가에서도 속수무책이었다.

그 두목은 양주 고을 백정 출신의 임꺽정으로, 그는 기운이 천하장사여서 당할 자가 없었다. 임꺽정은 1555년에 전라도에 있었던 왜변에 출전하여 큰 전공을 세웠으나, 백정이라는 이유로 어떠한 보상도 받을 수 없었다. 게다가 나라가 부패하여 망해가므로 못된 양반과 탐관오리들을 처단하고자 나섰던 것이다.

임꺽정은 장사 수십 명을 거느리고 황해도의 서흥瑞興, 우봉, 토산, 신계新溪, 이천 등지로 돌아다니면서 재물 있는 양반의 집을 약탈하였다.

나라는 사욕을 채우기 위한 세력 싸움에 힘을 탕진하느라 도적 하나도 잡지 못하는 형편이었다. 황해도의 신계, 곡산, 이천 등지는 깊고 높은 산악 지대로서 도적들이 신출귀몰하기에 알맞은 소굴이 었다. 처음에는 그래도 관군이 들이닥치면 감쪽같이 자취를 감추었으나 점차로 무리가 커지자, 오히려 버티고 맞서며 공격하므로 관군이 겁을 먹고 도망치는 경우가 많았다.

1559년 1월, 조정에서는 출몰하는 도적을 막으려고 황해도, 평안도, 강원도의 산악 지방 수령들을 모두 무신武臣으로 바꾸어 임명하였다. 그 바람에 문신들은 비싼 뇌물을 주고 얻은 자리를 내놓을 수밖에 없었으나 당시의 무신도 문신과 마찬가지로 토색질하고 백성의 고혈을 짜내는 데는 다를 바가 없었다.

3월로 접어든 어느 날, 평안도에서 한양으로 올라가는 봉물이 말과 수레에 가득 실려 황해도 우봉을 지나고 있었다. 윤원형의 첩 정난정에게 보내지는 평안 감사의 뇌물이었으니 규모도 컸다.

그 소식은 곧 전해져 군사들 앞으로 임꺽정 무리가 모습을 드러냈다. 호송하는 장수들은 임꺽정에게 대적하고자 하였으나 임꺽정은 날쌘 몸에 황소를 휘휘 내둘러 내동댕이칠 정도의 힘을 가진데다가 환도軍刀 역시 잘 다루었기에 당해낼 자가 없었다.

관군들이 일제히 임꺽정 무리들에게 덤벼들어 산골짜기는 일시 수라장으로 변하였으나, 임꺽정이 호송하는 장교의 목을 잘라 버리자 관군의 기세는 금세 사그라지고 모조리 목이 잘린 시체로 변하였다.

정난정에게 갈 평안 감사의 뇌물을 몽땅 털어 버린 임꺽정 일당은 유유히 구월산九月山의 저희 본거지로 들어갔다. 임꺽정은 의적임을 자처하여 빼앗은 물건을 불쌍한 백성들에게 나누어 주니 그들에게 협조하는 백성들도 늘어나고 있었다. 이렇듯 임꺽정 무리가 백성들의 마음을 얻자, 경상도 예천醴泉의 도적떼들은 저희가 나라에서조차 손대지 못하는 임꺽정의 패거리라고 말하며 다녔다. 이에 조정에서는 군사 전략이 뛰어난 합천陜川 군수 이윤탕李允宕과 예천 군수의 자리를 바꾸어 임명하고, 도적을 잡도록 하였다. 그러나 예천의 품관들은 임꺽정이라는 말만 들어도 두려워하여 감히 손도 대지 못하는 형편이었다.

결국 명종은 영의정 상진, 좌의정 안현, 우의정 이준경, 형조판서 조광원, 병조판서 이명규 등을 불러 놓고 어전회의를 열어 도적을 소탕할 방법을 강구하였다.

불교를 탄압하는 또 다른 이유

명종은 이어 모든 궁가宮家의 원당願堂을 폐지한다는 전교를 내렸다. 이에 따라 궁중의 내불당이며 정업원이 폐지되고 왕가의 가까운 종친들 집에서도 불당을 차리고 불도를 존신하는 것을 금하게 되었다.

한편 문정 왕후는 보우의 궁중 출입을 금하자 보우를 몰래 불러 들였다가 내보낼 수 있는 방법을 궁리했다. 궁중에는 이목이 너무

희릉. 중종의 계비 장경 왕후 능.

많았기에 문정 왕후는 봉은사에 원당을 마련하기로 하였다. 부처님께 왕실의 안녕을 기원하기 위해 봉은사에 기도하러 간다는 이유를 들면 되기 때문이었다.

문정 왕후는 마침내 나라가 도적으로 시끄러우니 왕실의 안녕과 국태민안을 비는 불공을 드리러 가기로 하였다. 그러나 불공만을 드린다면 시끄러울 것이므로 고양高陽에 있는 중종의 능을 찾아 소분掃墳*을 올린다고 핑계하였다.

1559년 6월, 이렇게 하여 대궐을 나온 문정 왕후는 남편인 중종과 전실 부인인 장경 왕후가 묻혀 있는 희릉禧陵으로 갔다. 그러나 희릉에서의 소분은 이목 때문에 하는 눈치레이고 진짜 목적은 봉은

---

*소분掃墳: 경사나 큰일이 있을 때에 산소에 찾아가 제사 지내는 것.

사의 주지 보우를 만나는 일이었다.

보우 또한 문정 왕후를 가까이 못하니 여러 지장이 많았다. 지금까지의 노력으로 중흥시켜 놓은 불교계가 하루아침에 무너져 탄압을 받을 위기에 놓인 것이다. 불교를 향한 맹렬한 탄압을 타개할 방법은 현재로서는 문정 왕후뿐이었다. 문정 왕후를 자주 만나고 문정 왕후와 밀접한 관계를 맺어야만 하는 보우는 중종의 능을 봉은사 옆으로 옮기면 어떻겠느냐는 제안을 하였다. 그렇게 되면 문정 왕후가 남편의 명복을 비는 불공을 드리러 봉은사로 자주 행차할 것이기 때문이었다.

희릉은 장경 왕후가 먼저 묻혔던 곳으로, 중종이 서거한 뒤 그 곁에 묘를 썼다. 이제 문정 왕후가 죽으면 그 옆에 가서 묻히게 되는데 당시의 장법葬法에 따르면 남편이 오른쪽에 묻히면 그 옆에 첫째 아내를 묻고, 그 다음에 둘째 아내, 셋째 아내의 순서로 합장을 하였다. 문정 왕후는 죽으면 남편과의 사이에 전처인 장경 왕후를 두고 눕혀지게 되는데, 이것은 문정 왕후로서는 참을 수 없는 일이었다. 만약 따로 능을 쓰게 되면 비용이 엄청나게 들 터이니, 조정에서 따로 산릉山陵을 만들어 줄 리도 만무했다.

그러니 이번 기회에 이쪽 봉은사 옆이 굉장한 명당이라는 핑계를 대서 중종의 능을 옮기게 되면 그러한 걱정도 사라질 일이었다. 문제는 능을 자연스럽게 옮기기 위한 구실이었다. 보우는 인부를 사서 밤새도록 물을 길어 희릉에 쏟아 놓았고 문정 왕후는 소분을 드리러 갔다가 그곳이 흉당이라는 사실을 알게 되었다고 흥분하였다.

명종은 우선 사실을 파악하기 위해 신임하는 승지 이정李楨을 시켜 희릉을 살피고 오도록 명하였다. 이정은 명종이 흠모하는 퇴계 이황의 제자로서 문과에 장원 급제한 인물이었다. 이정이 희릉에 가보니 과연 물이 나고 있었다. 밤마다 얼마나 물을 퍼다 부었던지 실제로 물이 나고 있는 것처럼 보인 것이다.

윤원형과 신진 세력의 대결

이로써 능을 옮기는 큰 역사가 시작되었다. 흉년이 계속되어 백성들은 피골이 상접한데 문정 왕후와 보우는 이 엄청난 역사를 벌인 것이다.

중종의 천장을 위한 산릉도감이 임명되고 도제조에는 윤원형이 임명되었다. 전왕의 능을 이장한다는 소문은 발 빠르게 퍼져 각 고을의 벼슬아치들은 좋은 석재를 보내 윤원형에게 눈도장을 찍기 시작했다.

윤원형은 선왕의 능에 사용할 품목들까지 욕심을 냈다. 강원 감사가 금강산 경포대鏡浦臺에서 구해 보낸 차돌을 보고는 붉은 빛이 돌아 흠이라는 핑계를 대고는 자신의 집에 정자를 짓는데 쓰기 위해 옮기도록 하였다. 정자각의 층계를 만드는데 쓰면 좋을 것이라는 석공의 의견은 바로 무시되었다. 석재가 원체 좋았기에 윤원형은 조금의 거리낌도 없이 빼돌렸으며, 이 외에도 산역을 빙자해서 무수한 금품과 재물을 횡령하기에 눈코 뜰 새가 없었다.

이때 윤원형과 대항하는 새 세력의 영수로서 부제학으로 승진한 이양은 어전에서 윤원형을 맹렬히 비난하였다.

"흉년이 들었음에도 백성은 생각하지 않고 능을 천장하는 큰 산역을 강행하오니 백성들의 마음이 임꺽정에게로 돌아서는 것이옵니다. 더욱이 산역을 빙자한 관계관들은 사사로이 공금을 횡령하여 엄청난 금품을 착복하고 있사옵니다."

전 같으면 감히 윤원형에게 이같이 맞설 자가 없었으나, 이양은 명종의 특별한 신임으로 윤원형을 제어하려 나설 수 있었다.

이 무렵 황해도 감영의 군관과 병사 31명이 임꺽정에게 죽임을 당하는 일이 발생하였다. 그들은 관아의 무리는 모두가 백성의 피를 빨아 먹는 자들로서 처벌을 받아야 한다고 공공연히 떠들면서, 죽인 자들의 목은 장대에 매달아 놓고 몸통은 들짐승에게 먹이기 위해 끌고 갔다. 관원들은 벌벌 떨면서 임꺽정 패가 출몰하면 아예 잡으러 나서는 자가 없을 지경이 되었다.

나라를 바로 잡으려면 조정을 바로 세워야 했다. 명종은 마침내 결단을 내리고 교지를 내렸다.

〈영부사(영중추부사) 윤원형은 산릉도감 도제조의 직에서 해임하노라. 봉은사 주지 보우는 산릉의 일에 일체 관여치 못하게 할지며, 능을 신축하는 일도 당분간 중지하고 도적을 소탕한 뒤로 미루노라. 그리고 의금부의 좌포도대장 남치근과 우포도대장 이몽린李夢麟을 황해도의 개성부로 파견하노니 각고면려刻苦勉勵하여 도적 임꺽정을 하루 속히 포살하도록 할지니라.〉

그리고 명종은 사욕을 채우는 데 정신이 없는 윤원형을 견제하라는 목적으로 이양을 부제학에서 의정부 참찬관으로 승진시켰다. 그런데 힘을 실어 주었더니, 이양 또한 윤원형처럼 전횡을 일삼으며 자기 세력 불리기에 여념이 없었고, 사람들은 날로 성해가는 이양을 일컬어 '이리'라고 하였다. 앞문의 호랑이를 막기 위해 뒷문으로 이리를 불러들인 형국이 된 것이다.

한편 명종이 궁가의 원당을 폐지시킨 것 또한 문정 왕후의 바람을 막기 위한 조처였다. 이로써 문정 왕후 때문에 중흥을 보게 된 불교는 이제 오히려 문정 왕후 때문에 더욱 미움을 사고 탄압을 받게 되었다.

해가 바뀐 1560년(명종 15) 3월에 좌의정 안현이 죽자 조정의 이양 일파는 윤원형의 복직을 최대한 저지하고 나섰으나, 결국 안현의 후임으로 윤원형이 좌의정에 임명되었다.

그러자 이양이 가만히 있지 않았다. 이양은 다시 의정부 참찬관에서 도승지로 옮긴 뒤, 중궁의 외척인 청송 심씨의 세력을 등에 업고 6월이 되자 윤원형을 좌의정에서 밀어 내는 데에 성공했다. 명종은 윤원형을 다시 영중추부사로 삼는 대신 그를 서원군瑞原君에서 서원 부원군으로 올려 주었다.

한편 윤원형을 밀어 낸 이양은 좌의정으로 이준경을 임명하고 심통원은 우의정으로 삼았다. 심통원은 죽은 심연원의 동생으로 인순 왕후의 종조부였다. 이번에 윤원형이 밀려나게 된 데는 그의 심복 중에 배신자가 생겨 이양 편으로 돌아섰기 때문이었다. 윤원형을 배신한 자는 공조참판 진복창이었다. 진복창은 윤원형의 오랜 심복으로서 독사라고 불리며 악한 짓을 도맡아 했기에 진복창이 한번 입을 열면 윤원형의 범죄는 모두 드러날 수밖에 없었다.

10년 전 윤원형의 동지였던 허자는 쫓겨나면서 진복창을 조심하라고 충고하였고 역시 그의 교활함을 파악한 윤원형도 이때부터 진복창을 조심하기 시작했다. 진복창은 본인의 방자함에 그치지 않고 그 어머니까지 아들의 세도를 믿고 방종하여 세상으로부터 지탄의 소리가 높았다.

윤원형은 진복창의 벼슬을 높이지 않고 공조참판에 머물러 두며, 진복창을 점차로 소원하게 대하였고 진복창은 진복창대로 윤원형의 세도가 머지않았음을 눈치챘다. 노년기에 접어든 문정 왕후가 죽으면 윤원형은 하루아침에 쓰러질 것이 뻔했다. 이에 진복창은 은밀히 이양 일파에게 윤원형의 범죄에 대한 극비 사실들을 귀띔해 주었다.

이 사실을 알게 된 윤원형은 지금까지 자신의 심복이었던 진복창을 한시바삐 처치하고자 했다. 윤원형은 또 다른 심복 윤춘년을 시켜 진복창을 제거할 것을 사주하였다. 윤원형의 명을 받은 윤춘년은 즉시 대사헌 송세형宋世珩과 대사간 신영申瑛, 직제학 홍담洪曇 등 윤원형의 수하 인물들을 동원하여 진복창의 목을 조였다. 탄핵의 죄목은 진복창이 대왕대비와 요승 보우가 불륜한 행위를 하였다고 날조하여 거짓을 퍼뜨리며 불경한 언행을 하였다는 것이었다.

이러한 죄목에 걸렸으니 아무리 간교한 꾀를 가진 진복창이라 한

홍담 효자각. 「효자 좌참찬 홍담지문」

들 쫓겨나지 않을 재간이 없었다. 진복창은 곧 공조참판에서 파직되고 함경도의 벽지 중에서도 제일가는 삼수三水 땅으로 귀양 가게 되었다.

진복창에게 쌓인 원한이 많은 사람들이 들고 일어나 삼수로 귀양 간 진복창의 죄는 더욱 커졌다. 이윽고 진복창은 부처付處된 신세에서 위리안치로 바뀌어졌다가 3년 만인 1563년(명종 18) 그곳에서 비참하게 앓다가 죽고 말았다.

임꺽정 토벌에 어려움을 겪는 조정

이런 조정을 비웃으며 임꺽정 무리는 어느새 한양으로 들어와 있었다. 그들은 보통 때도 큰일이 끝나면 한양 구경을 하며 임꺽정 첩의 집에 모여 술을 마시고 놀았다.

한편 임꺽정 무리 중에 모사로서 지략이 많은 서림徐霖은 한양에 구경 와 있는 동안에도 큰 이익을 보고자 하였다. 서림의 꾀에 따라 한양의 집들도 털기로 작정한 도적들은 수십 명이 합세하여 장안으로 잠입해 들었다. 그들 수십 명은 두령 임꺽정과 함께 한양 한복판 어느 술집에 모였다. 이곳에는 도적의 와주窩主*인 한온도 한몫 끼어 큰돈을 벌어 보고자 같이 의논하였다. 말 그대로 무법 천지였다.

임꺽정 일당이 기생들을 끼고 술을 마시고 있는 건너편 방에서는 포도청 군관들이 술을 마시고 있었다. 기생들은 이 방 저 방으로 불려 다니던 중 이윽고 임꺽정의 패와 군관들 패 사이에 말다툼이 오고 갔다.

이러는 와중에 군관 한 명이 도망해 포도청으로 달려가 수상한 놈들이 모였다고 고발하였으나, 임꺽정이 들어간 소굴이라고 군관이 알아 두었던 집에서는 임꺽정의 첩만이 잡혀 나왔다.

이 혼란한 와중에 순회 세자는 열 살이 되어 관례를 올리게 되었다. 관례는 성인이 되는 의식이므로 보통 열다섯 살에서 스무 살이 되는 동안에 하는 것이 상례였으나, 왕세자는 보다 일찍 식을 올렸다. 관례는 보통 결혼 전에 올리므로 왕세자를 장가들이고자 함이었다.

왕세자의 배필은 황대임黃大任의 딸로 간택이 되어 있었다. 이 왕세자의 관례식을 기해서 대사령이 내려졌고, 죄질이 경미한 임꺽정

---

*와주窩主: 도둑이나 노름꾼 등을 거느리는 우두머리. 또는 그들의 뒤를 봐주는 사람. 접주인接主人이라고도 한다.

의 첩들도 석방이 되었다. 그러나 나라 전체를 뒤흔드는 임꺽정의 첩이었기에, 조정에서는 그 첩들을 형조의 노비로 삼아 묶어 두었다. 관례를 올린 순회 세자는 이해 가을에 장가를 들었다.

조정에서는 지난번에 파면했던 좌포장 남치근을 그동안의 공이 많다 하여 한성부판윤으로 삼았다. 원래 남치근은 문종文宗 때의 정승 남지南智의 후손으로서, 당시 나라에는 그만한 장수로서 그만한 인재가 없었다. 조정에서는 곧이어 남치근을 황해도 · 경기도 · 평안도의 삼도 토포사로 삼았다. 한양에 임꺽정이 또 다시 들어올까 봐 떨던 조정은 쫓아냈던 남치근을 한양의 으뜸 벼슬로 삼았다가 그래도 안심이 안 되었는지 삼도 토포사로 삼아, 임꺽정을 토벌하는 총사령관으로 임명한 것이다.

한편 조정의 기세를 관망하며 조용히 세월을 보내고 있던 임꺽정 일당은 평안도에 다녀오던 왕실 종친의 단천령端川令* 이주경李周卿을 붙잡게 되었다. 그가 왕실의 종친이라는 사실을 알게 된 임꺽정의 부하들은 이주경을 자신들의 소굴로 끌고 갔다. 서림은 이주경이 피리를 잘 불기로 유명하다는 사실을 알고, 죽이는 대신 피리 소리나 들어 보자 하였다.

이주경은 도적들이 어쩌면 자기를 죽이지는 않을 것 같으므로 안심하고 재주를 다하여 피리를 멋들어지게 불었다. 서정적인 피리 소리에 눈시울이 붉어진 임꺽정과 그 부하들은 자신들이 숨어 있는

---

* '영令'은 종친에게 내리는 작호로 군君, 정正, 수守 밑의 정5품에 해당한다. 영 아래는 감監이다.

곳을 비밀로 한다는 조건 하에 이주경을 살려 주었다. 임꺽정은 자신이 차고 있던 장도粧刀 하나를 내주며 신표信標로 삼도록 했다. 돌아오던 중 마주친 도적들에게 장도를 내보이면 그들은 오히려 이주경을 안내해 바래다주니, 임꺽정이 미친 영향력은 나라의 법보다 더하였다.

남치근과 이몽린의 후임으로 포도대장이 된 김순고金舜皐는 운도 좋았지만 침착한 인물이었다. 그는 여러 방면으로 탐문 수사를 한 결과 남대문 밖 한온이 임꺽정과 손잡은 도적의 와주이며, 그곳에 도적들이 모여 서로 연락을 주고받는다는 것을 알아냈다. 그는 사태의 추이를 관망해 더 큰 해결을 도모하고자, 이 사실을 일체 감추고 한온도 건드리지 않았다. 그런데 마침 임꺽정의 밀정인 전옥서 전복 임석동이 투항하는 일이 발생했다. 임석동은 임꺽정 일당이 도성 안에서 나라를 상대로 싸움을 벌이려 하자 불안해진 나머지 거사의 하루 전날 포도청에 가서 김순고에게 낱낱이 밀고하였다.

그날 밤 거사를 위해 객주 집을 나서는 서림은 포도대장 김순고와 함께 온 포졸들에게 포위당하고 말았다. 그 자리에 있는 서림의 부하들은 불과 20명에 불과했고, 이미 단단히 준비를 마친 포졸들은 그보다 몇 갑절이었다. 서림을 비롯한 임꺽정의 부하들은 여기서 일망타진되고 객주의 주인을 가장한 와주 한온도 서림과 함께 사로잡혔다.

이어 봉산으로 밀파된 선전관 정수익은 임꺽정의 발자취를 찾아 구월산으로 들어갔다. 섣달에 접어들며 눈이 많이 내렸기에, 정수익은 눈에 남은 발자취를 이용해 도적을 잡기 위해 추위에도 불구하고 토벌을 시작한 것이다. 그리고 평산 부사 장효범張孝範은 군사 5백 명을 거느리고 도적들을 잡으러 가다가 도적 7명을 만났다. 그런데 그들을 잡기는커녕 부장 연천령延千嶺과 장교들은 죽임을 당하고 도적들은 하나도 잡지 못하고 다 놓쳐 버렸다.

조정에서는 파견한 장수들과 별도로 옹진甕津, 장연長淵, 풍천豊川 등 각 고을의 수령들에게 명하여 서흥에 발호하는 도적을 잡을 것을 일렀다. 그러나 이들이 이르기도 전에 벌써 서흥 고을의 아전들과 미리 내통한 도적 60여 명이 밤새 길목을 지키고 있다가 말을 타고 달려 나오며 활을 쏘아 대며 공격하니, 관군은 그만 크게 패하여 서흥에는 들어오지도 못하고 물러나야 했다.

서림은 잡혔지만 도적의 무리는 전국 곳곳에서 날뛰었다. 황해도, 평안도 일대의 관아에는 도적의 수괴들이 금오랑金吾郞(금부도사)의 복색을 하고 당당히 나타나기도 하고 가짜 금오랑은 고을 원을 잡아 가두고는 물건을 약탈해 유유히 사라지거나 원의 처첩들을 능욕하기도 하였다.

그러나 그런 중에도 실력 있는 고을 원은 도적들도 감히 손대지 못하였다. 박응천朴應川은 나중에 선조의 왕비 의인懿仁 왕후 박씨의 백부가 되는 사람으로 이 무렵에 봉산 군수로 있었다. 임꺽정 일당도 박응천은 두려워하여 감히 건드리지 않았다.

그러던 중 황해도 순경사 이사증李思曾이 임꺽정을 잡았다 하여 온 나라가 들썩하였으나, 한양으로 잡아 올려 문초해 보니 임꺽정이 아니라 임꺽정의 형 가도치加都致였다. 그래도 임꺽정의 형이나마 잡았으므로 조정에서는 서림을 잡은 데에 이어 크게 기뻐하고 그 공을 치하하였다.

이로부터 각 지방에서는 도적만 잡으면 공을 탐하는 관리들이 임꺽정을 잡았다고 보고하기 일쑤였다. 서림과 가도치가 잡히고, 임꺽정의 첩들도 구출하지 못하자 임꺽정 일당은 대낮에 나타나 관청을 습격하는 등 더욱 기승을 부렸다. 더욱이 관리들은 습격으로 크게 손해를 입었어도 문책을 당할까봐 도적이 민가에 불을 질렀다고 보고하여 관청의 피해를 숨겼다.

황해도와 평안도 지방은 몇 해를 두고 도적을 잡는다고 조정에서 사람들이 내려와 북적거리니, 관청에 예비해 두었던 관곡官穀은 바닥이 났다. 그러자 관군은 백성들을 통해 곡식은 기본이고 소나 돼지까지 징발하였고, 빈한한 백성들은 그럴수록 도적떼를 두호하였다. 특히 황해도 일대는 토포사, 순경사, 선전관 등이 매달 내려가 도적은 잡지 못하고 오히려 백성에게 폐해를 미치므로 나중에는 도로 조정으로 올라오라는 명령까지 내려야 할 형편이었다.

이러는 가운데 해는 바뀌어 1561년(명종 16)이 되었다. 그동안 중병을 앓느라고 조용하던 문정 왕후가 봄이 되자 소생하더니 완쾌되었다. 환갑에 접어든 문정 왕후는 그동안 앓느라고 못 부린 야료를 또 다시 명종에게 부리기 시작하였다.

"그래, 임꺽정을 잡을 때까지는 아버님의 능침을 옮기는 일을 못하겠다 그 말입니까. 여러 말 말고 날이 풀렸으니 산릉도감 책임자

는 외숙 윤원형으로 하고 당장 산역을 시작하십시오. 또 보우 대사
는 새 명당자리를 잡은 사람입니다. 보우 스님도 함께 협력해서 산
역을 잘 치르도록 하라는 어명도 함께 내리십시오."

오랜 병환에서 일어난 어머니의 요청이니 아니 들을 수도 없는
노릇이었다. 이로써 새 능을 쌓는 산역은 다시 계속되었고 메마른
봄철에 먹을 것이 없어 굶주리던 백성들의 괴로움은 배가하였다.

새로운 왕세자빈을 맞이하는 순회 세자

한편 작년에 순회 세자가 맞아들인 세자빈 황씨는 배앓이가 심하
여 날마다 배를 부둥켜안고 살았다. 순회 세자는 이러한 빈이 못마
땅하여 늘 눈살을 찌푸렸다. 배 아픈 것도 하루 이틀이지, 하도 아
프다고 야단이니 어린 세자는 짜증이 났다. 세자는 점차 빈의 처소
에 발걸음을 하지 않게 되었다. 황씨는 횟배에 채독菜毒까지 앓으니
마땅한 약을 구하지도 못했다.

그러던 어느 날 순회 세자는 상호군 윤옥尹玉을 따라 궁중에 들
어왔다 퇴궐하는 그는 딸을 보게 되었다. 윤옥의 딸에게 마음을 빼
앗긴 세자는 비원 구경을 함께하며 말동무를 삼았다. 또한 윤옥의
딸을 내보낼 때는 귀한 비단을 선물로 주고, 다음에 만날 날짜까지
기약을 하였으며 수문장과 무감들에게도 가만히 일러놓았다.

윤옥은 처음에는 큰 낭패라는 생각에 울상이었으나 가만히 생각
해 보니 오히려 자신의 집안이 성하게 될지도 모를 일이었다. 윤옥

윤옥 묘소. 순회 세자 장인.

은 부인과 상의한 결과 딸을 세자의 요구대로 동궁에 들여보내기로 하였다. 잘못되면 세자를 만난 죄로 딸과 그 집안이 몰사할 테지만, 일이 잘만 풀린다면 윤옥의 딸은 세자빈이 될 것이었다.

세자빈 황씨의 상태는 1년이 넘어 신록이 무르익은 5월로 완연한 여름에 접어들도록 조금도 차도를 보이지 않았다. 또한 인순 왕후는 순회 세자와 윤옥의 딸과의 관계도 알게 되어, 이 일에 대해 명종에게 상의하였다.

"계속해 횟배를 앓기만 하는 세자빈에게서는 왕손을 기대하기 어려울 듯하옵니다. 그러나 폐출은 할 수 없으니 양제良娣로 강봉하고 새로 세자빈을 맞아들이는 것이 좋을 듯합니다. 나중에 국모가 되면 궁중 일은 어떻게 보살피겠사옵니까?"

왕실의 추문에 진력이 난 명종은 또 다른 해괴한 소문이 퍼지기 전에 급하게 일을 처리하였다. 그리하여 세자빈 황씨는 종2품의 세자궁 후궁 벼슬인 양제로 강봉되었고 새로운 왕세자빈으로는 상호군 윤옥尹玉의 딸로 결정되었다.

윤옥의 아버지 윤사익尹思翼은 판서를 지냈으니 가품도 충분했고, 윤옥도 석학 김안국의 제자로 일찍이 문과에 급제하여 승지와 양주 목사 등을 역임한 인품이 있는 사람이었다. 그러나 윤원형이나 이양의 일파가 아니었기에, 빛을 보지 못하고 문관에서 밀려나 무관이나 하는 호군 직책을 가지고 있는 형편이었다. 딸이 국모가 되면 무송茂松 윤씨 집안도 윤원형 집안과 같이 외척으로서 세력 있는 집안으로 성장할 날이 올 것이었다.

1561년(명종 16) 5월 24일 윤옥의 딸은 순회 세자의 새 세자빈으로 책봉되었다. 그러나 때가 때인 만큼 가례는 간략히 치렀다. 딸이 일약 정1품의 세자빈으로 책봉되자 윤옥 역시 동지돈령부사에 올랐다가 얼마 안 있어 다시 공조참판으로 승진되었다.

그런데 순회 세자는 서연書筵을 매우 지겨워하고 유희를 좇았다. 순회 세자는 그와 함께 서연관 권순權純과 설서設書 신응시辛應時를 특히 미워하였고 명종이 꾸중을 하여도 별달리 잘못을 뉘우치지 않았다.

게다가 세자는 배시倍侍 내관 한계정韓繼貞을 통해 어린 나인들을 대령받아 밀회를 즐기기까지 하였다. 명종은 즉각 동궁에 가서 한계정을 잡아 의금부에 가두도록 한 뒤 세자가 방탕하게 놀도록 방조한 내시 한계정의 죄상을 추국하라 하였다. 한계정은 세자를 방탕하게 배종한 죄로 볼기 1백 대를 맞고 충청도 보령保寧으로 귀양을 가야 했다.

임꺽정의 최후

황해도 일대에서 벌어지고 있는 임꺽정과의 싸움 못지않게 조정에서는 윤원형과 이양의 감투싸움이 치열하였다. 명종은 원래 이양의 세력이 커져 오히려 또 하나의 윤원형이 되려 하자 은근히 걱정이 되었다. 게다가 문정 왕후는 전일 이양이 중종의 산역을 중지시킨 일로 그를 크게 미워하고 있었다. 이럴 즈음 윤원형은 이양을 더 이상 그냥 두어서는 안 되겠다는 생각에 문정 왕후를 찾아갔고 그에 이어 문정 왕후는 아들 명종을 불렀다.

이번에도 어머니와 윤원형의 기세에 밀린 명종은 할 수 없이 도승지 이양을 평안도 관찰사로 내보냈다. 정3품에서 종3품이 되었으니, 이양에게는 치명적인 좌천이었다. 윤원형과 자웅을 겨루던 이양이 외직으로 쫓겨나자 윤원형의 기세는 다시금 높아졌다.

1561년 7월에는 나주의 토착 세력인 김응란金應蘭과 김언림金彦霖이 무리를 일으켜 크게 반란하였다. 나라에서는 이것을 진압하느라고 또 한 번 힘을 탕진해야 했했다. 전라도 곡창 지방에서조차 반란이 일어난 것이다.

이해 10월이 되면서 황해도의 임꺽정 일당은 다시 준동하여 평산의 민가 30여 책을 불살랐다. 임꺽정은 자신의 가속과 형 그리고 부하가 잡혀가자 보복하기 위해 점점 잔인해지기 시작했다.

삼도 토포사 남치근은 어떻게든지 도적을 잡고자 하였다. 그는 임꺽정의 모사 서림을 이용할 궁리에 착안하여 이제는 서림을 어엿이 자기 막하의 참모로 쓰고 있었다. 서림은 꾀가 많은 대신 죽기를 무서워하는 자였다. 임꺽정의 무리는 그것도 모르고 작전하다가 번번이 큰 피해를 입었다. 마침내 기세가 꺾여 꼼짝할 수 없게 된 임꺽정은 1562년(명종 17) 정월 초사흗날 수백 명의 군사들이 쏘아 대는 강궁強弓에 무너지고 말았다.

선릉의 완성과 기로소에 들어가는 상진

한편 전해인 1561년 윤원형과 문정 왕후의 미움을 받아 이양은 평안 감사로 밀려났으나 아직도 조정에는 그의 세력이 쟁쟁하였다. 이양은 평안도로 나가면서 곧바로 부하들을 시켜 임금에게 상주하도록 함으로써 다시 한양으로 올라오려는 작전을 폈다.

명종은 한때는 이양을 경계하였으나 그가 옆에 없고 나니 윤원형과 보우의 전횡을 막을 재간이 없었다. 그러나 당장 이양을 불러들일 수는 없어서 기회를 보다가 1562년 여름에 드디어 그를 조정으로 불러들였다. 이양에게는 공조판서에 홍문관 제학이 겸직되었다. 이리하여 쇠잔해지는 듯하던 이양 무리의 세력은 또 활개를 치게 되었다.

7월이 되자 문정 왕후는 재차 병으로 눕게 되었고, 이것을 좋은 기회로 생각한 이양은 보우를 맹격하는 탄핵을 벌였다. 이양은 재등장한 지 한두 달 만에 예조판서로 영전하였고 자신의 관할이므로 보우에게 주어져 있던 도대선관교都大禪官敎의 직함을 삭탈해 버렸다. 이로써 보우의 큰 날개는 부러졌다.

이런 가운데 산역은 마무리되어 9월이 되자 말썽 많던 중종의 능침을 양주 원당면의 희릉에서 광주 봉은사 옆으로 이장하는 천장 역사가 끝이 났다. 희릉에는 이제 중종의 첫 계비인 장경 왕후 윤씨만이 홀로 누워 있게 되었다. 새로 봉은사 옆으로 이장한 중종의 능은 선릉이라고 능호를 올렸다.

이달에 이양은 또 보우에 대한 공격을 하여 마침내 보우의 판선종사도대선사判禪宗事都大禪師의 직함마저 삭탈해 버렸다. 이로써 보우는 불교 선종의 총수 자리에서마저 밀려나 이제는 봉은사 주지 자리조차 불안한 입장이 되었다.

반면 명종의 신임을 받은 이양은 예조판서에서 다시 이조판서로 승진하여 나라의 인사권을 쥐고 흔들게 되었다.

1562년(명종 17) 11월 겨울로 접어들자 죽을 줄만 알았던 예순 두 살의 문정 왕후는 다시 한 번 완쾌되어 일어났다. 문정 왕후는 병상에서 일어나자마자 보우를 만나고자 하였다. 위태로운 자리에서 쫓겨날 날을 기다리며 봉은사에서 조용히 지내던 마흔 여덟 살의 보우는 창덕궁의 소덕당昭德堂 문정 왕후 처소로 불려 왔다.

보우가 면직당한 사실을 알게 된 문정 왕후는 보우를 돌려보낸 뒤, 바로 명종을 불러 들였고 보우는 그날로 판선종사도대선사로 복직되어 불교계의 지도자로 되돌아왔다.

그런데 바로 이듬해 정초였다. 일흔한 살에 이른 영의정 상진이 치사를 청하였다. 명종은 한 달에 초하루와 보름, 두 차례만 입조해도 좋으니 조정에 남아 달라며 상진을 붙잡았으나 상진은 15년 동안 정승으로 있으면서 조야의 신망을 받다가 벼슬을 물러났다.

그러나 못내 그를 놓아 줄 수 없었던 명종은 그에게 영중추부사의 직을 주어 조정에 남겨 두고, 기로소耆老所에 들어가게 하였으며 궤장几杖을 하사하고 궤장연을 크게 베풀었다. 기로소는 일종의 경로당으로서, 정2품 이상의 벼슬을 한 사람 중에서 일흔 살이 넘은 사람이 들어갔고 군신이 함께 노는 곳이라 하여 서열로는 으뜸으로 여겼으니 이곳에 들어간 사람은 큰 영광으로 알았다.

무너지는 외척 이양의 아성

상진의 후임 영의정으로는 윤원형이 되었다. 드디어 윤원형은 명실공히 만인지상萬人之上의 영의정이 되어 독보적인 실권을 누리게 되었다. 이양의 일당은 좌의정 이준경을 영의정으로 승진시켜 윤원형의 입각을 막고자 했으나 문정 왕후의 힘은 아직도 절대적이었기에 명종은 외삼촌 윤원형을 영상으로 앉히지 않을 수 없었다.

그러나 윤원형도 윤원형이었지만 이양의 방자한 행동도 한없이 커졌다. 그는 자신의 아들 이정빈을 출세시키고자 과거 보는 시험관을 매수하여 시험 문제를 미리 알아내 이정빈을 장원급제시키는 등의 협잡을 일삼았다.

이와 같은 사실을 알게 된 당시의 뜻 있는 소장 유신인 박소립, 윤두수, 이문형, 허엽許曄 등은 자신들의 절개를 지키며 이양의 무리와 영합하지 않았다. 이들은 촉망을 받는 사림 출신으로 이같이

허엽 묘비(좌)와 초상(우). 허난설헌 아버지.

신진 사류들이 반감을 품자 이양은 그들을 혼내 줄 생각을 하게 되었고, 심복인 대사헌 이감에게 지령을 내려 그들을 탄핵하였다.

"근자에 젊은 학자들이 일어나 조정을 비방하는 것은 그 뜻이 을사년에 사화를 일으킨 무리와 같은 것이옵니다."

이감의 말은 한번 마음먹은 일은 끝까지 시행하고 마는 이양이 뒤에서 강력히 뒷받침하는 것이었으므로, 젊은 학자들은 된서리를 맞았다.

이조판서 이양 밑에서 뜻을 달리하던 이조정랑 박소립과 역시 이조정랑으로서 상사 이양의 아들을 좋은 버슬자리에 천거할 것을 거부했던 윤두수도 파직되었다. 또한 대제학 이문형은 대사헌으로 있을 때 윤원형의 죄를 논했던 사람인데 이번에 이양에게 파직당했으며 『홍길동전』을 쓴 허균許筠의 아버지이자, 화담花潭 서경덕徐敬德의 제자인 허엽도 파직되었다. 허엽은 대사성을 역임한 학자로 이해에 참찬관에 동부승지로서 임금의 경연관이 되었는데, 경연 자리에서 윤근수, 조광조의 신원을 청하고 구수담과 허자의 무죄를 주장한 것이 화근이 되어 파직된 것이다.

이양은 이 일을 본보기로 삼아, 윤원형이 영의정으로 들어와 그쪽으로 쏠리려는 자들에 대한 경종을 울렸다. 이양은 안하무인이 되어 임금의 뜻은 혼자서 다 받드는 척, 명종이 좋아하는 나무와 화초까지도 궁중으로 모아 들였으며 또 명종이 그림을 좋아한다 하여 궁중에 화공을 불러 들여 임금의 뜻을 맞추느라고 부심하였다. 이 대로 가다가는 머지않아 이양이 윤원형의 세도를 뛰어넘어 또 다른 부정한 세계를 구축하게 될 터였다. 그걸 뻔히 알면서도 입지가 여의치가 않게 된 윤원형으로서는 당장 어떻게 할 수가 없었고 사림파는 이제 이양을 견제하게 되었다.

1563년(명종 18) 7월에 박소립 등을 몰아 낸 이양은 더 큰 음모를 꾸미기 시작했다. 8월로 들어선 어느 날 이양은 죽은 윤원로의 아들 윤백원, 대사헌 이감, 봉상시 부정 신사헌, 직강 이영, 권신 등 이른 바 당시에 6간奸이라고 일컫던 자들을 집으로 초청하여 밀의를 했다. 모의의 내용은 을사사화 때에 윤원형 일파가 꾸민 것과 같은 수법을 써서 사림과 반대파를 일망타진하려는 계획이었다.

그러나 이 밀의를 미리 알아차리고 그 장소에 들어와 엿듣는 사람이 있었다. 인순 왕후의 동생이자, 이양의 생질 심의겸은 이때 나이 스물여덟의 청년으로 1562년 대과에 등제하여 병조좌랑을 거쳐 사간원 정언으로 있었다. 심의겸은 젊은 신진 사림 출신들과 함께

점차 세력을 확보하고 있었으므로 외
숙인 이양과는 반대되는 입장이었다.
이양은 생질 심의겸이 가까이 온 줄
도 모른 채, 어떻게 하면 윤원형과 사
림의 세력을 일소할까 하는 것만을
의논했다.

특히 윤백원은 자신의 아버지가 숙
부 윤원형에 의해 목숨을 잃었으므
로, 윤원형과 그 일파의 신진 사림 출
신들을 타도할 계책에 적극적이었다.

대사헌 청양공 심의겸 신도비

그들이 한창 이야기에 열중하고 있는 틈으로 심의겸이 불쑥 나서
며, 외숙 이양을 힐난하였다.

이리하여 일은 크게 터졌다. 이양의 집에서 탈출한 심의겸은 그
길로 처가의 인척이 되는 부제학 기대항奇大恒을 찾아갔다. 숨이 턱
에 찬 심의겸에게서 이야기를 전해들은 기대항은 곧 이양을 탄핵하
는 상소를 올리기로 협의하였다.

기대항의 집을 나온 심의겸은 이번에는 궁중으로 들어가 누나에
게도 사실을 전하였으나 인순 왕후는 정치에 나서는 것을 꺼려하였
으므로 별다른 대답을 들을 수가 없었다. 심의겸은 성과가 없자 다
음날 명종을 알현하였다. 명종은 처남의 말을 듣고 놀랐으나 이양
의 세력은 이미 너무 커졌으므로 사건을 표면화시키지 않고 심의겸
에게 밀지를 내렸다. 이양을 타도하는 데에 여러 신하는 힘을 합치

라는 비밀 교지였다.

이 밀지를 가져다 보이자 기대항은 더욱 자신을 가지고 이양의 탄핵 준비를 하는 일변, 윤원형에게도 이 사실을 알렸다. 이윽고 기대항이 어전으로 나갔다.

"신 홍문관 부제학 기대항 아뢰옵니다. 이조판서 이양은 권세를 남용하여 위복威福을 떨치고 사람을 무수히 해치며 조정을 일망타진하려 하옵니다."

탄핵의 첫 포성을 신호로 하여 기대항을 지지하는 신하들과 윤원형 일파는 한꺼번에 포문을 열며, 이양과 사림파를 궁지로 몰아 꼼짝 못하게 만들었다. 이양은 바로 어제까지 자신의 심복으로서 밀담을 주고받던 기대항의 배반에, 그만 말 한마디 못하고 쫓겨났다.

여러 해 동안 세력이 당당하여 윤원형을 무색케 하던 이양도 이렇게 하여 파직된 뒤, 충청도 보령으로 귀양을 갔다. 삼사에서는 계속 그를 탄핵하여 이양은 결국 평안도 북쪽의 강계江界로 이배되었다가 8년 동안 풀려나지 못한 채 그곳에서 죽음을 맞이했다.

또한 이양의 심복 부하인 이감 등의 6간도 모두 파직되어 귀양을 갔으며 반면 이양을 제거하는 데에 수훈을 세운 기대항은 이감의 후임으로 대사헌이 되었다.

조정은 이제 이양의 일파를 조정에서 물리치는 일로 바쁘게 되었다. 그러나 올바른 정치를 하고자 하는 사람이 선정되는 것이 아니라, 윤원형에게 뇌물을 바치고 그 빈자리에 들어오고자 하는 사람들로 성황을 이루었다.

이러한 틈바구니에서 이양을 타도한 신예 심의겸이 차츰 각광을
받기 시작하였으나, 심의겸은 젊었으므로 권력은 아직 윤원형의 것
이었다.

방탕을 일삼던 순회 세자의 요절

이렇게 조정에서 세력 다툼으로 각축전이 한창일 때에 동궁의 순
회 세자는 방탕 일로에 들어 있었다. 작년에 내시 하계정이 곤장 1
백 대를 맞고 귀양 가는 소동이 발생하자 한동안 잠잠하게 지내던
것뿐이었다.

공부는 뒷전으로 다시 여색을 탐하는데 몰두하던 세자는 겨우 열
세 살에 불과했다. 다 자라지도 않은 어린 몸으로 방종을 추구했기
때문인지, 순회 세자는 1563년(명종 18) 9월로 접어들면서 시름시
름 앓기 시작했고 그달 17일 시뻘건 피를 입으로 토해낸 지 사흘만
인 9월 20일, 세자는 그만 죽고 말았다.

명종과 인순 왕후 사이의 소생은 순회 세자 단 하나뿐이었다. 그
런데 하나밖에 없는 외아들이 온갖 못된 흉내를 내다가 덜컥 죽어
버린 것이다. 또한 세자빈 공빈恭嬪 윤씨와 양제 황씨는 미처 피어
나지도 못한 채 열다섯의 나이로 청상과부가 되고 말았다.

명종은 덕종德宗의 능이 있는 고양의 경릉敬陵 옆에 죽은 세자를
묻고 장사지내고 순회 세자라고 시호를 올렸다.

백성들은 순회 세자가 왕위에 올랐다면 틀림없이 연산군처럼 됐

을 터이니 진작 잘 죽었다고 수군대건만 아들을 잃은 아버지 명종의 상실감은 그렇지가 않았다. 애통함에서 벗어난 인순 왕후는 명종을 걱정하며 어서 후궁에게서 후사를 얻을 것을 설득하였다. 자신의 몸에서 후사가 태어나지 못할 것을 예상한 인순 왕후는, 정국이 불안하니 후궁에게서라도 후사를 얻어야 한다는 생각에 마음이 급하였다. 그러나 명종은 후궁들을 거들떠보지도 않았다.

"나라에서 지난번 을사년에 무죄한 사람들을 그토록 죽였으니 우리 집안의 자손인들 잘 될 수 있겠소? 이제 나의 대에서 우리 자손은 끊어질 것이오."

명종은 이렇게 말하며 탄식하였다.

이듬해인 1564년(명종 19) 윤 2월에는 영중추부사 상진이 세상을 떠났다. 명종은 세상이 더욱 허무해져 3월에는 시사視事를 폐해 버렸다. 이럴 때 조정에서 상소가 올라왔다.

〈신 대사헌 이탁은 엎드려 아뢰옵나이다. 광주의 봉은사 옆으로 천

이탁 묘소

장하여 모신 중종 대왕의 능을 하루 속히 고양의 희릉으로 옮기소서. 세자 저하께서 참변을 당하신 것은 요승 보우의 말을 믿고 선대왕의 재궁을 참부로 천장하였기 때문에 열성조列聖朝(여러 대의 임금)께서 진노하시어 이렇게 된 것이옵니다. 통촉하시옵소서.〉

박순 초상

〈신 대사간 박순朴淳은 엎드려 감히 아뢰옵니다. 요승 보우를 주륙하시옵소서. 그는 국고가 텅텅 비어 있는 어려운 때에 수십만 냥의 비용을 들여 명당을 옮기게 하였으며, 대왕대비를 현혹되시게 하고 마침내는 그 일로 인하여 왕실에 큰 불행을 가져왔사오니 그 목을 베어 효시하옵소서.〉

이와 같은 분위기에 지레 질겁한 문정 왕후는 명종을 찾아 자신의 원통함을 주장하며 보우를 두둔하였다.

"이 어머니 때문에 세자가 죽었단 말입니까. 보우 스님 말에는 상감이 양기가 부족하여 잉태를 못시킨다는 겁니다. 보우 스님이 적어 준 약제가 있으니 이것을 달여 마시면서 조양助陽을 할 수 있을 것입니다."

명종은 끝까지 보우의 말만을 신봉하는 어머니의 모습에 답답하였으나, 삶의 의욕도 사라지던 차에 조양한다는 핑계를 대고 정사를 물릴 수 있으니 차라리 좋았다.

조정의 신하들은 임금이 정사를 팽개친 채 궁중 깊숙이에서 홀로 시간을 보내니 아연실색하였다. 그러지 않아도 어지럽던 나라는 영의정 윤원형이 거의 임금을 대신하게 되면서 더욱 문란해졌다.

이어 4월에는 윤원형과 대립하던 좌의정 이준경이 벼슬을 잃고 말았다. 이준경은 윤원형에 반대하는 자라는 이유로 미움을 받다가, 이번에 밀려난 것이다. 이준경의 실각으로 심통원이 우의정에서 좌의정이 되고 우찬성 이명李蓂은 우의정이 되었다. 이명은 일찍이 이기를 탄핵하고 을사사화에 죽은 사람의 신원을 주청하였으며 청백리에 녹선되었다. 이런 선비들은 일신을 닦으며 자기 수양에는 뛰어났을지 몰라도, 윤원형과 더불어 세력을 경쟁할 우려는 없는 위인들이었다.

문정 왕후의 죽음과 유배를 떠나는 보우

1565년(명종 20)이 되어 문정 왕후의 나이도 예순다섯을 헤아렸다. 4월이 되자 문정 왕후는 회암사檜巖寺에서 무차대회를 크게 열기로 하였다. 이곳에서 무차대회를 연 것은 연유가 깊은 절이기 때문이었다. 회암사는 양주 회천면檜泉面 회암리檜岩里 천보산天寶山에 있는 조선 초기 최대의 절로 승려만도 250명에 달하던 곳이었다. 태조太祖가 왕위를 물려주고 이곳에서 수도 생활을 하였고, 효령 대군도 이곳에서 수도하였으며, 정희 왕후는 이 절을 크게 중창하였다.

그런데 문정 왕후는 불공에 참가하는 목욕은 반드시 찬물로 재계해야 한다며 고집을 부리다가 병을 얻고 말았다. 이렇게 뜻 깊은 절에서 보우와 함께 성대한 무차대회를 가지려다가 덜컥 병이 나자 대회는 중지되고 문정 왕후는 급히 환궁하는 소동이 벌어졌다.

문정 왕후는 이전과 달리 회복되지 못하고 1565년 4월 6일, 환궁한 지 며칠 만에 소덕당에서 숨을 거두었다. 권불십년權不十年이라는 말이 무색하게 20년 동안 위세를 떨치던 문정 왕후였다. 권력을 쥐고 놓지 않던 그 20년 동안 남은 것은 앙상한 나뭇가지 같은 백성들의 팔다리였다.

이제 명종과 신하들은 여태껏 대왕대비가 뒤에 도사리고 있어 할 수 없었던 일들을 하기 시작했다.

문정 왕후가 세상을 떠난 지 불과 한 달 만에 보우는 승직이 모두 삭탈되었다. 그리고 한 달 뒤인 6월에는 대신들이 보우를 귀양 보내라고 주청하였고, 역시 보우를 괘씸하게 생각하던 명종은 그를 제주도로 귀양 보내도록 하였다. 그리고 임금은 제주목사 변협에게 따로 영을

승려 보우 사리탑

내렸다.

"보우를 죽이되 너무 핍박하지 말고 스스로 죽게 하라."

10년 전 전라도 달량포에 왜변이 났을 때 해남 현감으로 있던 변협은 홀로 성을 지켜 적을 물리친 자로서, 꾀가 많았다. 그는 궁리 끝에 장사단將士團이라는 것을 만들고 보우가 오자 이 장사단에서 힘겨루기를 시켰다.

"들으니 대사는 호풍환우呼風喚雨도 마음대로 하며 신장神將들을 부릴 수 있다고 들었습니다. 마침 이곳 제주에는 왜적들이 자주 침범하므로 이에 대비해서 장사들을 길러 내고 있소. 여기 머무는 동안 장사들에게 무술이나 가르쳐 주시오."

보우는 학승學僧이므로 무술과는 거리가 멀었으나, 변협이 이렇게 점잖게 청하는 뜻을 알아차린 보우는 물러설 곳이 없었다. 여러 장사들과 겨루면서 몸을 다친 보우는 이윽고 시름시름 앓다가 죽고 말았다. 제주 목사 변협은 보우가 유배 중 병사했다고 조정에 장계를 올렸다. 병사는 틀림없이 병사였으나 장살이나 마찬가지의 애처로운 죽음이었다.

한편 문정 왕후는 평생의 소원대로 중종 곁에 나란히 묻혔으며 능의 이름은 선릉에서 정릉靖陵이라고 고쳤다. 그런데 얼마 되지 않은 아들의 죽음에 이어 어머니의 치상을 하느라 심신이 산란한 명종의 꿈에 중종이 나타났다.

"환峘아! 네 어머니가 편안히 쉬고 있는 나의 유택을 이장시켰느니라마는 그곳은 내가 영원히 쉴 안식처가 결코 아니니라."

이에 놀란 명종은 곧 사람을 선릉으로 보내 능침을 살피고 오도록 일렀다. 그런데 정릉을 살피고 온 도승지가 잔뜩 불안한 표정을 하며 말하였다.

"전하, 황공 망극한 일이옵니다마는 능침에서 물이 새 나오고 있사옵니다. 선대왕의 능침에서는 아무 일이 없사오나 선왕대비의 능침에서는 물이 새 나오고 있었나이다. 표석이나 상석조차 물에 젖어 있었사옵니다."

중종의 능을 희릉에서 선릉 자리로 옮기고 보니 지대가 낮아서 여름철에는 재실까지 강물이 들어 아무리 흙으로 막으려 해도 소용이 없었다. 이 문제로 조정이 발끈해지자 이번에는 인순 왕후가 나서 문정 왕후의 능을 옮겨야 함을 강력히 주청하였다. 명종은 어머니 인순 왕후의 재궁만 옮겨서 양주 노해면蘆海面(현 서울시 노원구)의 태릉泰陵으로 천장하게 하였다. 사람들은 겹치는 산역으로 더욱 등뼈가 휘었다.

이로써 중종은 정릉에 홀로 누워 있게 되었으며, 첫 부인 단경 왕후 신씨는 온릉에 홀로 묻혔으며, 둘째 부인 장경 왕후는 희릉에, 그리고 이제 셋째 부인 문정 왕후는 태릉에 따로 묻히게 되었다.

이들 세 부인이 서로 질투하여 남편을 아무도 차지하지 못하게 하는 것인지도 몰랐다. 처음 중종과 둘째 부인 장경 왕후가 합장이 되자, 단경 왕후는 문정 왕후를 시켜 중종의 재궁을 따로 옮기게 하였는데, 이번에 중종 옆에 묻히려던 셋째 부인 문정 왕후가 태릉으로 옮겨 가게 된 것이다.

탄핵은 간신 윤원형을 피해 가지 않았다

그런데 지난번에는 산역을 빙자해서 뇌물을 받아먹으며 재미를 보았던 윤원형이 이번 천장은 반대하고 나섰다.

"전하, 선왕대비께서 생전에 그토록 소원하시던 명당자리에 드셨거늘 이제 육탈肉脫도 아니 되신 재궁을 옮기다니요? 신이 그 산역을 처음부터 주관하였거니와 물이 날 데라고는 없사옵니다. 혹시 가을비가 많이 와서 그리 된 것이거나, 아니면 어떤 자가 일부러 물을 퍼다 부었는지도 모를 일이옵니다."

윤원형의 마지막 한마디는 결정적인 실수였다. 보우를 몰아 낸 조신들은 윤원형에게 칼끝을 돌리고 있었다. 남은 대신들은 이제 그를 실각시킬 준비를 하고 있는데, 윤원형은 아직도 임금의 외숙으로서 조정의 최강자임을 과시하려 들었다.

옆에서 보다 못한 대사헌 이탁이 나섰다.

"내 알기로는 지난번 희릉에서 중종 대왕을 천장하여 모시게 할 때에, 요승 보우가 사람을 시켜 돈을 듬뿍 주고 밤마다 물을 퍼다 능침에 붓게 하였다 하오. 혹시 그때 일을 대감이 뒤에서 교사하였기에 이번 일도 그렇게 생각하시는 게 아니오?"

대사헌 이탁은 윤원형의 무수한 뇌물 착복 사건과 소실 정난정을 본처로 맞아 정경부인을 삼은 것까지 공론화하며 문제 삼았다.

윤원형으로서는 20년 이래 처음 받아 보는 탄핵이었다. 대사헌 이탁의 도전은 시작에 불과했다. 다음날은 대사간 박순이 윤원형을 공격했다. 이탁은 다시 상소를 올려 그동안 윤원형이 저지른 독단적 권력 행위, 뇌물로서 재물을 쌓은 죄, 임금을 무시한 죄, 잔인하게 사람을 처단한 되 등 26개 조목을 열거하며 탄핵하였다.

이로써 조정은 이제 거물 중의 거물 윤원형을 쓰러뜨리느냐 아니면 도리어 윤원형에게 화를 당하느냐 하는 기로에 서서 열띤 논전을 벌였다. 그러나 윤원형의 위엄은 아직도 컸기에, 벌떼같이 일어나 떠들며 탄핵은 하였으나 감히 누구도 그를 죽이라는 소리는 못하는 형편이었다.

이럴 때 좌의정이자 인순 왕후의 친정 종조부인 심통원이 나서 윤원형을 죄줄 것을 청하였다. 평소에 온건한 인물로 말이 없던 좌의정 심통원이 나서자 용기백배한 조정의 신하들은 여기저기서 그 죄악상을 들추며 일어났다. 명종은 할 수 없이 어명을 내렸다.

"윤원형의 모든 관직을 삭탈하고 그의 고향인 시골로 내려보내도록 하라."

명종은 그래도 윤원형을 귀양 보내지 않고 고향으로 내려가 은거하라고 명을 내린 것이다.

1565년(명종 20) 8월, 희대의 흉악한 죄악을 저지르던 윤원형의 전후 30여 년에 걸친 세도가 종지부를 찍는 날이었다.

문정 왕후가 죽은 지 넉 달 뒤의 일이니, 윤원형의 거대한 위세도 한낱 여인의 목숨에 왔다 갔다 한 셈이었다. 윤원형이 쫓겨난다는 소식에 윤원형의 집으로 몰려든 백성들은 돌멩이와 기왓장을 던지며 큰 소동을 일으켰으며, 관청에서 나온 관원들의 제지로 윤원형은 죽음을 겨우 모면할 지경이었다.

목숨을 잃을까 전전긍긍하던 윤원형은 밤중에 모든 사람이 자는 틈을 타서 몰래 한양을 빠져 서대문을 나선 뒤 교하의 지산리로 내려갔다.

지산리는 파평 윤씨의 역대 묘소가 있는 곳으로 윤원형도 친산親山 아래에 들어와 조용히 여생을 지내보고자 하였다. 그러나 그곳은 한양에서 불과 1백 리 안팎으로, 원한을 품은 자들이 쉽게 찾아올 수 있는 곳이었다. 윤원형과 정난정은 더 멀고 안전한 곳을 찾아 황해도 강음江陰(금천군金川郡)으로 내려갔다.

그래도 불안한 정난정은 윤원형에게 변복을 하고 잠적할 것을 원하였다. 그것은 예전 자신이 죽음으로 몰고갔던 계림군과 같은 최후를 맞이하는 것과 같았다. 윤원형은 그것만은 할 수 없었다.

윤원형이 실각하자 그 일당들도 추풍낙엽처럼 우수수 떨어져 윤원형의 최측근이었던 예조판서 윤춘년을 비롯해 안함安馠, 황대임 등도 하루아침에 실각하여 그와 운명을 같이하게 되었다.

윤원형이 쫓겨나자 새 영의정으로는 지난번 좌의정에서 실각했던 이준경이 임명되었다.

신의 심판을 받는 윤원형과 정난정의 종말

윤원형과 정난정의 손에 죽은 수많은 원통한 사람들 중에는 윤원형의 본처 김씨도 있었다. 윤원형을 파직한 것을 끝으로 조정에서 그에게 죄를 줄 기미가 보이지 않자, 윤원형의 본처 김씨의 친정 계모 강姜씨가 나섰다.

윤원형 본처의 아버지 김안수金安遂는 딸이 억울하게 죽자 진즉 화병으로 세상을 떠났다. 홀로 남았던 김안수의 후실 강씨는, 이해 12월 윤원형의 첩 정난정이 본부인을 독살하고 정경부인이 된 사실을 낱낱이 편지로 써서 조정에 고발하였다.

김안수 묘비

〈윤원형은 소년 시절에 정실 김씨에게 장가를 들었습니다. 청년이 된 윤원형은 정난정을 첩으로 얻어 한 집에서 살게 되었는데, 인물이 뛰어나고 교활한 정난정은 본처를 휘어잡더니 나중엔 구박하기 시작했습니다. 그리고 정난정은 남편을 독차지하고서는 툭하면 남편에게 거짓 고자질을 하여 본처를 친정으로 쫓아내기도 하고 종들에게 며칠씩 밥을 굶기기까지 하였습니다.

지금으로부터 14년 전인 1551년(명종 6) 김씨는 남편의 악행에 숨진 원혼들을 위로하고 원혼들의 한이 집안에 맺히지 말기를 빌며 아울러 남편의 마음이 돌아서라고 푸닥거리를 하였는데, 이것이 화근이 되어 치도곤을 맞고 병이 들어 눕게 되었습니다. 그러자 원래 횟배를 앓던 김씨의 배앓이는 더 심해졌고, 그것을 구실 삼은 정난정은 본처인 김씨에게 아무것도 주지 못하게 하였습니다.

그러던 정난정은 자신이 매수한 집종 구금에게 극약인 비상을 밥과 반찬에 섞어 갖다 주도록 하였고 사흘을 굶은 김씨는 허겁지겁 그 밥을 먹기 시작했습니다. 김씨가 사실을 눈치채고 토하기 시작했을 때는 이미 늦어, 김씨는 처참하게 피를 쏟으며 죽어야 했습니다….〉

그간 김안수 집안은 윤원형과 정난정의 위세에 눌려 고발조차 못하고 지내다가 그들의 세도가 꺾이자 이제야 고발한 것이다.

이 사실이 알려지자 조정은 발끈 뒤집혔다. 의금부에서는 곧 이 사건을 조사하여 우선 윤원형의 집 비복婢僕들부터 잡아다가 문초하였고, 그 결과 정난정의 죄상은 탄로가 났다. 이명은 명종에게 정난정을 정범正犯으로 즉각 옥에 가둘 것을 주청하였다.

그러나 명종은 더 이상 살상을 원하지 않았다. 한동안 생각에 잠겼던 명종은 윤원형과 정난정의 죄상을 앎에도 불구하고 두터운 교지를 내렸다.

〈윤원형 부처夫妻(부부)가 무도한 죄인인 것은 과인도 짐작하고 있는 일이오. 그러나 과인에게는 외숙이오. 이제까지는 과인의 본의가 아니게 외숙들을 둘이나 죽였으나 앞으로는 외숙을 처단한 임금이라는 소리는 더 듣고 싶지 않으니 과인으로 하여금 은혜를 베풀도록 하여 주오.〉

명종의 심중을 짐작한 이명은 더 이상 말하지 못했다. 명종이 외숙 둘을 죽였다 함은 윤임과 윤원로를 가리킴이었다. 윤임도 아버지 중종의 제1계비 장경 왕후의 오빠이니 명종에게는 외숙이었다. 두 사람 다 명종의 옥새로 사형이 명령됐던 것이다.

한편 정난정은 한양에서 나오는 자신들에 관한 소식이 궁금했기에, 강음으로 들어오는 길목인 벽제관碧蹄館의 사령과 친분을 쌓아 두었다. 벽제관은 고양 벽제에 있는 역관驛館으로 한양을 들어가거나 나오는 사람들은 대개 여기에서 자고 길을 떠났기에 한양 소식을 쉽고 빠르게 알 수 있었다. 정난정은 한양에서 불길한 소식이 있으면 즉시 전해 달라고 부탁해 두었기에 윤원형의 본처를 독살한 일로 자신이 고발당한 사실도 알게 되었다.

정실부인 김씨가 정난정에 의해 독살당한 줄은 전혀 모르고 있던 윤원형은 가슴이 철렁하였으나 이미 몰락의 길을 걷고 있는 자신이 할 수 있는 일은 없었다.

그런데 마침 이때 나라 안에서는 평안도 지방의 진영장鎭營將* 중 범법을 저지른 자가 있어서 이자를 잡으려 금부도사를 내려보내게 되었다. 이 금부도사는 평안도로 내려가는 길에 벽제관에 당도하여 밤을 지내게 되었는데 기밀을 지키기 위해 일체의 임무를 말하지 않았다. 그러자 그곳의 사령은 정난정을 붙잡으러 온 것이 분명하다고 넘겨짚고는 급히 역마驛馬를 타고 가서 정난정에게 통지하였다.

정난정은 모든 것을 체념하였고, 둘은 죽임을 당하기 전에 차라리 스스로 목숨을 끊기로 결심하였다. 정난정의 머리로 지난 일들이 스쳐갔다.

---

* 진영장鎭營將: 조선 시대에 국방상 요해처를 지키던 으뜸 벼슬. 정3품 벼슬로 중앙의 총융청, 수어청, 진무영에 속한 것과 각 도의 감영, 병영에 속한 것 두 계통이 있었는데, 모두 지방 군대를 관리하였다.

30년 전에 세상을 떠난 정난정의 아버지 정윤겸鄭允謙은 일찍이 무과에 급제하고 중종반정에 군사를 거느리고 가담하였으며, 연산군을 몰아낸 뒤 정국공신靖國功臣 3등에 군기시첨정으로 특진되었다. 정윤겸은 그 뒤로도 여러 무공을 세우며 함경도 북변을 잘 지켜 청계군淸溪君에 봉해지고, 전라도 수군절도사가 되어 병선을 수리하고 해적을 소탕하여 큰 상을 받았으며 나중에는 명나라에 사신으로 다녀와 부총관에 이르렀다.

　　정난정의 아버지는 공신이었지만 정난정의 어머니 의령宜寧 남씨는 난신에 연좌되어 관비官婢가 된 인물이었다. 이렇게 정난정은 정윤겸의 서녀로 태어났으나 그녀는 첩 노릇으로 일생을 만족하기에는 너무 수완이 좋았고 포부 또한 컸다. 그 자리에서 벗어나기 위해 못할 짓을 많이 하였던 정난정이지만, 죽음에 이르자 다른 무엇도 아닌 오직 하나뿐인 친오빠 정담鄭淡의 생각이 날 뿐이었다.

정난정의 어머니 의령 남씨 묘소. 정윤겸의 또 다른 후실 금릉 구씨와 상하장이다.

정담은 정난정과 같은 어머니인 첩실 남씨의 소생이라, 능력이 있음에도 벼슬에 나가지를 못했다. 정난정은 득세를 하게 되자 서자라는 이유로 벼슬을 하지 못하는 오빠를 불쌍히 생각해서 많은 재물을 갖다 주었으나 정담은 받지 않았다.

정담은 숫제 정난정을 쫓아내다시피 하였고 대문 밖에 담까지 쳐버렸다. 정난정은 당시에는 섭섭한 마음에 정담을 매우 미워하였으나 생의 마지막 길에 이르고 보니 더러운 돈을 끝까지 거부한 오빠 생각이 난 것이었다.

1565년(명종 20) 10월 19일 마음을 정리한 정난정은 만약을 대비해 준비해 두었던 비상을 입에 털어 넣었다. 의식을 잃은 정난정의 시체를 안고 허탈해 하던 윤원형은 정난정의 시신을 거두고 자신들이 거처하는 집의 뒷동산에 조그마한 무덤을 만들어 주었다.

윤원형은 매일같이 죽은 정난정의 무덤 곁에 앉아 원통해 하다가

정담 묘소. 정난정 오빠.

한 달 뒤인 11월 18일에 애첩 정난정의 무덤 옆에서 독약을 마시고 죽음을 택하였다. 이로써 소윤의 시대는 종말을 고하였다.

풍진으로 흉흉해지는 세상

나라에서는 을사사화 이후에 윤원형의 악독한 수단에 걸려 죄인으로 복역하거나 유배에 처해진 사람들을 풀어 주었다. 그러나 조정이나 나라 안은 이러한 원흉들이 사라져도 쉽게 조용해지지 않았다. 이번에는 좌의정 심통원을 탄핵하는 상소가 삼사로부터 올라왔다. 몇 달 전 윤원형을 몰아낼 때에는 결정적인 지원을 하였건만, 전일 윤원형 곁에서 뇌물을 함께 나누었던 것이 문제가 되어 심통원은 윤원형과 함께 부정한 사람으로 몰린 것이다.

말썽이 나자 심통원은 새해를 기하여 좌의정 벼슬을 사직하였고, 명종은 심통원을 영중추부사로 삼아 명예직에 머물게 하고 우의정 이명을 좌의정으로 승진시켰다. 새 우의정으로는 권철權轍이 임명되었다. 권철은 중종 때에 사관으로 직필直筆로 사초史草를 쓰다가 김안로의 미움을 받아 쫓겨났었다. 그는 이후 우찬성으로 있다가 이번에 정승에 오른 것이다.

이 무렵 극도의 생활난에 시달리던 여인들은 자기 몸을 팔고자 나서기 시작했고, 사람들의 호색好色하는 풍습 또한 만연하였다. 술을 마시고 취한 부랑자들은 저녁이 되면 노는계집의 집에 모여 이른바 엽색獵色을 탐하였다.

권철 묘소. 권율 아버지.

 사회는 말할 수 없이 퇴폐하여 장안에서는 치를 떨 만한 무서운 악습이 성행하게 되었다. 바로 사람을 죽여서 그 쓸개를 빼먹는 일이 활개 치기 시작한 것이다. 명종은 무슨 연유인지를 조사해 밝히도록 명하였고 돌아온 대답은 다음과 같았다.

 몽고와 만주 일대에서 오랑캐들이 혼음을 하는 바람에 창궐하던 음창이, 조선 팔도가 흉흉해진 틈을 타고 들어와 전국적으로 만연하고 있었다. 그런데 한 의생醫生이 음창에는 사람의 쓸개를 먹으면 낫는다는 말을 하자 병에 걸린 자들은 죽지 않기 위해 사람을 죽이는 일에 나선 것이다. 명종은 자신의 대에서 정녕 조선이라는 나라가 끝이 나려는 것은 아닌지 마음이 무거워졌다.

 기아에 참지 못하여 사람을 잡아먹었다는 이야기는 고금古今에 전해지는 말이긴 했으나, 제 병을 낫자고 사람을 잡아먹는 일이 조선에서조차 빈번하게 일어난다니 명종은 말을 잇기가 힘들었다.

"여말麗末에 홍건적紅巾賊이 들어와 우리 백성들을 잡아다 불에 구워 먹고 임신한 여자의 젖을 베어다 먹었다 하더니, 이제 우리 백성들이 정녕 홍건적과 같은 오랑캐로 화해 간다는 말이오?"

무서운 인심이었다. 처음에는 거지를 찾던 사람들이 나중에는 길에 나와 노는 남의 집 어린애들을 꾀어서 잡아갔다. 이 같은 야만적 행위가 그칠 기미를 보이지 않자 명종은 엄한 영을 내렸다.

"사람의 담낭을 약제로 쓰면 음창이 낫는다고 퍼뜨린 의생을 우선 색출하여 거열형에 처해 죽이고 걸인이나 어린아이를 납치하여 쓸개를 취한 자는 삼족을 멸한다고 영을 내리고 방을 써 붙이시오."

궁 안에 탐관오리가 득실거리고 백성은 희망을 잃고 하루하루를 겨우 살아내고 있는 조선왕조에 망초芒草가 든 것이다. 망초는 아무 곳에나 빈터만 있으면 자라고 꽃을 피우는데, 개망초라고도 하여 망초가 피기 시작하면 나라가 망한다는 말이 있었다.

포도청에서는 어명대로 사람 쓸개를 먹으면 음창이 낫는다고 한 의생을 찾느라고 법석을 부렸으나 어디서 누가 한 말인지 근거를 찾기란 쉽지 않았다. 그 바람에 애꿎은 의생들만 매일같이 포도청으로 끌려와 치도곤을 맞고 비명을 질러댔다. 마침내 동소문東小門 부근에 사는 의생 김가金哥가 자신이 한 말이라고 자백을 하여 범인으로 낙착되었고, 포도청에서는 김가를 본보기로 하여 사지를 우차牛車(소달구지)에 매어 거열형으로 찢어 죽이고, 그 목을 잘라 효시하였다.

그래도 우매한 자들은 여전히 비방이 특효약이라고 믿었고, 그 뒤로 이 유언비어는 문둥병 환자가 사람의 간을 먹으면 낫는다 하는 말로 변해 해괴한 악습은 사라지지 않고 오랫동안 지속되었다.

수천 년 동안 내려오면서 동방의 낙원이라고 할 만큼 우리나라는 살기가 좋았다. 기후가 좋고 풍토도 좋으며 산이 높고 물이 맑은 옥토였다. 그랬기에 몽고족이나 만주족 같이 허허벌판에서 떠돌이 생활을 하는 무리들은 조선 반도에 와 보고는 이렇게 살기 좋은 곳이 있는가 하고 부러워하곤 했다. 그리고 항상 먹을 것이 부족하여 모두가 칼잡이로 나서 서로 죽이기를 일삼던 바다 건너 섬 일본의 왜구들도, 양식이 풍부하고 미인이 많은 조선을 낙원처럼 생각하고 항상 넘보고 있었다.

통탄스럽게도 이 동방의 낙원은 이때부터 병들기 시작하여 사람들의 순한 마음은 사라지고 야박하고 자신의 이익만을 추구하는 사회로 변질되어 갔다.

조선 초반 명치明治 시대가 점차 변질되면서 조선인들은 비루하고 악착스럽고 변질되어 가고 있었다. 연산군에서 중종을 거쳐 인종, 명종으로 이어지는 1백 년 역사는 시사하는 바가 큰 시기였다. 한결같이 어리거나 무능하거나 아니면 폭군이 대를 이었고, 그 아래로는 탐관오리들이 농간을 부리며 나라를 한층 더 어지럽혔다.

중종반정으로 폭군은 물러갔으나 반정공신反正功臣 박원종朴元宗, 성희안成希顔, 유순정柳順汀이 폭군 못지않은 탐욕을 부려 나라를 더욱 어려운 길로 이끌었다. 세자 책봉 교명서에서 중종이

〈간신을 멀리 하라. 정치는 어려운 것이다. 책에 있는 대로 되는 것이

아니다.〉

라고 가르쳤으나 허사였다.

인자하던 명종의 표변

명종은 이렇게 흉흉해지는 나라를 구하는 길은 현량한 학자를 등용하여 문치文治를 중흥하는 길밖에 없다고 굳게 믿었다.

그동안 고향 예안禮安에 내려가 있던 영남의 석학 퇴계 이황은 여러 차례 불렀음에도 출사하지 않았으나 명종은 문정 왕후와 윤원형이 없어졌으므로 이제는 응하리라 싶었다. 1566년(명종 21) 3월 명종은 이황에게 홍문관과 예문관의 양관 대제학을 제수하고 특히 예의를 갖추어 사람을 내려보냈다. 그러나 도산서원陶山書院에서 후진에게 성리학을 가르치던 이황은 이번에도 나오지 아니하였다.

대제학은 정2품 벼슬로 정승보다 지위가 훨씬 낮았고 실제 권한에 있어서도 집행 부서인 육조보다 못하였다. 그러나 정승에는 올라도 문형文衡이라고 별칭하던 대제학은 못하는 이가 있다. 대제학은 유신儒臣으로는 최고 영예직이었으므로 의정부의 상신相臣과 함께 문형을 한 이는 이름이 나란히 오르게 되었다. 이 같은 대제학의 벼슬을 양관을 겸하여 내렸건만 이황은 그의 초려草廬에서 나오지를 않았다.

명종은 이어 4월에는 불교를 탄압하기 위해 선종과 교종 양종의 승과僧科를 폐지시켰다. 비록 보우가 이루어 놓은 업적이 무너져 다시 불교계가 쇠퇴하고 문란해졌으나 승려들은 전보다 단결이 잘 이루어져 그런대로 유림儒林의 핍박에 견디며 발전해 나갔다. 보우는 우리나라 불교를 중흥시킨 공로자로서 불교계에서는 영원한 추앙을 받게 되었다.

또 공중의 물자를 조달하는 내수사의 인신印信도 이때에 폐지하였다. 인신은 신분 증명과 같은 것으로 이것을 가지고 다니며 민폐를 끼치는 자들이 많았다. 문정 왕후가 국고를 탕진할 때도 이 인신을 남발하여 백성의 많은 전곡과 재물을 징발하였다.

그런데 해가 바뀌어 1567년(명종 22)이 되자 그토록 인자하고 온화하던 명종의 성격이 표변하였다. 명종의 나이는 서른네 살에 불과했으나 스스로 몸이 좋지 않음을 느끼던 임금은 후사 문제로 불안감이 커지기 시작한 것이었다. 이전에는 인순 왕후가 먼저 후궁을 들일 것을 청해도 관심이 없던 명종이었으나 이제는 예민해져 마음만 급하였다.

곁에 있는 내시 박 상전에게서 출신이 천한 여인이 잉태를 잘 한다는 말을 들은 명종은 그 말대로 되도록 천한 무수리들을 찾았다. 무수리란 궁궐의 종으로 수사이水賜伊라고도 하는데 무수리는 임금이나 왕비 근처에는 가지도 못하고 궁녀들의 종노릇을 하는 비복이었다. 무수리라는 말뜻도 나인들에게 세숫물을 떠다 바친다는 뜻으로 붙여진 이름이었다.

궁녀들은 낮아야 중인 계급 출신이거나 영락한 양반의 후예들이었으니, 임금이 무수리를 승은하는 일은 없었다. 그런데 명종은 후사를 위해 이제 무수리와도 동침을 하려 한 것이다. 내시들은 그래도 임금의 시침을 할 여자이므로 저희들 나름대로 심사를 한 끝에 무수리 장張씨를 선택하였다.

장 무수리는 인물도 제법 그럴싸하고 몸도 튼튼하였다. 그런데 몇몇 내시는 색이 너무 과해 보인다는 이유를 들며 반대하였다. 그래도 박 상전은 동료들의 말을 듣지 않고 장 무수리를 명종에게 진상하였다.

여자 보는 눈이 확실한 내시들의 말은 꼭 들어맞아, 명종은 장 무수리에게 푹 빠져 정사도 제대로 신경 쓰지 않았다. 장 무수리는 명칭만 무수리이지 이제는 상궁보다 더 높은 대우를 받았으며, 명종은 장 무수리를 숙의로 올려 주었다.

명종의 총명함은 이제 점차 흐려지고 성격은 자꾸 한쪽으로 치우쳐 갔다. 마음고생을 하던 인순 왕후는 자신의 동생 심의겸과 상의하고자 곧 기별하여 입내하도록 일렀다.

궁중으로 입시하는 중종의 손자 하성군

서른두 살의 심의겸은 사헌부의 종3품직인 집의를 거쳐 정3품의 군기시정으로 있었다. 군기시는 군수품과 각종 병장기를 제작하고 관리하는 관청으로서, 정은 그 군기시의 우두머리였다.

심의겸은 야심만만한 젊은이였지만 사림 출신으로 간악한 윤원형과는 부류가 달랐다. 명망이 있던 그는 선후배로부터 촉망을 받아 어느 누구도 그를 욕하거나 싫어하는 이가 없었다.

인순 왕후와 마찬가지로 심의겸도 장래를 위한 대계를 생각하지 않을 수 없었기에, 왕실의 후사 문제가 늘 마음에 쓰이던 참이었다.

"중전마마, 그 뜻은 짐작해 알겠습니다마는 조야가 안정되어 있지 않아 또 무슨 사변이 일어날지 예측을 불허하옵니다. 그리고 아조의 왕실은 대대로 임금의 천수가 박하십니다. 태조 대왕께서만이 오로지 일흔을 넘기셨을 뿐 정종 대왕은 예순세 살, 태종 대왕은 쉰여섯 살, 세종 대왕은 쉰네 살, 문종 대왕은 서른아홉 살에 승하하시었습니다. 그 다음 세조 대왕은 쉰 두 살, 덕종 대왕은 춘추 스물에 승하하셨고, 예종 대왕도 스물에 빈천하시었으며, 성종 대왕은 서른여덟에, 폐주 연산군은 서른한 살에 운명하였습니다. 성상의 부왕 중종 대왕은 그래도 천수를 오십이 년 누리셨다 하오나 바로 성상의 형님이신 인종 대왕은 겨우 서른하나의 한창 방장하신 춘추로 유명을 달리하시었습니다. 그러니 만약을 위해 심중으로 양자를 친해 놓으심이 좋을 듯합니다."

심의겸은 그 후사로 사직동에 살고 있는 덕흥군德興君의 막내아들을 추천하였다. 덕흥군의 집에 뜻하지 않게 왕기王氣가 서리기 시작한 것은 1566년(명종 21)이 저물어 갈 무렵이었다.

덕흥군의 이름은 이초李岹로 중종의 일곱 번째 아들이었다. 그 어머니는 창빈昌嬪 안安씨로 덕흥군은 중종의 서자였다. 중종의 서자 중에서 복성군 이미와 봉성군 이완은 윤원형 등의 등살에 희생되어 억울하게 죽었지만 덕흥군은 사람이 모나지도 않았거니와 권력 싸움에 휘말리지 않게 어리석은 척, 모르는 척 살았기 때문에 화를 면할 수 있었다.

덕흥군은 판중추부사 정세호鄭世虎의 딸을 아내로 맞아 세 아들을 두었는데, 그중 셋째 아들은 이균李鈞(이연李昖)으로 금년 나이 열다섯 살이었다. 하성군河城君으로 봉군되었으나 아직 장가를 들지 않았기에 문제될 것이 없었다. 장차 하성군을 후사로 염두에 두려면 그 배필을 고르는 데에도 소홀할 수 없었다.

덕흥 대원군 신도비.
아들 하성군이 선조로 즉위한 뒤 대원군에 봉해졌으며, 조선 최초의 대원군이다.

인순 왕후는 가만히 하 상궁을 시켜 대궐에서 바로 옆인 사직동 덕흥군 집으로 가서 하성군을 데려 오도록 했다. 인순 왕후는 덕흥군에게 나직한 목소리로 물었다.

"여러 사람들이 너의 사람됨을 칭찬하니 한 마디 묻겠노라. 네 혹 궁중에 들어와서 나를 어머니로 생각하고 함께 살 마음이 있느냐?"

"크게는 이 나라의 국모이시니 중전 마마는 나라의 어머니시요, 사사로이는 숙모님이시니 부모님과 다름이 없사옵니다. 어찌 친어머님처럼 모시지 않겠사옵니까?"

인순 왕후는 온순하고 차분하며 도리에 벗어나는 데가 없는 하성군이 마음에 들었다.

익선관은 아무나 쓰는 것이 아니옵니다

인순 왕후가 하성군을 마음에 둔 지 몇 달 뒤 명종은 시름시름 앓게 되었다. 왕후는 자신만 하성군을 마음에 두고 있어서는 소용이 없으니 명종에게 소개해 기억시켜 두고자 하성군을 불러오도록 명하였다.

그러나 누워 있던 명종은 하성군을 입시시켰다는 말에 발끈 화를 냈다. 왕후가 하성군을 왕자로 삼으려고 심중에 두고 있다는 말이 퍼지던 차에, 명종은 자신이 몸이 좀 아프다고 하자 별안간 하성군을 입시시키니 기분이 좋을 수가 없었다. 인순 왕후는 하성군을 보지 않으려 하는 명종을 겨우 설득시켰다.

하성군이 들어와 인사가 끝나기 무섭게 명종은 자신의 익선관을 하성군 앞으로 내밀었다. 겉으로는 노하였지만 명종은 누구보다 후사 문제로 마음을 쓰고 있었기에 줄곧 자신을 찾아온 여러 왕손들을 시험하였다. 명종은 왕손들이 보는 앞에서 자신의 익선관을 벗으며 물었다.

"너희들 모두 이 모자를 한 번씩 써 보도록 하여라. 누구 머리가 큰지 시험해 보겠다."

임금이 평상시에 쓰는 모자인 익선관을 각자 나와서 써 보라는 것이니 그들은 한번 써 보는 것만으로 평생 잊지 못할 영광이라 생각하였다. 익선관은 왕권의 신성한 상징으로서, 아무나 함부로 쓸 수 있는 것이 아니었다.

그러나 철없는 왕손들은 그것까지는 생각하지 못한 채 삼촌인 임금이 조카들에게 장난삼아 써 보라는 것으로 알고 나이순으로 써 보았다. 명종이 그와 같은 말을 한데는 뜻이 있는 것이었음으로 이 광경을 보던 명종은 속으로 개탄하였다.

그처럼 이번에는 하성군이 시험당할 차례가 된 것이다. 익선관을 써 보라는 명종의 말에 하성군 이균이 고개를 들지 않자 왕은 짐짓 부드럽게 권하였다. 그런데 15살에 불과한 하성군의 대답은 뜻밖이었다.

"전하, 신하로서 어명을 이행하지 못함은 황송하오나 신은 왕손이라 할지라도 아비가 서출이옵니다. 열성조 가운데 아직 우리 왕실은 서출로서 대위에 오르신 예가 없사옵고, 신 또한 왕관이나 용상은 감히 넘겨다보지 못할 신분이옵니다. 또한 이 관은 아무나 써서는 아니되는 것이옵니다. 아무리 임금께서 써 보라 하셔도 신하 되는 사람은 절대 써서는 안 되는 모자입니다."

얼마나 기특한 이야기인가. 마침내 명종의 입에서 웃음이 나왔다.

"네가 영특하다고 중전의 칭찬이 마르지 않더니 과연 그러하구나."

이 한마디 때문에 명종은 하성군을 다음 임금으로 낙점하였다. 이 일화 속에는 많은 뜻이 담겨 있다. "익선관은 아무나 쓰는 것이 아니다"라는 말은 임금은 아무나 되는 것이 아니라는 뜻이다. 이와 같이 하여 하성군은 어떤 이가 임금으로 적합한가 하는 명종의 시험에 합격하였다.

결국 명종의 부름에 응하는 이황

이황을 불러올리지 못하여 심기가 편안하지 않던 명종은 1567년(명종 22) 5월이 되자 이번에는 한직인 판중추부사의 벼슬을 내리고 불러 올렸다. 이황은 고향에 가만히 앉아서 하지도 않은 벼슬만 자꾸 오르게 되었다. 그런데 이황은 이번에도 벼슬을 받지 않았으며 왕의 부름에도 올라올 생각조차 하지 않았다. 크게 노한 명종은 엄명을 내렸다.

"즉가 금부도사를 경상도 예안 땅으로 향발시켜 저 오만한 선비 이황을 잡아 올려라. 바로 거행할 지어다."

그러자 당시에 바른말 잘하기로 정평이 난 대사헌 박응남朴應男이 급히 들어왔다.

"전하, 하늘 아래 오직 한 분이신 성상을 격노케 하여 환후까지 더하게 하옵다니 이는 용서할 수 없는 일이옵니다. 하온데 신이 생각하기에 이번 금부도사가 당도하면 이황은 더욱 굽히지 않고 출사를 거절할 것입니다. 마음으로 굽히지 않는 자는 죽여도 이기지 못하옵니다. 잘못하시다가는 후세에 성상께서 시비 들으실 일이 일어나고 말 것입니다. 이황은 유림과 학계가 존경하는 현자이옵니다. 옛적 중국의 요堯 임금 때에도 허유許由 같은 고명한 선비는 임금이 구주九州의 장을 하라고 부르자 그 말을 들은 귀조차 더럽혀졌다 하여 기산箕山의 영수潁水에 씻었습니다. 이때 소부巢父가 송아지를 끌고 와 그 물을 먹이려 하자, 허유는 소부더러 〈네 송아지의 입이 더러워지겠다. 저 상류로 가서 물을 먹이라〉 하였습니다. 또 진晉나라의 개자추介子推는 벼슬을 마다하고 숨는데 임금이 성화같이 찾으러 다니자 숲 속에서 나오지 않았습니다. 임금이 숲에 불을 지르면 나오겠지 하고 불을 질렀으나 개자추는 끝내 나오지 않고 불에 타 죽은 시체로 발견되었사옵니다. 이황 역시 한번 안 나가겠다고 생각하고 숲에 숨으면 목숨을 잃는 한이 있어도 어명을 받들지 않을 사람이 아닌가 신은 짐작하옵니다."

박응남의 말을 이해한 명종은 즉각 형방승지를 시켜 이황을 붙잡으러 보낸 금부도사를 급히 불러올리도록 하였다. 그런 왕에게 박응남은 다음 달인 6월에 중국에서 종계변무宗系辨誣 문제로 칙사가 올 때, 이황에게 그 칙사를 접빈하는 일을 맡도록 함이 어떻겠느냐는 뜻을 전하였다.

"일단 이황이 그 일을 맡는 것으로 하여 명나라에 통지하였다 하면 이황도 아니 나올 도리가 없을 것입니다. 그 이후 조정에서 관직 생활을 하도록 설득하시면 되지 않겠사옵니까."

때마침 중국에서는 칙사가 나오게 돼 있었는데, 이 무렵 우리나라는 종계변무로 인해 큰 신경을 쓰고 있었다. 종계변무란 왕실의 족보를 고쳐 바로 잡는 일이었다. 명나라의 『태조실록太祖實錄』, 『대명회전大明會典』 등의 서적에는 이씨 왕조의 태조 이성계李成桂가 고려 말의 권신이던 이인임李仁任의 아들로 되어 있었다. 우리나라에서는 누차에 걸쳐 정정을 요구하며 끊임없이 명나라에 주청하였으나 명나라는 저희 『태조실록』은 함부로 고칠 수 없다는 이유로 번번이 거절하였다. 그리하여 조선이 개국한 지 170여 년이 되는 이때까지도 그 문제는 나라의 큰 현안으로 남아 있었다.

이때로부터 4년 전인 1563년(명종 18)에도 임금은 명나라에 사신을 보내어 이를 소청하였고 명나라는『대명회전』에 있는 기록을 고치는 것을 겨우 허락하여 오기된 이태조 조상들의 성휘姓諱를 수정하고 돌아왔다.

그러나 아직도 명나라『태조실록』에는 이성계의 아버지가 이인임으로 되어 있었다. 종주국 명나라의 실록에 그렇게 기록되어 있으니 이는 작은 일이 아니었다. 명나라 조정은 그것이 오기인 줄을 번연히 인정하면서도 조선의 약점을 잡아 놓는 구실로써 그대로 놓아두고 있었다. 그러니 이번에 오는 칙사에게도 퇴계 이황과 같은 거유가 접빈하여 설득해 내는 것이 필요했던 것이다.

이 문제는 1584년(선조 17)에 가서야 완결이 되어 거기에 공이 있는 사람들을 크게 포상하고 이른바 광국공신光國功臣 19명이 책록되는 큰 경사로 삼을 정도였다. 과연 이 같은 어명에는 퇴계 이황도 아니 나올 수가 없어, 그는 1567년(명종 22) 6월 초순 비로소 고향을 떠나 한양길에 올랐다.

후사는 어찌하오리까

종2품의 숙의에 오른 무수리 장씨는 점점 권세를 쥐어 보고 싶은 욕망이 일었다. 숙의 장씨는 자신의 오빠도 출세시키고자 금군의 병졸로 있던 장가張哥를 임금을 모시는 무예별감으로 만들어 놓았다. 이제 그저 아들만 하나만 낳으면 좋으련만 그것이 마음대로 안 되었다. 명종도 점차 장 숙의 처소를 찾지 않게 되자 안달이 난 장 숙의는 장가를 통해 명종에게 거짓 수작을 부렸다.

"상감마마, 간밤에 신의 누이 장 숙의가 꿈을 꾸었다 하옵니다. 치마폭으로 해를 안는 꿈을 꾸었다 하옵기로 아마도 태몽이 아닌가 하옵니다."

그 말에 명종은 모든 일을 뒤로 하고 장 숙의의 처소로 내달았다. 자신의 뜻대로 임금이 처소에 들자 장 숙의는 명종을 붙잡고 놓아 주지 않았다. 때는 1567년(명종 22) 음력 6월 9일로 더위가 최고로 달한 여름에 합궁을 하니 몸이 허해진 명종은 다시 자리에 누워 버렸다.

명종이 그처럼 기다리던 퇴계 이황이 입경하기도 전이었다. 궁중은 술렁거렸다.

6월 25일, 올라온 다음날로 입궐한 예순일곱 살의 이황은 명종의 특례로써 영의정 이준경의 예우를 받으며 빈청에서 임금의 알현을 기다렸다. 이준경은 퇴계보다 두 살 위로 예순아홉 살이었다.

그들 앞으로 승전내시가 특별히 제조상궁을 데리고 함께 빈청으로 나와 상감마마의 환후로 인하여 그 누구도 인견할 수 없음을 전하였다.

명종의 상태는 이황을 만나지 못할 정도로 위중하였다. 이황은 이준경에게 우선 만일을 대비하여 임금의 고명顧命을 받들도록 하고 그 자리에는 혼자 입시하지 말고 조정의 중추들을 거느리고 함께 들어가도록 조언하였다. 그러나 이황은 함께 입시하자는 이준경의 말에는 고개를 저었다.

이준경은 급히 가까이 있는 사람만 데리고 지밀내전으로 들어갔고, 동행한 사람은 인순 왕후의 종조할아버지로서 좌의정을 지내고 영중추부사로 있는 심통원, 병조판서 원곤元崑, 도승지 이양원李陽元이었다. 임금은 경복궁 내전의 양심당養心堂에 누워 있었다.

이준경 일행은 양심당 방문 밖 뜰에 부복하였고, 심통원이 나서 종손녀인 인순 왕후에게 말하였다.

"망극하여이다, 중궁마마. 하오나 만약을 모르오니 고명을 모셔두어야 하옵니다."

눈물을 거둔 인순 왕후가 명종의 침상 곁으로 갔으나 임금의 의식은 거의 없는 상태였다. 명종은 인순 왕후의 말은 알아들었으나 메마른 입술에서는 말소리를 만들지 못하였다. 이윽고 방안으로 들어와 침상 가까이에 시립한 대신들은 할 수 없이 영의정 이준경이 종이에 써 명종에게 보이고 승낙을 얻기로 하였다. 왕족 중에서 하성군이 임금의 평소 마음에 있었다는 것을 아는 그들은 상의 끝에 '하성군河城君'이라고 써서 보였다.

그러나 명종은 의사 표시를 하지 못한 채 또 의식을 잃어버리니 대신들은 초조하였다. 명종은 그로부터 다시는 의식이 돌아오지 않고 눈을 뜨지도 못한 채 하루를 보내더니 다음날 밤중 운명하고 말았다. 시간으로는 축시丑時이니 하루가 더 넘어가는 1567년(명종 22) 6월 28일의 새벽 두세 시경이었다.

인종이 죽고 등극한 조선 제13대 임금 명종은 겨우 12세의 나이에 등극하여 어머니 문정 왕후의 수렴청정으로 뜻대로 정치를 펼치지도 못하다가 서른네 살의 젊은 나이에 운명하고 말았다. 명종의 이복 형 인종과 마찬가지로 명종에게도 자기 혈속의 소생은 아무도 없었다. 임금의 고명은 끝내 아무도 받지 못했다.

조선 제14대 임금 선조의 등극

창황망조蒼黃罔措한 가운데 조정의 대신들은 왕위를 계승할 사람을 정하고자 인순 왕후에게 전교를 내려 달라고 상주하였다. 사실 임금은 후사를 누구로 하라는 뚜렷한 말은 내내 한 적이 없었다. 그러나 왕비의 심중에는 이미 하성군을 후사로 정한 지 오래였으므로 다음과 같이 말하였다.

"전에 상감께서 병환이 위중했을 때 덕흥군의 아들 하성군을 양자로 삼으라는 말씀이 계셨느니라."

그런데 인순 왕후는 글자를 전연 몰랐기에 이 막중한 전교를 그대로 내시 한 사람에게 구두口頭로 내리고 말았다. 만약 이때에 내시가 말을 바꿔 전하고 대신들이 그대로 행하여 다른 사람을 후사로 데리고 올 경우 일은 크게 혼란에 빠지게 될 수도 있었다.

어찌 되었건 천하의 대권은 하성군에게로 옮겨졌다. 접반사가 된 도승지 이양원은 동부승지 박소립, 주서 황대수黃大受와 10여 명의 호위 군사를 거느리고 덕흥군의 집으로 떠나게 되었다.

사실 악의를 품는다면 이때라도 접반의 책임자인 도승지 이양원은 정변을 일으킬 수 있었다. 문적의 증거 또한 없으니 전교를 전한 승전내시와 몇몇 궁녀를 매수하면 깨끗이 끝나는 일이었다. 이러한 만약의 경우를 생각하여 실무자인 주서 황대수는 구태여 빈청의 여러 대신들에게 향하여 큰 소리로 물은 것이다.

"만약에라도 말썽이 없도록 문부에 기록하고 교지를 만들려 하오. 덕흥군의 몇째 아드님인지 말씀들 하십시오."

영의정 이준경이 그 말에 답했다.

"덕흥군의 제삼자第三者를 모시고 입시하라."

그래도 찬찬한 황대수는 나중에 사람들이 비상식적인 이의를 제기하지 못하도록 그 자리에서 덕흥군의 제삼자라고 쓸 때에, '三석 삼' 자 대신 '參석 삼' 자로 써서 대신들에게 보이고 나갔다.

시간은 아직 인시寅時라서 밖은 캄캄했다. 새 임금을 모셔 올 총 책임자인 도승지 이양원은 무슨 일이라도 있을세라 급히 모셔 오고자 말을 찾았으나 말이 보이지 않자 걸어서 궁궐을 나가자고 서둘렀다.

명종의 승하를 알리는 구슬픈 천아성의 나팔 소리가 울린 지 오래이니 장안의 백성들은 이미 임금의 운명을 알고 웅성일 것이었다. 하도 감투싸움이 잦은 어지러운 세상이었기에, 이양원은 혹시 무슨 변이라도 있을까 봐 서둘렀다.

이윽고 황대수는 대궐 문밖까지 나가 말구종을 찾아 불러들였고, 세 사람이 타고 갈 말에 올라 위엄을 갖추고서야 사직동을 향하였다. 아직 날은 밝지도 않았는데 사직동 하성군의 집 근처는 사람들로 들끓고 있었다.

그런데 덕흥군 집안도 초상을 치르는 중이었다. 다름 아닌 그의 아내 하동河東 부부인 정鄭씨가 마침 사흘 전에 세상을 떠나서 덕흥군 집안은 발상하고 있는 중이었다.

이러한 초상집에 봉영奉迎 행차가 들이닥쳤으니 큰 혼란이 일어나지 않을 수 없었다. 이러한 사실은 바로 대궐로 전해졌고, 영의정 이준경은 무슨 사고라도 일어날까 염려하여 병조판서 원곤에게 원상의 권한으로 금군을 풀어 경계를 철저히 하도록 명하였다. 병판 원곤은 즉시 금군 5백 명을 풀어 궁궐에서 사직동 덕흥군의 집에 이르는 연도를 삼엄히 경계하였다.

세 사람만이 먼저 당도하여 있는 덕흥군의 집에서는 접반사들을 나와 맞을 주인조차 없었다. 덕흥군은 이미 8년 전에 세상을 떠나서 없고, 아들들은 다 상주이니 그럴 수밖에 없었다.

하동 부부인 정씨의 오빠로 하성군의 외숙되는 정창서鄭昌瑞가 이 집의 어른으로 와서 이 일 저 일 두루 살피다가 이양원 일행을 맞았다.

"중궁 전하의 전교를 받들어 왕손을 모시러 나왔소이다. 정궁전의 전교는 덕흥군의 아드님을 대행하신 전하의 후사로 삼으라 하시었소. 댁에서는 어느 왕손으로 대통을 잇도록 하실 작정이시오?"

옆에서 듣고 있던 황대수는 이양원의 그러한 태도에 어이가 없었다. 이양원은 정종의 후손으로서 학식과 문장에 능하였으며, 퇴계 이황의 문인이었다. 그를 곧은 사람으로 알던 황대수는 이번 일을 당하여 공에 눈이 어두운 모습을 보니 기가 막혔던 것이다.

양자를 얻어 가는 편은 왕실이니 덕흥군 측의 의견을 존중하는 것은 마땅하였으나 덕흥군이나 그 아내는 죽고 없는 상황이었다. 덕흥군은 왕실과는 친가로 숙질간이니 이 집의 외가인 정창서보다는 왕실이 더 가까웠다. 양자를 누구로 할 것인가 하는 것은 친권자이자 숙모인 인순 왕후가 해야 할 일임에도 이양원은 하성군의 외숙 정창서에게 묻고 있는 것이다.

이양원이 이와 같이 묻는 이유는 아직 임금이 아닌 하성군을 임금으로 추대하는 데에 마치 자신의 공이 큰 것처럼 하여 일등공신이 되고 싶은 마음 때문이었다.

그러자 시치미를 딱 떼고 답변하는 정창서의 수작이 또 걸작이었다.

"그렇다면 전부터 하성군 말씀이 있었던 것으로 알고 있으니 하성군을 내세울 작정입니다."

이들의 수작에 격분한 황대수가 일침을 가하였다.

"도승지께서는 벌써 정해진 일을 지금 다시 정할 셈이오? 무슨 야로가 중간에 일어날지도 모르니, 하성군의 얼굴을 확인하고 모셔 가야겠습니다."

빈소 앞의 하성군은 그동안 울어서 퉁퉁 부은 얼굴로 상복을 입고 형들과 함께 철야하는 중이었다. 정창서가 하성군 앞으로 와 나직이 말하였다.

"성복成服한 것은 벗고, 상제이니 백단령白團領 오사모烏紗帽*에 검은 각띠를 두르고 나서라. 너는 장가는 안 들었지만 관례는 올렸으니 성인이니라."

하성군은 자신을 승하한 명종의 양자로 삼으려 함을 알았으나 어머님의 치상을 끝낸 뒤 가고자 하였다. 그러나 임금의 빈전에는 후사가 없어 상주가 한 사람도 없으니 하성군은 집에 머물 수가 없었다. 하성군은 마지막으로 자신을 낳아 길러준 어머니 정씨의 시신 앞에 엎드려 통곡하고 일어섰다. 의관을 바꾸어 입은 하성군이 외숙 정창서를 따라 큰사랑으로 들어서자 도승지 이양원과 동부승지 박소립은 이제 임금이 될 하성군의 천안天顔(용안龍顔)을 바로 보지 않고 그대로 방바닥에 엎드렸다.

그러자 뒤에 섰던 황대수가

"아직 위位에 오르지 않으셨으니 부복하는 것은 예가 아닙니다. 우선 천안을 우러러 확인하시오!"

하고 말하였다.

이제 하성군은 사군嗣君이 되어 입궐하게 되었다. 사군이란 즉위하기 전 대행왕의 위를 잇게 된 임금을 뜻하였다. 주변에서는 제각기 자신들이 새 임금을 모시는 데에 공신이 되겠다고 각각의 이름을 적어서 덕흥군 집의 궁노를 통해 황대수에게 들이밀었다.

---

* 단령團領이란 깃을 둥글게 만든 공복公服의 한 가지로서 흰색으로 된 것은 상을 당한 자가 상복 대신 공복으로 입는 것을 말한다. 오사모烏紗帽는 벼슬아치들이 관복을 입을 때에 쓰던 검은색 모자이다.

60여 년 전 중종반정 때에는 진성 대군이던 중종을 받들어 세운 사람들을 1등에서 4등까지의 공신으로 1백여 명이나 서훈하였다. 그때에도 세력 가진 자들에게 붙어 공이 없으면서도 공신이 된 자들이 한둘이 아니었지만 그때는 반정이 실패하면 몰살당하므로 목숨이라도 건 일이었다. 그렇지만 이번에는 그것도 아니었다. 황대수가 잠시 훑어보니 그 자리에 없는 사람들도 마구 적혀 있었다. 황대수가 그만 둘 것을 명하자 사람들은 하성군이 기록하라는 명령을 내렸다고 둘러 대며 멈추지를 않았다.

한편 황대수와 안면이 있던 이지강李志剛이라는 자는 뒤늦게야 알고 허겁지겁 뛰어와서는 자신의 이름도 공신록에 적어 줄 것을 청하였다. 황대수는 그를 물끄러미 보다가 점잖은 소리로 나무랐으나, 반면 동부승지 박소립은 덕흥군 집의 종이 적어다 주는 명단을 받아 들었다. 박소립도 쟁쟁한 유신이었다. 지난날 권신 이양이 윤원형과 대립하여 날뛸 때, 이양에게 영합하지 않고 그를 공격하다가 억울하게 파직되었으나 큰 권세가 눈앞에 닥치자 마음이 이와 같이 변모한 것이었다.

황대수는 눈뜨고 볼 수가 없었으나 자신은 정7품의 주서밖에 안 되니 어쩔 수 없었다. 황대수는 등과한 지 얼마 안 되는 팔팔한 선비로, 아직 때가 묻지 않아서 이처럼 곧았다.

그런데 더욱 딱한 사람은 도승지 이양원이었다. 그 역시도 박소립에게 자신의 조카뿐 아니라 박승지의 동생을 비롯해 벼슬길에 못 오른 처남이나 매부 등도 적도록 하자고 청하였다. 그들뿐만 아니라 대궐 안에 있던 조정 관원들 대개가 이 두 사람에게 아부하며 서로 다투어 명단에 자신들의 이름을 적어 넣으려고 하였다.

이와 같은 북새통에 하성군은 대행왕의 양자로 봉해지고 다시 숨 돌릴 겨를도 없이 발상하여 머리를 풀어 헤치고 호곡하였다. 이로 써 명종을 이어 하성군이 조선 제14대 임금 선조로 등극하였다.

윤원형은 또한 정실부인을 내쫓고 첩 정난정을 정경부인에 봉하였다. 그러나 세상 두려울 것 없던 그의 부귀영화도 1565년(명종 20) 문정 왕후의 죽음 이후 사라지고 말았다. 실각당한 윤원형은 벼슬을 삭탈하고 시골로 쫓아내는 형벌인 방귀전리放歸田里에 처해졌다. 이로써 윤원형은 정난정과 함께 몰래 경기도 교하로 갔다가 원한을 품은 자가 추적해 올까 두려워 다시 황해도 강음으로 도망가 은거하였다. 그러나 그해 10월 정난정이 독약을 먹고 목숨을 끊자, 홀로 남아 불안에 떨던 윤원형 역시 곧이어 독약을 마시고 숨을 거두었다.

을사사화의 인물

을사사화의 인물

을사사화의 인물 1

인간의 근본을 버리고 역사의 중심에 선 윤원형

윤원형尹元衡은 중종의 계비 문정 왕후의 동생으로서, 자신의 정적들을 제거하면서 권력을 장악하여 생의 영화를 한 몸에 누렸다.

윤원형은 윤지임의 아들로 태어나 1528년(중종 23) 생원시에 합격하고, 1533년 별시 문과에 을과로 급제하여 벼슬길에 올랐다. 그는 1537년 권신 김안로에 의하여 파직되었으나 같은 해 김안로가 사사되자 풀려 나와 수찬, 교리, 지평, 응교 등을 역임하였다.

그는 차츰 세력 기반을 넓혀 가면서 세자(인종)를 폐위하고 자신의 누나 문정 왕후 소생의 경원 대군 이환(명종)을 세자에 책봉하고

윤원형 묘소. 뒤편은 정난정 묘소이다.
「대광보국숭록대부 의정부 영의정 파평윤공원형지묘」

윤지임 묘소

자 하였다. 세자의 외숙 윤임이 이 사실을 눈치채면서 윤임과 윤원형 사이는 알력이 심해져 이때부터 윤임 일파를 대윤大尹, 윤원형을 중심으로 한 일파를 소윤小尹이라 하여 왕실 외척간의 세력 다툼이 극대화되었다.

윤원형은 1543년(중종 38) 성절사로 명나라에 다녀왔으며 이듬해 좌부승지, 좌승지가 되었다. 이해 인종이 즉위하자 대윤들은 윤원형의 비리를 논박하며 그를 파직할 것을 주청하였으나 인종은 오히려 그를 공조참판으로 발탁하였다. 이는 문정 왕후의 마음을 위안하기 위한 것이었다. 그러나 정권을 장악한 대윤의 송인수가 적합하지 못함을 강하게 논박하여 윤원형은 공조참판에 오른 지 두 달 만에 삭직되었다.

그 뒤 인종이 즉위 8개월 만에 죽고, 12세의 어린 나이로 명종이 즉위하면서 문정 왕후의 수렴청정이 시작되자 윤원형은 다시 득세하여 예조참판에 복직되었다. 이후 윤원형은 자신의 세력을 확장하는데 방해가 되는 대윤 일파를 숙청하기 위해 이기, 정순붕, 임백령 등을 규합하여 윤임을 제거하는 동시에 유관, 유인숙 등도 함께 없애려는 음모를 꾸몄다. 유관은 이기가 병조판서가 되려 할 때 이를 방해하였으며, 임백령은 자신이 좋아하던 기생을 윤임에게 빼앗겨 다툰 일이 있었기에 사적으로 원한을 품고 있었다.

윤원형 일파가 모의한 구체적인 내용은 〈인종의 병환이 위중할 때에 윤임은 장차 제 몸이 보전되지 못할 것을 알고, 당시 경원 대군이었던 명종을 추대하는 것을 원하지 않고 계림군을 왕위로 세우려고 하였는데 유관과 유인숙도 이에 협력하였다〉는 것이었다.

예조참의로 있던 윤원형은 자신들의 모의 내용을 문정 왕후에게 전하고 윤임, 유관, 유인숙 등을 처치하라는 밀지를 받았다. 당시 조정 내의 공론은 윤원형 일파가 승정원을 거치지 않고 내린 결정이므로 세상의 의혹을 피할 길이 없다는 점, 과거 인종에게 충성을 다한 신하들에게 심한 죄를 주는 것이 타당한가 하는 점, 그리고 왕실 외척간의 문제로 확대되어 임금에게 해가 될 것을 우려하며 처벌을 반대하는 분위기였다.

그러나 1545년(명종 즉위) 8월 29일 이른바 을사사화가 일어나 결국 윤임, 유관, 유인숙 등은 사사되었다. 이로써 윤원형은 안정된 권력을 장악한 후 4~5명의 무리를 심복으로 삼아 평소에 원한이 있던 이들을 유배하거나 삭직하기를 계속해 나갔다.

또한 그는 을사사화 직후 명종에 반하려던 세력을 제거했다는 공으로 보익공신 3등이 되었다가 위사공신 2등이 되고, 서원군瑞原君에 봉해졌다. 거기에 더해 윤원형은 스스로 자신과 이기 등의 공을 찬하는 『무정보감武定寶鑑』을 제작하고 인쇄하여 나라 안팎으로 반포하였다.

1546년(명종 1)에는 친형 윤원로와 세력 다툼을 벌이게 되었으나 형이 유배당함으로써 윤원형의 기반은 더욱 굳건해졌으며 이듬해에는 양재역 벽서 사건을 계기로 그나마 남아 있던 대윤의 잔당을 모두 숙청해 버렸다. 윤원형은 이 일에 관련된 자로서 봉성군 이완을 비롯해 대윤 일파인 참판 송인수, 이조좌랑 이약해李若海, 이언적, 정자, 이염李爓, 임형수林亨秀, 노수신, 정황, 유희춘 등을 지목해 처형한 것이다.

윤원형은 이후 동지춘추관사로서 『중

노수신 초상

종실록』과『인종실록』편찬에 관여하였다. 그는 1548년 이조판서,
1551년(명종 6) 우의정으로 이조판서를 겸직한 뒤 1557년(명종 12)
영중추부사에 오르고 이듬해 다시 우의정을 역임하였으며, 1560년
에는 서원瑞原 부원군에 봉해졌다. 1563년 마침내 최고 재상인 영
의정에 오른 윤원형은 누구도 넘볼 수 없는 정권을 장악하였다.

윤원형은 소윤의 핵심 인물로서 을사사화 이후 위력과 권세가 점
점 높아지자 조정의 재신으로서 권력을 탐하는 무리들은 그에게 무
수히 뇌물을 바침으로써, 성내에 집이 열여섯 채에 남의 노예와 전
장을 빼앗은 것은 너무 많아 이루 헤아릴 수가 없었다. 을사사화 이
후 20여 년에 걸쳐 살리고 죽이고 주고 빼앗은 것이 다 그의 손에서
나왔기에 많은 사람들은 원한을 품고서도 감히 입 밖에 낼 수가 없
었다.

윤원형은 또한 정실부인을 내쫓고 첩 정난정을 정경부인에 봉하
였다. 그러나 세상 두려울 것 없던 그의 부귀영화도 1565년(명종
20) 문정 왕후의 죽음 이후 사라지고 말았다. 실각당한 윤원형은 벼
슬을 삭탈하고 시골로 쫓아내는 형벌인 방귀전리放歸田里에 처해졌
다. 이로써 윤원형은 정난정과 함께 몰래 경기도 교하로 갔다가 원
한을 품은 자가 추적해 올까 두려워 다시 황해도 강음으로 도망가
은거하였다. 그러나 그해 10월 정난정이 독약을 먹고 목숨을 끊자,
홀로 남아 불안에 떨던 윤원형 역시 곧이어 독약을 마시고 숨을 거
두었다. 경기도 교하면 당하리에 그의 묘가 있으며 자는 언평彦平,
본관은 파평坡平이다.

| 파평坡平 윤씨 윤지임 · 윤원형 · 문정 왕후 가계도 |

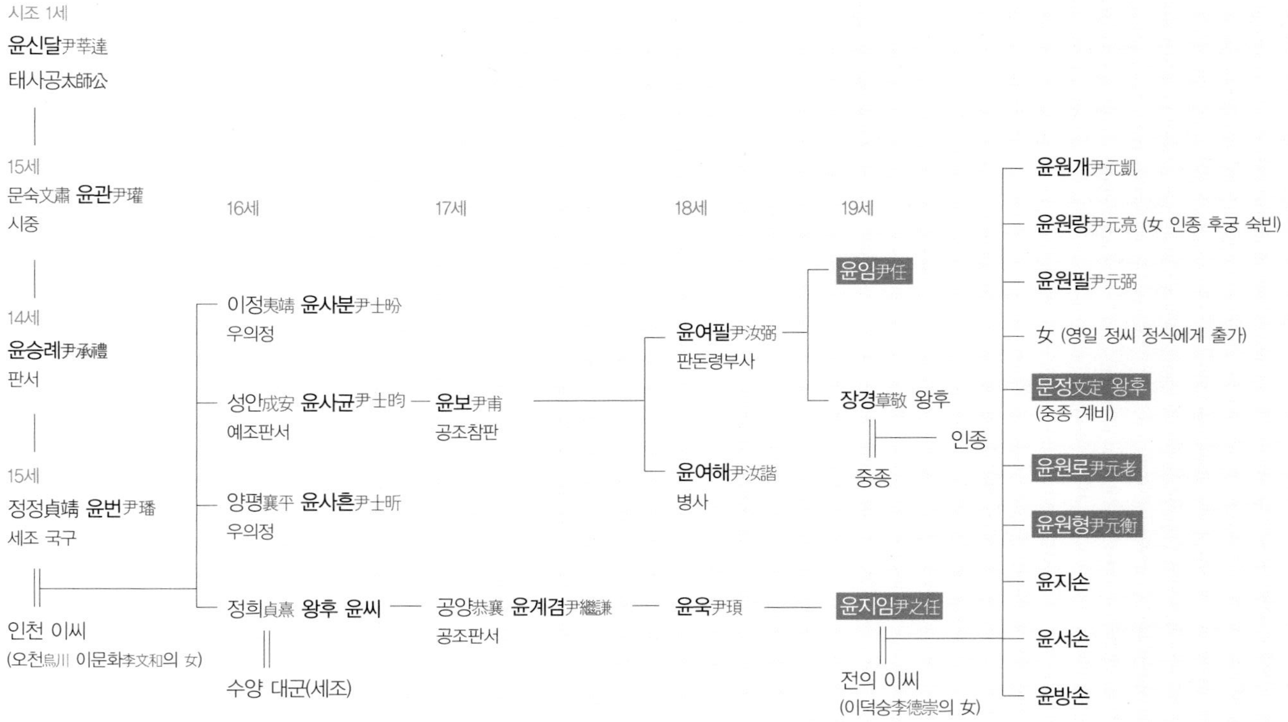

시조 1세
윤신달尹莘達
태사공太師公
15세
문숙文肅 윤관尹瓘
시중
14세
윤승례尹承禮
판서
15세
정정貞靖 윤번尹璠
세조 국구
인천 이씨
(오천烏川 이문화李文和의 女)
16세
이정夷靖 윤사분尹士昐
우의정
성안成安 윤사균尹士昀
예조판서
양평襄平 윤사흔尹士昕
우의정
정희貞熹 왕후 윤씨
수양 대군(세조)
17세
윤보尹甫
공조참판
공양恭襄 윤계겸尹繼謙
공조판서
18세
윤여필尹汝弼
판돈령부사
윤여해尹汝諧
병사
윤욱尹頊
19세
윤임尹任
장경章敬 왕후
중종
인종
윤지임尹之任
전의 이씨
(이덕숭李德崇의 女)
윤원개尹元凱
윤원량尹元亮 (女 인종 후궁 숙빈)
윤원필尹元弼
女 (영일 정씨 정식에게 출가)
문정文定 왕후
(중종 계비)
윤원로尹元老
윤원형尹元衡
윤지손
윤서손
윤방손

장경 왕후(인종 모후)와 문정 왕후(명종 모후), 그리고 대윤 윤임과 소윤 윤원형은 각각 9촌 숙질 사이이다.

윤원형과 음독자살한 정난정

정난정鄭蘭貞은 윤원형의 첩으로 스스로 미천한 신분에서 벗어나기 위하여 윤원형에게 접근하였다. 정난정의 아버지는 부총관 정윤겸이었으나 어머니가 관비 출신이었기에 정난정은 양반과는 혼인할 수 없었다.

정윤겸은 1492년(성종 23) 무과에 급제하여 1506년(중종 1) 정국공신으로 군기시 첨정이 되었고, 1519년(중종 14) 회령會寧 부사로 청계군淸溪君에 봉해졌으며 그 후 전라수군절도사로 해적을 물리치고 공을 세워 부총관으로 승진하였다. 그는 1463년(세조 9) 첨지중추부사 정온鄭溫의 아들로 태어나 1536년(중종 31) 세상을 떠났으며 자는 익부益夫, 시호는 장양莊襄이다.

정난정은 문정 왕후의 동생 윤원형의 사주에 따라 명종과 문정왕후에게 인종의 척족 윤임이 그의 조카 봉성군을 왕위에 세습시키려 한다고 무고하여 을사사화를 일으키도록 하였고 이로써 윤임과 이조판서 유인숙, 영의정 유관 등이 사사되었다.

그 뒤로 문정왕후의 환심을 얻게 된 정난정은 궁중을 자유롭게 출입하는 한편, 1551년(명종 6) 윤원형의 정실부인 김씨를 축출하고 본부인의 자리를 빼앗았으며, 이어 김씨를 독살하고 정경부인의 작호를 받았다.

정난정은 뿐만 아니라 봉은사의 승려 보우와도 밀접한 관계를 맺으며 불교를 진흥하는데 큰 역할을 하였으며, 윤원형의 권세를 배경으로 상권까지 장악하여 부정하게 재산을 축적하였다.

정난정 묘표 뒷면.
「영의정 윤원형지첩실 청계군 정윤겸지서녀」

그러나 1565년(명종 20) 문정 왕후가 죽고 윤원형이 사림의 탄핵을 받아 황해도 강음에 유배되자 정난정도 함께 배소로 퇴거하였다. 이때 윤원형의 정실 김씨의 계모 강씨가 과거 정난정이 김씨를 독살하여 죽였음을 고발하였다. 그동안은 윤원형과 정난정의 위세에 눌려 차마 사실을 밝히지 못하다가 그제라도 자식의 억울한 죽음을 풀어주고자 한 것이다.

이에 자신이 결국 사사될 것으로 판단한 정난정은 자신의 죽을 날을 준비하던 중, 금부도사가 평안도를 향해 금교역을 지나자 자신을 죽으러 오는 것으로 알고 음독자살하였다. 죽은 뒤 본래의 신분으로 환원되었으며 정난정의 본관은 초계草溪이다.

10세 관동파 중시조	14세	15세	16세

10세 관동파 중시조
정수鄭脩
고려 사재부령

11세 정편鄭便
예빈시정
(배위 왕王씨는
횡성으로 망명 중
투신으로 순절하였다.)

12세 정흥鄭興
증 도승지

13세 정온鄭溫
증 참판

원주原州 원씨

정윤겸鄭允謙
증 병조판서

원주 원씨

후실
의령宜寧 **남**南씨

후실
금릉金陵 구具씨

정윤서鄭允謂
정난원종공신

정윤성鄭允誠
무과 급제
평안도 병사

정윤감
무과 급제
선전관

정숙鄭叔
당진 현감
증 좌찬성

경주 김씨
(김계훈金季勳의 女)

정담鄭淡
정윤겸의 서자

정난정鄭蘭貞
정윤겸의 서녀.
윤원형의 후실

무육

정흡鄭洽
청도 군수

정준鄭浚
문과 급제
부제학

정헌靖憲 **정종영**鄭宗榮
우찬성. 팔계군八溪君

문화文化 유柳씨

후실
성주星州 이李씨

누나와 동생의 심부름만 하다 떠난 윤원로

윤원로尹元老 역시 중종의 계비 문정 왕후의 동생이라는 기반을 등에 업고 윤원형과 함께 그 권세가 하늘을 찌를 듯 했다.

그러나 경쟁자였던 김안로가 권세를 부리면서 대윤과 소윤의 싸움에 휘말리게 되었고, 이 싸움에서 김안로의 세력을 배경으로 한 윤임이 동궁(인종)을 보호한다는 명목으로 중종에게 아뢰어 윤원로와 윤원형의 관직을 삭탈하였다. 윤원로는 1537년(중종 32)에는 김안로에 의해 파직되어 유배당했다가 같은 해 김안로가 사사된 뒤 풀려나기도 했다.

윤원로는 이후 병약한 동궁이 장성하도록 아들을 낳지 못하자, 세자를 바꾸어 세운다는 소문을 만들어 나라 안에 퍼뜨리거나 경원 대군(명종)이 위태롭다는 말을 퍼뜨림으로써 대윤과 소윤의 싸움을 더욱 격화시켰다.

그는 1544년 11월 인종이 즉위하고 대윤이 정권을 잡게 되자 파직되었으나 그래 7월 인종이 승하하고 명종이 즉위하자, 다시 기용되어 군기시첨정에 올랐다. 윤원로는 그러나 같은 달 윤인경 등의 탄핵을 받고 또다시 파직당해 해

윤원로 묘비.
「통정대부 행 돈령부도정 파평윤공 휘 원로지묘. 배 숙부인 평창이씨 부좌」

남으로 유배되었다.

그는 이듬해에 풀려나 돈령부 도정에 기용되었으나 동생 윤원형과 권세를 다투면서 을사사화로 인한 공신에 오르지 못함을 분하게 여겨 자주 불평을 하였다. 그러다가 윤원형의 족질이자 심복인 병조좌랑 윤춘년의 탄핵을 받아 파직 뒤 유배되어 1547년(명종 2) 배소에서 사사되었다.

윤원로의 아버지는 파산부원군 윤지임으로 본관은 파평坡平이며 묘는 경기도 교하면 당하리에 있다.

을사사화의 인물 4

정유삼흉의 중심인물 김안로

김안로金安老는 1519년(중종 14) 기묘사화로 조광조 일파가 몰락한 뒤 발탁되어 이조판서에 올랐으며, 아들 김희가 효혜 공주와 혼인하여 중종의 부마駙馬가 되자 점차 권력을 남용하기 시작했다.

그는 1481년(성종 12) 참의 김흔金訢의 아들로 태어나 1501년(연산 7) 진사가 되고, 1506년(중종 1) 별시 문과에 장원으로 급제하였다. 김안로는 성균관전적으로 처음 제수된 다음 홍문관수찬, 사간원정언, 홍문관부교리 등을 역임하였으며 1511년(중종 6)에는 유운柳雲, 이항 등과 함께 사가독서를 한 다음 직제학, 부제학, 대사간 등을 거쳐 잠시 경주慶州 부윤으로 있었다.

| 김안로 묘비. 「희락당 김공지묘」 | 김흔 묘소. 간신 김안로 아버지. |

그러나 김안로는 1524년(중종 19) 영의정 남곤과 심정, 대사간 이항 등의 탄핵을 받고 경기도 풍덕으로 유배되었으며 남곤이 죽자 대사헌 김근사金謹思와 대사간 권예權輗를 움직여 1530년(중종 25) 심정을 탄핵하는데 성공하고, 이듬해 유배에서 풀려났다. 재서용이 된 김안로는 도총관, 예조판서, 대제학을 역임하고 이조판서를 거쳐 1534년(중종 29) 우의정이 되었으며, 이듬해 좌의정에 올랐다.

김안로는 1531년 다시 관직에 복귀한 이후부터 동궁(인종)의 보호를 구실로 실권을 장악하여 허항, 채무택, 황사우黃土佑 등과 함께 정적이나 뜻에 맞지 않는 자를 축출하는 옥사를 여러 차례 일으켰다. 정광필鄭光弼, 이언적, 나세찬, 이행李荇, 최명창崔命昌, 박소朴紹 등 많은 인물들이 이들에 의해 유배당하거나 사사되었으며, 중종의 후궁 경빈 박씨와 그 아들 복성군 등 종친도 죽음을 당하였고 또한 왕실의 외척인 윤원로와 윤원형도 실각당하였다.

1537년(중종 32) 중종의 제2계비인 문정 왕후의 폐위를 기도하다가 발각된 김안로는 중종의 밀령을 받은 윤안인尹安仁과 대사헌 양연梁淵에게 체포되어 유배되었다가 그해 사사되었다.

김안로, 허항, 채무택을 일컬어 정유삼흉丁酉三凶이라고 불렀다. 그의 본관은 연안延安, 자는 이숙頤叔, 호는 희락당希樂堂·용천龍泉·퇴재退齋이며 저서로『용천담적기龍泉談寂記』가 있다.

을사사화의 인물 5

대윤의 거두 윤임

윤임尹任은 중종의 계비 장경 왕후의 오빠로서 대윤의 핵심 세력이었다. 그는 1487년(성종 8) 파원坡原 부원군 윤여필의 아들로 태어난 뒤 무과에 급제하고 여러 벼슬을 거쳐 경주 부윤을 지냈으며 1523년(중종 18) 충청도 수군절도사로 왜선과 싸우다가 패하여 군역에 복무해야 했다.

장경 왕후의 소생 인종이 세자로 있을 때 중종의 계비 문정 왕후가 경원 대군(명종)을 낳고 얼마 안 되어 사망하자 김안로와 함께 세자를 보호해야 한다고 주장하여 문정 왕후와 충돌하였다. 1543년부터 대윤과 소윤으로 나누어 양 외척의 싸움이 노골화되면서 윤임은 대윤의 거두가 되었다.

1544년 중종이 죽고 인종이 즉위하자 윤임은 형조판서를 거쳐 찬

성에 올랐으나 재위 8개월 만에 인종
이 죽고 1545년 명종이 즉위하게 되
었다. 명종은 불과 12세로 나이가 어
려 문정 왕후가 수렴청정을 시작하였
고, 이때 소윤 윤원형 일파는 을사사
화를 일으켜 평소 반목하던 대윤 일파
를 모두 숙청하였다.

이로써 1545년(명종 즉위) 윤임은
남해로 귀양 가다가 충주에 이르러 사

윤여필 묘비. 장경 왕후와 윤임의 아버지.

사되었다. 후일 그에 대한 평가는 엇갈렸는데, 율곡 이이는 죄가 없
다 하였고, 퇴계 이황은 사직에 대한 죄가 없지 않다고 하였다.

윤임의 본관은 파평坡平, 자는 임지任之, 시호는 충의忠義이며
1577년(선조 10) 신원되었다.

을사사화의 인물 6

조광조 일파를 적극적으로 공격한 유관

유관柳灌은 1484년(성종 15)태어나 1507년(중종 2) 생원시에 합
격하고 같은 해 증광 문과에 병과로 급제하였다. 그는 2년 뒤 정언
이 되었으며 1513년(중종 8)에 지평으로 잠시 경기도 도사에 임명되
었을 때 진상進上의 문제에 있어 전결田結(논밭에 물리는 세금)을 정

해 놓은데 따른 폐단을 개선할 것을 건의하였다.

　이어 장령을 역임한 유관은 1519년(중종 14) 승정원 동부승지에 임명되었으나, 조광조를 중심으로 하는 사림파 대간의 강력한 반발을 받았다. 이를 마음에 담아 두었던 유관은 같은 해 11월에 기묘사화가 발생하자 사헌부 집의로서 조광조 일파가 득세할 당시 교만하고 방종했다고 비난하며 현량과의 폐지와 급제자의 합격을 취소시킬 것을 강력히 주장하였다.

　유관은 그 뒤 종부시 첨정을 지내고 1521년(중종 16)에는 강원도 관찰사로 있으면서 강릉江陵 오죽헌烏竹軒에 들려 삼척三陟 부사 신광한 등과 시회詩會를 열었으며, 그때 지은 그의 시가 오죽헌에 현존한다.

　그는 1524년 이조참의와 황해도 관찰사를 거쳐 이듬해 12월 특별히 통정대부에 승진되어 전라도 관찰사로 나아갔으며 우부승지,

유관 묘소

병조참판, 동지성균관사를 겸하고 예조판서, 우참찬, 대사헌을 거쳤다. 유관이 이조판서로 있을 때 중종이 이기를 병조판서에 임명하고자 하니

"이기는 뇌물을 먹는 관리의 사위이므로 그를 병조판서에 제수하는 것은 온당치 못하옵니다."

라며 반대하였다. 이것이 을사사화에서 유관이 이기의 모함을 받게 된 직접적인 계기가 되었다.

1540년(중종 35)에는 명나라 황태자 책봉 조사詔使로 설정총薛廷寵이 왔을 때 유관은 좌참찬으로서 접대사가 되어 김안국 등과 그들을 접대하였다. 이듬해 11월에는 북변의 국경 지대에서 오랑캐의 침입과 같은 심상치 않은 일이 일어나자, 중종은 중신을 파견하여 축성築城과 입거入居에 관한 문제의 처리와 사신 왕래에 따른 폐단 제거 등을 해결하고자 하였다. 이에 유관이 1544년(중종 39) 평안도 관찰사에 임명되자 일부는 대윤과 소윤의 권력 다툼이 있음을 말하며 유관의 직책을 반대했으나 왕은 듣지 않고 그를 숭록대부로 승진시켜 임지로 내려보냈다.

1545년(인종 1) 인종이 즉위하자 유관은 조정으로 돌아와 우의정에 올랐으며, 이후 좌의정으로 있으면서 기묘사화로 폐과한 현량과를 부활하고, 현인을 등용하여 간사한 자를 물리치며 폐단을 바로잡고, 조선의 침체된 기풍을 진작하는 등 개혁을 단행하였다.

그러나 명종이 즉위하자 윤원형은 숙적인 대윤을 제거하고자 이기 등과 모함하여 을사사화를 일으켰다. 이에 앞서 유관은 윤원로

의 간악함을 규탄하여 그를 귀양 가도록 주도하였기에 윤원형의 원한을 사고 있었고, 이번 을사사화에 그 괘씸함이 보태진 것이다.

유관은 윤임, 유인숙 등과 함께 삼흉으로 몰려 종사를 위태롭게 했다는 죄목으로 처벌을 받았다. 그는 처음에는 절도로의 유배형에 처해져 서천으로 귀양 가던 도중 온양溫陽에 이르러 정순붕 등의 상소로 대역죄의 누명을 쓰고 사사되었다. 유관이 사사된 곳은 과천果川이라는 말도 있다.

유관의 아버지는 장령 유정수柳廷秀, 어머니는 박윤손朴潤孫의 딸이며 할아버지는 유주柳霆, 증조부는 유상영柳尙榮이고 충경忠景 유양柳亮의 5세 손이다. 그의 자는 관지灌之, 호는 송암松庵, 본관은 문화文化이며 1570년(선조 3) 영의정 이준경 등 여러 대신들의 신원으로 복관되고 충숙忠肅이라는 시호가 내려졌으며 1577년 관직도 돌려받았다. 유관의 묘는 서울시 서초구 방배동 신동아아파트 자리에 있었다가 도시화로 1973년 안산시 와동 전촌前村으로 이장되었다.

을사사화의 인물 7

억울하게 죄를 입은 선비들을 서용한 윤인경

어려서부터 영민하였던 윤인경尹仁鏡은 특히 문장에 능하였으며 의연한 태도로 사람을 대하면서 귀천을 가리지 않고 한결같은 관용을 보였다. 또한 평생토록 나쁜 말을 가까이 하지 않고, 좋은 일을 대하면 반드시 기뻐하고 자신이 할 수 없는 일에는 억지로 힘쓰지 않았으며, 국사를 처리함에 있어서도 정도를 추구하였다.

윤인경은 1476년(성종 7) 부사정 윤순 尹恂의 아들로 태어나 1504년(연산 10) 사마시에 합격하고, 1506년 별시 문과에 정과로 급제하여 성균관학록에 선발되고, 예문관검열이 되었다. 그는 그 뒤 봉교로 승진한데 이어 성균관전적에 올랐으며 예조좌랑, 병조좌랑, 사간원정언을 역임하고 1511년(중종 6) 장악원 첨정에 이르렀다.

윤인경은 외직으로 나가 태안泰安 군수로 근무하는 동안 아버지의 상을 당하자 사직하고 양주의 여막에서 죽을 먹으며 3년간 시묘하였으며, 그 효행이 널리 알려져 명망이 더욱 높아졌다. 그는 기묘사화로 조광조 등이 몰려난 직후인 1520년(중종 15)에 사간원사간으로 다시 등용되어 사헌부 집의, 승정원의 동부승지·우부승지·좌부승지를 역임하고 1529년(중종 24) 예조참의에 올랐으며 이어 승정원의 좌승지를 지냈다.

윤인경이 도승지에 올랐을 때 대간의 탄핵을 받았으나, 중종의 비호로 오히려 승진하여 황해도 관찰사가 되었다. 이어서 다시 내직으로 옮긴 그는 공조참판을 지내고, 1532년(중종 27) 예조참판으로서 동지사가 되어 명나라에 건너가 외교 활동을 펴고 돌아왔다.

그는 그해에 다시 외직인 경상도 관찰사가 되어 당시 흉황凶荒이 심하던 경상도 지방의 가난한 백성들을 돌보았다. 이듬해에는 병조참판을 거쳐 형조판서에 올라 예조와 호조의 판서를 역임하고,

1537년(중종 32) 이조판서가 되었다.

이해에 김안로가 사사되고 그 일당이 제거되자 윤인경은 이조판서로서 기묘사화에 억울하게 죄를 입은 사림들을 서용하였다. 그는 다시 호조와 병조의 판서를 역임하고, 1540년(중종 35) 우찬성을 거쳐 우의정에 올랐다.

윤인경은 5년 동안 우의정을 지내고, 인종이 즉위하자 좌의정을 거쳐 영의정이 되어 국정을 총괄하였다. 이어 명종이 즉위한 뒤 을사사화가 일어나자 그는 소윤에 가담하여 추성위사홍제보익공신推誠衛社弘濟保翼功臣 1등에 책록되고 파성坡城 부원군에 봉해졌다.

1548년(명종 3) 세상을 떠난 윤인경의 본관은 파평坡平, 자는 경지鏡之, 시호는 효성孝成이다.

일생을 성리학에 전념한 이언적

이언적李彦迪은 조선 전기 성리학을 정립한 선구적인 인물로서 유학의 방향과 성격을 밝히는 데 중요한 역할을 하였다. 그는 주희朱熹의 주리론主理論적 입장을 정통으로 확립하였으며, 이언적의 호를 '회재晦齋'라 한 것은 회암晦菴 주희의 학문을 따랐음을 보여주는 것이다. 이언적은 27세의 나이로 선배 학자들이 벌이던 성리학의 쟁점에 관한 논쟁에 뛰어들어 자신의 견해를 밝혔다. 영남 지방의 손숙돈孫叔暾과 조한보曹漢輔는 무극無極과 태극太極에 관해 토론을 벌이고 있었는데, 이언적은 주희의 주리론적 견해에서 손숙돈과 조한보의 견해를 모두 비판하며 자신이 독자적으로 수립한 성리학에 대한 입장을 표명하였다. 그가 선배 학자들과 벌였던 태극의 개념에 관한 논쟁은 조선조 성리학사에서 최초로 펼친 본격적인 개념 논쟁이었다. 이후 이언적의 주리론적 견해는 영남학파인 이황의 사상에 큰 영향을 주었다. 이황은 이언적을

"정예精詣한 견해와 독특의 묘를 얻었다."

고 평하면서 정여창鄭汝昌, 김굉필金宏弼, 조광조, 이황과 함께 동방의 5현賢으로 추앙하였다.

이언적은 사화가 거듭되는 시련기에 살았던 사림으로서 을사사화 때는 좌찬성, 판의금부사의 중요한 직책에 있으면서 억울한 사림의 희생을 막으려고 노력하다가 그 자신이 사화의 희생물이 되었다.

이이는 이언적이 을사사화에 곧은 말로 항거하며 절개를 지키지 못하였다고 비판하였으나 그는 불의와 타협하지 않으면서도 온건한 해결책을 추구하였던 인물이다.

이언적은 1513년(중종 8) 생원이 되고, 이듬해에 문과 별시에 병과로 급제하며 인동仁同 현감, 이조정랑, 사헌부장령, 밀양密陽 부사를 거쳐 1530년(중종 25)에는 사간이 되었다.

이언적은 이때 김안로의 등용을 극력하게 반대하다가 심언광沈彦光 등의 모략으로 관직에서 쫓겨나 경주의 자옥산紫玉山에 들어가 성리학 연구에 전념하였다. 그는 1537년 김안로 일당이 몰락하

자 종부시 첨정으로 불려 나와 홍문관교리, 응교, 직제학을 지내고 전주 부윤에 나가 선정을 베풀어 마을을 평안하게 한 공으로 송덕비가 세워졌다. 이때 조정에 「일강십목소一綱十目疏」를 올려 국가의 근본과 정치 강령을 논하여 왕의 찬탄을 받았다. 이로써 이언적은 가선대부嘉善大夫에 올랐으며 이어 이조·예조·형조의 판서를 거쳐 1545년(명종 즉위)에는 의정부 우찬성과 좌찬성에 이르렀다.

이때 윤원형 등이 일으킨 을사사화에서 이언적은 추관이 되어 선비들을 심문하는 일을 맡고 선비를 축출하였지만 그 역시 관직에서 물러나야 했다. 1547년(명종 2)에는 윤원형 일당이 조작한 양재역 벽서 사건에 무고하게 연루되어 강계로 유배되었는데 그는 이때 성리학에 관한 중요 저술 『회재집晦齋集』, 『대학장구보유大學章句補遺』, 『속혹문續或問』, 『구인록求仁錄』을 남겼다.

1491년(성종 22) 태어나 1553년(명종 8) 63세의 나이로 유배지에서 하세한 이언적의 본관은 여주驪州로 아버지는 이번李蕃, 어머니는 손소孫昭의 딸이며 할아버지는 이수회李壽會, 증조부는 이숭례李崇禮이다. 그는 선조 때에 영의정이 추증되고 1610년(광해 2) 문묘에 종사되었으며 같은 해 경주의 옥산서원玉山書院에 배향되었고 여주군 금사면 이포리에 있는 기천서원(모현사慕賢祠, 경기도 문화재자료 제75

옥산서원

호)에 제향되고 있다. 이언적의 초명은 적迪이며 자는 복고復古, 호는 회재晦齋와 자계옹紫溪翁, 시호는 문원文元이다.

기묘·을사 사화를 혹독하게 치른 충신 유인숙

유인숙柳仁淑은 1485년(성종 16) 사간 유문통柳文通과 덕수德水 이씨 이추李抽의 딸 사이에서 태어나 1507년(중종 2) 진사시와 생원시에 합격하였다.

그는 1510년(중종 5) 식년문과에 병과로 급제한 뒤 검열, 이조좌랑, 직제학, 동부승지, 대사헌을 거치고, 1515년(중종 10) 홍문관의 부수찬과 전한이 되었다. 이때 사림파인 박상朴祥, 김정金淨, 유옥柳沃 등이 단경 왕후 신씨의 복위를 주장하다가 유배되자 이들의 치죄를 둘러싸고 찬반 논란이 크게 일어났다. 사건은 신씨의 복위 문제를 넘어서 신구 세력의 대립으로까지 확대되었는데 이때 유인숙

삼인대 비석.
눌재 박상, 충암 김정, 석헌 유옥 인장 봉송
신비 복위 급 3훈신 논죄 상소 기적비.

은 사림파를 대표하여 이들을 치죄하는 것을 반대하였다.

그는 이어 동부승지를 지내고 1518년(중종 13) 11월 김정의 후임으로 대사헌에 임명되었으나 반대 세력인 박호朴壕 등의 반대로 철회되었다. 유인숙은 이듬해 좌승지를 거쳐 부제학에 임명되었으나 대간은 다시 유인숙이 적임자가 아니라고 반대하였고, 동지사 조광조도 불가함을 밝히자 그는 학식이 없음을 핑계로 사직하였다. 당시 사림파의 핵심 인물인 조광조, 김정, 김구金絿, 김식金湜 등은 성균관과 홍문관을 장악하면서 자신들의 발판을 더욱 굳히고자 하던 시기로, 그들이 유인숙의 부제학 임명을 적극 반대한 것은 사림파 내의 다툼 때문이었다.

1519년 조광조가 중종의 지나친 총애를 받자 이를 시기하는 무리들이 기묘사화를 일으켜 당시 도승지로 있던 유인숙은 연좌되어 하옥되었다가 그해 11월 정광필의 노력으로 석방되었다. 유인숙은 김

유인숙 묘소

김식 묘소

정과 함께 김정국金正國 등의 사림파를 조정에 추천하는 데 적극 앞
장서다가 파직된 것이다. 그는 영의정 정광필 등과 함께 조광조 등
을 구명하기 위해 적극 노력하였으나 사림들을 구하지는 못하였다.
유인숙은 이듬해 다시 무고를 입고 체포되었다가 위기일발로 모면
하고, 호조참의가 되었다. 그 뒤 유인숙이 재서용 되면서 사림들의
기대를 받았으나 뇌물을 받는 등의 비리를 저질러 비난을 받기도
하였다.

그는 대간의 탄핵을 계속 받던 중 1521년(중종 16)의 신사무옥辛
巳誣獄에는 훈구파에 의해 기회주의자로 몰려 경주 부윤으로 좌천
되었다가 삭직당한 뒤 17년간 두문 분출하였다.

1537년(중종 32)에야 병조참의가 되어 복직한 유인숙은 한성부
좌윤과 우윤, 대사헌, 대사간, 형조·공조·호조·이조의 판서를
거쳤다. 그가 우찬성 겸 판의금부사로 있던 1545년(인종 1) 을사사
화가 일어나면서 유관, 윤임, 유인숙은 대윤을 제거하려던 이기, 정

순붕 등의 모함을 받고 전라도 무장으로 귀양을 가게 되었는데 그는 무장으로 가던 그해 8월 진위振威 갈원葛院에서 사사되었다.

이어 9월에는 경기 감사 김명윤이 사사당한 3인을 밀고하기를 그들이 생전에 계림군과 봉성군을 왕으로 추대할 모의를 했었다고 거짓으로 고함으로써, 시체까지 추환당하고 머리는 효수되었다. 또한 유인숙의 네 아들을 비롯해 유관과 윤임의 자제들까지 모조리 교수형을 당하고 가산은 몰수되었으며 처첩은 노비가 되는 등 형제, 숙질까지 모조리 연좌되었다.

유인숙의 딸 역시 신분이 낮아져 종실인 청화수淸化守 이창숙李昌叔의 소실이 되었다가 선조 때 유인숙이 신원되자 새로 폐백을 갖추어 혼인하고 정실이 되었다.

유인숙의 자는 원명原明, 호는 정수靜叟, 시호는 문정文貞, 본관은 진주晉州이며 묘소는 경기도 안성시 금광면金光面 마둔리馬屯里에 있다. 선조 대에 이르러 성균관 유생과 영의정 이준경을 비롯한 대신들이 유인숙의 무고를 상소함으로써 1570년(선조 3) 신원되고 관작 또한 복관되었으며 반면 그를 모함했던 이기, 정순붕 등은 위훈이 삭제되었다.

그러나 그는 경연에 입시해서는 몇 차례의 사화로 부진한 성리학을 진흥할 것을 촉구하고, 궁중 세력과 결탁한 간신들의 세력을 제거하는 데 힘을 쏟았다. 유인숙의 할아버지는 검교 유종식柳宗植, 증조부는 경력소 경력 유의柳依이며 원조遠祖는 유정柳挺이다.

진주 유씨 혈맥

진주 유씨는 시조 유인비柳仁庇 인맥과 중시조로 좌우위사장군左右衛士將軍을 지낸 유정柳挺의 인맥으로 크게 구별한다.

유정의 10세손은 경산慶山 현령 유포柳砲, 유포의 아들은 현감 유달존柳達尊이며 유정의 11세손은 을사사화에 화를 입은 찬성 유인숙이다. 을사사화를 일으킨 주모자의 하나인 정순붕은 유인숙 형의 사위 정염鄭礦의 아버지로서 사돈 사이이며, 이기는 유인숙의 외종사촌으로 연척간인데 유인숙은 그들의 간사함을 미워하여 청탁을 들어주지 않았다. 이 또한 유인숙이 을사사화에 참혹한 화를 입은 결정적인 원인이 되었다.

유인숙의 형은 예조참의 유인귀柳仁貴, 유인귀의 아들은 호조참의를 지내고 조선 시대 명시인으로 이름을 날린 유희령柳希齡이다.

을사사화의 인물 10

퇴계 이황의 형 이해의 죄 없는 죽음

중종이 재위 39년 만에 승하한 뒤 1545년 왕위에 오른 인종은 유관, 이언적, 유인숙 등을 등용하고 이해李瀣를 대사헌으로 등용하여 사림파를 요직에 자리하도록 만들었다. 인자한 성품의 인종이 사림들을 가까이 하자 기묘사화 이후 소외당하던 사림들은 다시 정계 중앙으로 진출하게 되었다는 기대감이 높았다. 인종은 한편 계모인 문정 왕후의 마음을 편안하게 하기 위해 문정 왕후의 친동생 윤원형을 공조참판으로 임명하고, 윤원형의 심복 이기를 우의정에 등용하려 했다.

이황과 이해가 만난 촉령대

그러자 이해는 이기의 장인은 비리를 저지른 벼슬아치이므로 그 사위인 이기를 등용함은 부당하다고 공박하여 우의정에 취임하지 못하도록 주장하였다. 이때부터 이해는 이기의 정적이 되었고 그는 또한 헌납 이치의 등용도 극력 반대하니 같은 소윤 일파는 이해에게 감정을 갖게 되었다.

이때 사림파인 이언적, 유관, 유인숙, 송인수, 권벌, 백인걸, 노수신 등 많은 사림들도 권력을 장악해 사욕을 채우려는 소윤들의 등용을 반대하니 윤원형, 이기, 임백령, 정순붕 등은 이해를 비롯한 사림들을 해치기 위해 없는 사실을 꾸미게 되었다.

때를 같이해 인종이 즉위 7개월 만에 승하하니 대윤들에게는 불운이 닥치게 되었다.

이어 같은 해 즉위한 명종은 12세에 불과했고, 정사는 명종의 어머니 문정 왕후가 수렴청정하기 시작했다. 문정 왕후의 동생 윤원형을 비롯한 소윤들은 문정 왕후의 힘을 업고 대윤을 몰아내기 위해 대윤이 명종의 추대를 반대하고 중종의 여섯 번째 아들 봉성군을 왕

내성 유곡 권충재 관계유적
乃城 酉谷 權冲齋 關係遺蹟

사적 및 명승 제3호
소재지:경상북도 봉화군 유곡리 상 131

이 곳은 조선 중종 때 문신으로 예조판서를 지낸 충재 권벌
中宗 禮曹判書 冲齋 權橃
(1478~1548)의 유적지이다. 이 곳은 유곡으로 '닭실'인데
酉谷
흔히 '달실'로 부른다. 그는 안동출신으로 동왕 2년(1507)에
문과에 급제하고 관직에 활동하던 중 중종 15년(1520) 기묘
己卯
사화에 연루되어 파직된 후 이 곳에 정착하여 후진을 양성하고
士禍
경학연구에 전념하였다. 그는 동왕 28년(1533) 복직되었다가
經學
을사사화로 인하여 다시 파직되었고, 명종 3년(1548) 유배지인
乙巳士禍 明宗
평안도 삭주에서 돌아갔다.
朔州
이 곳에는 그가 지은 청암정과 관수들인 청암 권동보가 총재
靑巖亭 靑巖 權東輔
의 뜻을 기리기 위하여 지은 석천정이 있는 이 곳은 울창한 소
石泉亭
나무숲과 아름다운 암석으로 경관이 매우 빼어나다. 이중환은
李重煥
『택리지』에서 이 지역을 경주의 양동, 안동의 내앞, 풍산의
擇里志
하회와 함께 삼남지역의 4대 길지로 꼽고 있다.
河回

권벌 유적지 설명문

으로 추대하려 했다고 모함하였다. 이로써 역모 혐의를 받은 윤임, 유관, 유인숙 등은 사사당하고 대윤과 사림들은 축출당하였다.

이 을사사화를 통해 대윤을 몰아낸 윤원형 일파는 이때부터 정권을 장악하였고 왕명은 문정 왕후의 한마디에 좌우되었다. 대윤을 몰아낸 소윤들은 그 여세를 몰아 거의 6년에 걸쳐 자신들에게 반하는 자들을 살육하거나 축출하기를 계속하여 이때 화를 입은 수는 1백 여 명에 달하였다.

또 1547년(명종 2) 양재역 벽서 사건이 일어나자 윤원형 일파는 이것을 대윤의 잔당인 봉성군, 송인수, 이약수, 권벌, 이언적, 유희춘, 노수신, 정자 등이 벌인 일이라고 하여 모두 죽이고 귀양 보내는 정미사화를 일으켰다.

이렇게 해서 조정은 소윤들의 천하가 되니 이해의 입지는 사라지고 말았다. 인종이 세자로 있을 당시 이해는 세자시강원 문학직에 뽑혀 동궁의 총애를 받았기에, 만약 인종이 오랜 세월 재위했더라면 이해는 참으로 좋은 시절을 맞이했을 것이다.

그러나 인종이 일찍 서거하게 되면서 이기 등의 간악한 무리가 이해를 모해하자 이해는 외직으로 돌며 그들을 멀리하고자 하였다.

이해가 충청도 관찰사로 있던 때인 1548년(명종 3) 5월에 충주에

서 옥사가 생겼다. 1547년 발생한 정미사화에서 이약빙, 이약수, 이약해 삼형제가 사사당하고 이홍남의 아들들도 연좌되어 큰아들 이홍남은 영월로, 작은아들 이홍윤은 고향인 충주로 유배되었다. 그런데 동생과 사이가 좋지 않던 이홍남은 유배에서 풀려나고자, 동생 이홍윤이 진사 강유선과 공모하여 종친 모산수를 왕으로 추대하려 했다고 무고하였고, 조정에서는 대의를 지키고자 친동생을 고발하는 어려운 선택을 했다고 하여 이홍남을 풀어준 뒤 장단長端 부사로 임명하였다.

이홍윤의 일로 인하여 충주는 역적이 사는 마을로 지목당하고 강등되어 유신현이 되었고, 죄없는 사람들까지 많은 피해를 입었다. 이홍윤의 남은 재산 또한 관가로 몰수되었다.

이때 이홍남은 어머니의 상중임에도 불구하고 유신 현감 이치를 찾아가 그것은 자신의 재산이라고 말하고 몰수된 동생의 재산을 반환해 갔다. 이해는 유신현이 속한 충청도의 관찰사였으므로 이 사실을 곧 알게 되었고, 이해는 이홍남을 악하고 고얀 자라고 일컬으며 여러 사람들 앞에서 비난하였다. 이해의 말이 이홍남에게 전해지자 이홍남은 이해에게 원한을 품고 그를 무고할 기회를 엿보기 시작했다.

그런데 그로부터 얼마 뒤 최하손이라는 자가 붙잡히게 된다. 유신현 출신의 최하손은 고을의 원에게 공손하게 행동하지 않았다는 죄를 짓고 의주에 유배되어 있다가 몰래 유신현으로 도망쳐 왔고, 이홍남처럼 역모 사실을 고변해서 죄에서 풀려나려고 했다. 이때 유신현에서는 혹 남아 있는 이홍윤의 무리가 있는지 찾아내려고 회의를 개최하였는데, 최하손은 그 회의 기록을 훔쳐 유신현에 있는 이홍윤의 무리들이 다시 역모를 꾸미고 있다고 조정에 무고하려다 나졸에게 붙잡히게 되었다.

유신 현감 이치는 이를 중앙에 보고하는 한편 법에 따라 치죄하였는데, 최하손이 심문을 받던 도중 죽게 되었다. 그러자 이홍남은 1550년(명종 5) 이해가 조정으로 돌아와 한성부 우윤으로 있을 때 최하손의 죽음 당시 이해가 책임자였다는 이유를 구실 삼아 양사에서 그를 치죄하도록 사주하였다.

당시 대사헌은 송세형, 사간은 이홍남의 손위 동서 원호변元虎變으로 이들은 모두 이무강과 절친한 사이였으며 또한 이기의 부하였다. 그리고 원계검은 원호변의 숙부로서 그들은 이해에게 사적인 원한을 품고 있는 이들이었다.

처음 이홍남이 최하손의 사망 사건을 원호변과 원계검에게 말하자 원계검은 이무강에게 전하였다. 이무강은 한때 이해와 같이 사관으로 있었는데 그의 간악한 성격을 파악한 이해는 이무강과 거리를 두었고, 이무강 역시 자신을 무뢰하다고 생각하는 이해에게 감정이 좋지 못했다. 그런데 이번 이야기를 들은 이무강이 그것을 이기에게 전한 것이다.

이해는 최하손의 죽음에 책임을 물으며 이해를 치죄하는 동시에 구수담을 끌여들였다. 구수담은 대사간으로 있으면서 이기를 규탄하였으므로, 이기는 항상 보복하고자 기회를 엿보던 차에 구수담이 을묘사화에 억울하게 관직을 삭탈당한 이들을 복직시키고자 상소하자 구수담까지 처단하고자 하였다.

1550년 7월 16일 양사에서는 이해에게 죄줄 것을 청하였다. 죄목은 이해가 충청도 관찰사로 있으면서 죄인에게서 몰수하려던 전답을 빼돌리게 했다는 것이었다.

이해가 고발당한 사실을 알게 된 장령 이희손李喜孫은 이해를 찾아와 이해가 고발당한 죄목을 알려 주었다. 대사헌 송세형은 한편으로 만약 이해가 자신을 찾아와 부탁하고 자신들에게 협력하면 죽음을 면하도록 해 주겠다고 했으나 이해는 거절하였다.

드디어 7월 17일 이해를 치죄하라는 전지가 내려졌으며, 8월 3일에는 의금부에서 구금 영장이 내려졌다. 뒤늦게 가족들이 이 사실을 알고 두려워하자 그는 가족들을 조용히 진정시켰으며, 이해를 걱정하여 찾아온 친구들에게도

"공公들이 서로 출입하게 되면 도리어 나의 화禍가 중하게 될 것이네."

하며 만류하였다. 이해가 하옥된 시간은 한밤중인 이경二更이었다.

금부당상 윤원형을 필두로 한 소윤 일파는 이해와 구수담을 같은 죄목으로 엮어 장살하고자 했다. 이 일로 유신 현감 이치도 하옥된 상태로 그의 후임으로 서애西厓 유성룡柳成龍의 아버지 유중영柳仲郢이 유신 현감이 되었는데, 윤원형은 조정에서 용구한 유신현의 문서를 빨리 송부하지 않았다는 이유로 곧 파직해 버렸다. 그리고 유중영의 후임으로 이충남을 현감으로 앉히니 정황은 일절 이해에게

유중영 묘소. 유신 현감으로 재임시 파직당함. 겸암 유운룡과 서애 유성룡 아버지.
「통정대부 수 황해도관찰사 겸 병마수군절도사 증 순충보조공신 대광보국숭록대부
의정부 영의정 겸 영경연 홍문관 예문관 춘추관 관상감사 풍산부원군 유공지묘.
정경부인 김씨지묘」

불리하였다.

　겨우 죽음을 모면한 이해에게 8월 10일 갑산으로 정배定配시키라는 명이 내려졌다. 이 옥사에서 이치는 고문을 이기지 못하고 죽었다. 양사에서는 일곱 차례에 걸쳐 이해의 죄를 더 묻고자 하였으나 명종은 허락하지 않았다. 이해의 죄목은 죄인의 재산을 돌려주었다는 것, 공모한 무리들을 기록하지 않았다는 것, 그리고 변고를 알리고자 한 최하손을 장살하였다는 것이었다. 그러나 이러한 죄목은 이기 일당이 이해에게 사적인 보복을 하기 위해 허위로 조작한 것들이었다. 한편 이해를 치죄하던 중 이홍남이 동생 이홍윤을 무고한 사실이 탄로되어 이홍남은 관직을 빼앗겼다.

　이해는 다섯 차례에 걸쳐 심한 고문을 당했음에도 소윤 일파의 농간에 놀아나지 않고 끝까지 자신의 결백을 지켜냈다. 고문으로 인한 이해의 상처가 심한 까닭에 의금부도사 우언겸禹彦謙은 몸을

이홍윤과 배위 파평 윤씨 묘소

회복시킨 다음에 배소로 떠나는 것이 좋을 것 같다고 말했다가 이
기 일당에게 화를 입을 뻔하기도 했다.

결국 이해는 8월 12일 한양을 떠나 갑산을 향하는 도중 이틀 뒤
인 14일, 양주군 미애리彌崖里 민가에서 한 많은 일생을 마쳤다.

이해는 중국에 사신으로 갔을 때 하사받은 채단 세 필과 녹피鹿皮
(사슴 가죽) 하나를 팔아 유배 가는 길에 노자로 보태 쓰려 했으나,
난리 중에 누가 훔쳐갔는지 사라지고 없었다. 또한 심부름하는 사

진성 이씨 예안파 종가 노송정老松亭. 이해와 이황의 조부 이계양이 창건한 집으로 이해,
이황 등이 태어난 곳이다. 이황을 기려 퇴계 태실胎室로 널리 불린다.

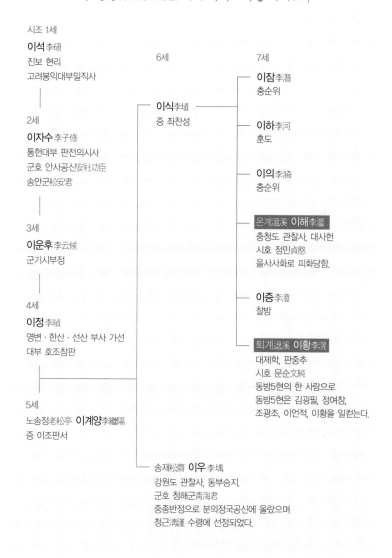

| 진성眞城(진보眞寶) 이씨 이해 · 이황 가계도 |

시조 1세

이석李碩
진보 현리
고려봉익대부밀직사

2세

이자수李子修
통헌대부 판전의시사
군호 안사공신安社功臣
송안군松安君

3세

이운후李云候
군기시부정

4세

이정李禎
영변 · 한산 · 선산 부사 가선
대부 호조참판

5세
노송정老松亭 **이계양**李繼陽
증 이조판서

6세

이식李埴
증 좌찬성

7세

이잠李潛
충순위

이하李河
훈도

이의李漪
충순위

온계溫溪 **이해**李瀣
충청도 관찰사, 대사헌
시호 정민貞愍
을사사화로 피화당함.

이증李澄
찰방

퇴계退溪 **이황**李滉
대제학, 판중추
시호 문순文純
동방5현의 한 사람으로
동방5현은 김굉필, 정여창,
조광조, 이언적, 이황을 일컫는다.

송재松齋 **이우**李堣
강원도 관찰사, 동부승지.
군호 청해군靑海君
중종반정으로 분의정국공신에 올랐으며
청근淸謹 수령에 선정되었다.

람들에게 줄 것조차 없어 두 아들 이녕李甯과 이교李○의 집을 모조리 뒤져도 쌀 두 말과 필목 열 필이 고작이었기에, 아들들의 옷을 대신 주었다.

이해가 관직에 입조하여 20여 년을 있으면서 살림살이가 이렇게 곤궁하였으니 이해의 청렴함에, 이를 보는 사람들은 탄식하였다.

그의 사망 소식을 듣고서야 양사에서는 이해의 죄를 청함을 그만두었다고 한다. 8월 20일 양주에 이른 이해의 아들들은 아버지의 시신을 모시고 28일에 조령鳥嶺을 넘어 9월 초에 온계리溫溪里에 빈소를 차렸다. 그리고 1550년(명종 5) 12월 12일에 이해가 거하던 3리 밖 연곡燕谷에 안장하였다. 이어 그의 아들이 3년 동안 시묘를 하니, 마을 사람들은 이때부터 마을 이름을 빈소동殯所洞이라 부르기 시작했다.

을사사화의 인물 11

윤원형과 문정 왕후를 비호한 상진

상진尚震은 사화가 빈번히 일어나던 시대에도 15년간이나 정상의 자리를 지켰는데, 그의 삶은 너무도 청빈하여 문정 왕후나 윤원형조차도 민심을 거스를 것을 우려해 내치지 못할 정도였다. 충청남도 목천읍木川邑 흑성산黑城山 아래에는 '상정승골'이라 불리는 자연 마을이 있는데 상진이 그곳에서 태어남을 기리기 위해 그렇게

부르기 시작하였으며, 또한 목천木川은
상진의 본관이다. 서울시 남창동南倉洞
에도 상정승골이라 불리는 자연 마을이
있는데, 상진이 살았던 곳이다.

상진의 아버지는 안기도安奇道(현 경
북 안동 지방) 찰방을 지낸 상보尙甫이
며, 어머니는 박사 김휘金徽의 딸 연안
延安 김씨로 그들은 충청도 공주목 임천
군 합하동閤下洞(현 부여군 장암면 합곡
리閤谷里)에서 살았다.

상진 신도비.
홍섬이 짓고 송인이 썼으며
이제신이 전자하였다.

상보와 연안 김씨는 늦게까지 아들을
낳지 못하자 보령군保寧郡(현 보령시)에 있는 성주산聖住山에서 치
성을 드리게 되었는데, 그 이후 생긴 아들이 상진이다.

상진의 부모는 그토록 원하던 아들을 낳고 얼마 되지 않은 1493
년(성종 24)에 부모 모두 세상을 떠나고 말았다. 상진은 이후 누나
의 집에서 자라게 되었으며, 그의 매부는 하산군夏山君 성몽정成夢
井이다.

상진은 온화하고 인정이 많은 아이였으나 열다섯 살이 지나서도
말 달리고 활쏘기만을 즐기며 공부를 게을리 해 누나의 속을 태웠
다. 그는 함께 공부하는 친구들에게 놀림을 당해도 별 신경을 쓰지
않다가 차차 철이 들면서 스스로 학문에 정진하기 시작했다.

그리하여 그는 1516년(중종 11) 생원시에 합격하고 1519년(중종

14) 별시에 합격하여 예문관 검열이 되었으며 승문원 부정자, 봉교, 예조 좌랑을 거쳐 지평에 특진되었다. 1528년에는 사헌부 장령에 올랐으나 질병으로 영경전永慶殿에서 거행된 세자의 친제親祭에 불참한 일로 인하여 탄핵을 받고 관직을 물러나야 했다. 그러나 상진은 그 뒤 다시 장령, 교리 등을 역임하면서 지방 관리의 포학함을 다스릴 것과 농촌을

상문고등학교는 영의정 상진 가문이 재단이다.

발전시킬 방책을 제시하였다. 그는 1533년(중종 28)에는 대사간에 오른데 이어 부제학, 좌부승지를 역임하면서 언론 기관의 중요성을 역설하였으며 형조참판을 지내고 경기도 관찰사가 되어 민정을 잘 다스렸다.

상진은 1539년(중종 34) 중종의 특명으로 가선대부에 올라 형조판서가 되었는데, 사간원에서 전례가 없는 특진이라 하여 탄핵을 함으로써 한성부 좌윤으로 체직되었다가 대사헌이 되었다. 그는 이어 한성부판윤을 연임하고 1543년 공조판서가 되었으며 이듬해 성절사로 명나라에 다녀와 병조판서가 되어 국방을 총괄하였다.

중종은 상진을 매우 신임하였으므로, 우찬성에 제수하였으나 다시 대간들이 그 불가함을 들며 탄핵함으로 지돈령부사로 물러나야 했다. 그는 곧 형조판서에 임명되었으나 인종이 즉위하자 권신들에

의해 윤원로와 결탁하였다는 무고를 받고 경상도 관찰사로 좌천되었다.

그러나 명종이 즉위하고 윤원형과 이기 등이 실권을 장악하자, 상진은 윤원형의 천거와 문정 왕후의 후원으로 병조판서에 중용되어 군정 확립에 힘을 쏟았다. 그는 특히 마정馬政의 중요성을 강조하며 말의 사육과 수출입 등을 활성화 시키고자 노력하였다.

상진은 1548년(명종 3)에는 숭정대부崇政大夫에 올라 우찬성이 되었으나, 질병으로 사임하였고 이듬해 이기와 윤원형이 다시 추천하여 이조판서가 되었다. 이어 우의정에 오른 상진은 이기, 심연원 등과 국정 전반을 주관하였는데, 문정 왕후가 주장한 양종 설립을 지지함으로써 유생들의 지탄을 받았다. 상진은 한편으로 부민들이 관찰사나 수령의 비리를 고발할 수 있는 부민고소법部民告訴法을 실시하여 민원을 살피기도 했다.

상진은 1551년에는 좌의정, 1558년(명종 13)에는 영의정에 올랐으며 이때 그가 계속해 자리를 사양함에도 명종은 허락하지 않았다. 그 뒤 5년 동안 국정을 총괄한 그는 황해도 평산 일대를 근거로 소요를 일으킨 임꺽정의 난을 평정하는데 큰 공을 세웠으며, 좌의정 이준경과 함께 사림을 등용하는 데도 관심을 가졌다. 상진은 청렴하고 인자한 명상으로서 조정을 비롯해 백성들 사이에서도 신망이 두터웠으나, 만년에는 윤원형과 이기 등 소윤 일파를 가까이 함으로써 사림들의 지탄을 받았다.

1562년(명종 17) 70세에 이른 그는 벼슬에서 물러날 것을 간청했으나 명종은 오히려 경연을 겸하게 하였으며 나라에 큰일이 있으면 반드시 자문하며 상진을 곁에 두고자 하였다. 뒤이어 그는 영중추부사로 전임되고 기로소에 들어가 궤장을 하사받았다.

상진은 그로부터 2년 뒤인 1564년(명종 19) 72세의 나이로 별세하였으며, 성안成安이란 시호를 받았다. 상진의 자는 기부起夫, 호는 송현松峴 · 향일당嚮日堂 · 범허재泛虛齋이다.

상대의 마음을 진심으로 헤아리다

상진은 사람들이 스스로를 성찰하는데 귀감이 되는 많은 일화를 남겼는데 그중 몇 가지 이야기를 해 보고자 한다.

● 상진이 한양에서 벼슬살이 할 때의 일로, 하루는 집으로 돌아오는 길에 금으로 만든 술잔을 줍게 되었다. 상진은 그 물건을 주인에게 찾아 주고자 대문 옆에 크게 방을 써 붙였는데, 금잔을 잃은 사람은 어느 대갓집의 종이었다. 이야기를 전해들은 당시의 유명한 복술가 홍계관洪繼官은 말하기를

"공은 수명을 15년 늘렸습니다."

하였고, 그 때문인지는 모르지만 상진은 당시로는 드물게 72세까지 건강하게 사는 장수를 누렸다.

● 상진의 증조부 상영부尙英浮도 임천林川에 살았는데, 가세가 풍

요로워 가난한 사람들에게 곡식과 돈을 대여해 준 문권文券(차용증서)이 많았다. 상영부가 하루는 이 문서를 모두 불살라 버리면서 말하기를

"내 후손이 반드시 번창할 터인데 이것을 무엇에 쓰겠느냐."

하였다. 상진의 할아버지는 수사水使를 지내고, 아버지는 현감과 찰방을 지냈으며 상진은 영의정이 되었으니, 증조부의 그와 같은 단언이 아니라 약하고 힘이 없는 자들을 배려하는 그 인품이 상진의 집안을 바로세우는 원동력이 아니었을까 싶다.

● 상진은 타인의 허물이나 단점을 말하지 않았다. 어느 무더운 여름날, 상진이 자신을 찾아온 한 선비와 문을 활짝 열어놓고 밖을 내다보며 이야기하고 있었는데 어떤 사람 하나가 다리를 절룩거리면서 걸어갔다. 선비가

"저 사람은 한쪽 다리가 짧군요."

라고 말하자 상진은

"다리 하나가 길다고 하는 것이 듣기에 좋지 않습니까."

말하였다. 이 말은 그 선비를 통해 전해져 당시의 선비들 사이에 명언이 되었다 한다.

● 좌의정 오상吳祥이 어린 시절, 정승으로 있던 상진을 만난 일이 있었다. 이때 오상은 세상의 각박함을 한탄하는 글을 지어 상진에게 올렸다.

義王樂俗今如掃 희왕락속금여소
只在春風盃酒間 지재춘풍 배주간

삼황오제 시대의 아름다운 풍류는 비로 쓴 듯 없어졌고,
봄바람만이 술잔 사이로 오락가락 하는구나.

상진은 이 글을 보고 탄식하여 말하기를
"일찍이 오상이 대성할 줄 믿었는데 어찌 그리 말을 박하게 한단
말인가. 그대가 대성하려면 시구나 말이 후덕해야 하는 법이네."
하면서 즉시 퇴고하기를

義皇樂俗今猶在 희황락속금유재
看取春風盃酒間 간취춘풍배주간

삼황오제 때의 풍류는 아직 그대로 남아 있으니
봄바람과 술잔 사이를 살펴보아라.

오상은 옛날의 좋은 풍속은 사라졌음을 아쉬워한 반면에 상진은
과거의 아름다운 풍속은 지금도 계속되고 있음을 이야기하였다. 상
진은 혼란한 시대 속에서도 희망을 보았던 것이다. 재미있는 것은
오상과 상진의 시는 정반대의 의미를 담고 있으나, 두 시를 보면 단
네 글자만 다르다는 것을 알 수 있다. 그처럼 작은 관점의 차이로 상

진은 세상을 달리 보았다.

● 70세의 노령으로 퇴관한 상진은 송현松峴에 살았는데 지금의 서
울시 중구 상동尙洞으로 추측이 된다. 그때 명종의 행차가 자주
그의 집 앞을 지나갔는데, 상진은 그때마다 문안에서 부복하며
신하로서의 절개를 지켰다. 주위 사람들이 왜 이왕이면 문밖에
나가 부복하지 않느냐고 묻자 상진은 정색하면서 대답하기를
"임금의 행차에 신하가 부복하는 것은 마땅한 도리이나 임금의
눈에 띄어 괌을 받으려하는 것은 섬기는 바른 도리가 아니다."
하며 매양 하던 대로 지켜 나갔다 한다.
상진은 아들에게도 자신이 죽은 뒤 행장을 지을 때 다른 말은 쓰
지 말고 다만
〈늦게 거문고 타기를 즐겨왔으며 거문고를 타다가 문득 임금의 은혜
에 감읍感泣하면서 여생을 보냈노라.〉
고 쓰도록 일렀다.

상진이 남긴 행적과 글 속에서 그의 인품이 엿보인다. 그는 노비의
지위에 있는 자라도 착함이 있으면 반드시 다정하게 칭찬하였으며,
스스로 항상 검소한 생활을 하며 15년 간 정승 자리에 있으면서도 조
복朝服 이외에는 비단옷을 입지 않아 벼슬이 없는 선비처럼 생활하
였다. 또 조석에 반찬 그릇이 많으면 상 밑에 내려놓고 말하기를
"옛 어른들은 식미食味를 중히 여기지 아니했거늘 항차 나 같은

사람이 입맛을 택할 수가 있겠는가?"

하며 사치와 향락을 멀리 하였다. 이와 같은 상진의 청빈한 정신이 정치를 하는 그의 기반이 되었음은 말 할 것도 없다. 상진의 평소 인품은 매우 너그러웠으나 권세를 가진 간사한 신하를 배척함에 있어서는 그를 따를 사람이 없었으며, 간신조차도 그를 배반할 마음은 감히 갖지 못하였다.

상진의 후손이 창달하지 못한 이유

옛말에 덕을 쌓으면 집안에 복이 돌아온다는 말이 있다. 그런데 상진의 후손은 그리 창달하지 못하였는데, 그 불가사의함에 관한 설화가 충청도 지역에 구전되어 오고 있다. 상진이 퇴관하여 고향집에 머무를 때의 이야기라고 한다.

이때 상진에게는 혼인할 나이가 된 아들이 있었는데, 상진의 사람됨이 뛰어났으니 혼담은 사방에서 들어왔다. 하루는 상진이 사랑방 대청에 앉아 있는데 한 양민이 허름한 차림으로 찾아와 댓돌 아래에서 머리를 조아리기만 할 뿐 쉽사리 말문을 열지 못하였다. 양민은 한참 만에야 간신히 기어 들어가는 목소리로 자신이 찾아온 이유를 아뢰었다.

"소인에게 딸이 하나 있어 합당한 혼처를 구하여 혼가를 시키려 하는데 영 시집을 가지 않겠다고 합니다. 까닭을 물으니 외람스럽게도 자신은 상 정승 댁 며느리로 들어가야 할 몸인데 어디 함부로 혼인을 하겠느냐며 일언에 거절을 하는 것입니다. 소인이 그 가당치 않은 말에 어이가 없어 타이르기도 하고, 언감생심 천벌을 받으려 그런 소리를 하느냐고 꾸짖기도 여러 차례 했습니다. 그런데도 딸년은 제가 상 정승 댁 며느리로 들어가야 상 정승 댁이 계속 번창할 수 있으니 정승 댁에 가서 이 말을 전해 달라며 식음을 전폐하므로, 죽을 각오를 하고 와서 감히 사뢰옵니다."

양민의 말을 들은 상진이 대답하며 수염을 쓰다듬었다.

"내 아들은 이미 성혼한 곳이 있으니 네 딸은 단념하고 좋은 곳을 선택하여 출가시키도록 하여라."

그러나 양민이 다시 고개를 조아려 말하기를

"하오나 소인의 딸아이는 예사 아이가 아니옵니다. 어려서부터 남달리 총명하였으며 천수를 점치는 재주가 있어 제 운명을 점치는 능력이 있사오니 어린 아이가 그냥 생각없이 하는 말이라고 생각지 말아 주시기 바랍니다."

옆에서 이 말을 듣고 있던 상진을 스승으로 모시던 선비와 청지기들은 상진이 대답할 겨를도 없이 우르르 모여 들어 분수도 모르고 엉뚱한 소리를 한다며 내몰아 버렸다.

양민은 이후에도 여러 차례 찾아와 상진을 뵙기를 청하였으나 청지기들은 아예 상진에게 알리지도 않았다. 그 후 양민의 딸이 스스로 상진의 집을 찾아와 자신을 며느리로 맞이해 줄 것을 애걸하였으나 역시 아무도 상대하지 않았다. 그러자 그 딸은 하늘을 향해 탄식하기를

"내가 한미한 양가의 딸이기는 하나 처자의 몸으로 청혼했다가
거절을 당하고 어떻게 얼굴을 들고 살아 있을 수 있으리오. 이제는
상 정승 댁 가운도 그만이구나."

하며 대문 기둥에 머리를 부딪쳐 혼절하였다. 깜짝 놀란 상진의 집
안사람들이 양민의 딸을 방에 누이고 치료했으나 깨어나지 못한 채
눈을 감고 말았다.

이 일이 있은 후 상진도 시름시름 앓다가 곧 하세하였고 장마에
전답이 유실되어 가산이 허물어지고 역병에 가족들이 괴로움을 겪
는 등 환란이 거듭되어 상진의 가운도 기울고 말았다.

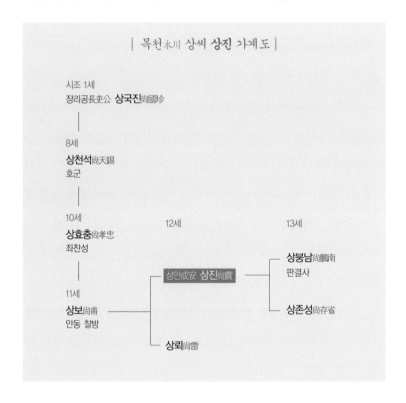

| 목천木川 상씨 **상진** 가계도 |

시조 1세
장리공長吏公 **상국진**尚國珍

8세
상천석尚天錫
호군

10세　　　　　　　　　12세　　　　　　　　13세
상효충尚孝忠
좌찬성　　　　　　　　　　　　　　　　　　**상붕남**尚鵬南
　　　　　　　　　　　　　　　　　　　　판결사
　　　　　　　　성안成安 **상진**尚震
11세　　　　　　　　　　　　　　　　　　**상존성**尚存省
상보尚甫
안동 찰방
　　　상뢰尚雷

이 구전의 어느 정도가 사실에서 기인한 것인지는 확인할 수 없으나 후덕한 상진의 후손이 평탄한 삶을 살지 못하니 이런 설화가 나온 것으로 보여진다. 목천 상씨는 천안 지방에서 대를 이어 살아왔으나 후손이 그리 많지 않으며 영달한 이도 적은 것으로 알려져 있다.

을사사화의 인물 12

대윤 제거의 밀지를 받은 허자

허자許磁는 1496년(연산 2) 윤 3월 28일에 의영고 서령을 지낸 아버지 허원許瑗과 어머니 선산善山 김金씨 사이에서 태어났다.

허자는 모재慕齋 김안국의 문하에서 수학하였는데, 어렸을 때부터 학문을 좋아하고 총명하였다. 허자가 16세에 선대의 상을 당하자 김안국이 그 묘명에서 말하기를

〈어진 자가 하늘의 보답을 받지 못하였으나 공(허자)이 총명하고 어린 나이에 학업을 성취하니 하늘이 장차 크게 그 후손에게 덕을 갚으리라.〉

하였다.

그는 1516년(중종 11) 진사에 합격해 생원이 되고, 현량과에도 선발되었으나 나가지 않고 강산을 유람하였다. 허자는 이후 1523년(중종 18) 알성문과에 병과로 급제하여 저작, 박사, 수찬을 역임한

뒤 사가독서하고 1534년(중종29)에는 이조정랑이 되었으며 김안로가 집권하자 양근陽根 군수로 좌천되었다가 통정대부로 승급하여 황주黃州 목사로 나갔다.

이때 명나라의 사신 공용공龔用卿이 오다가 허자의 모습을 보며

"저기 빼어나고 키 큰 풍채 좋은 사람이 누구인가. 마치 티도 틈도 없이 맑고 광대한 모양 같구나."

말하고 감탄하였다고 한다.

허자는 1537년(중종 32) 김안로가 실각하자 동부승지를 거쳐 병조참의, 이조참의에 올랐으며 이듬해에 충청도 관찰사로 있으면서는 선정을 베풀어 명성이 자자하였다. 그는 1541년(중종 36)에는 사헌부 대사헌에 제수되고 곧 형조참판으로 동지사가 되어 명나라에 갔다가 다음해에 귀국하여 예조판서에 올랐다. 그는 1543년(중종 38)에는 한성부판윤과 공조판서 등을 거쳐 이듬해에 우참찬이 되었

허자 묘소

으며, 1545년(인종 1) 중종이 승하하고 인종이 즉위하자 지중추부사, 공조판서를 지냈다. 허자는 다시 그해 8월 인종이 승하하고 명종이 즉위하자 호조판서로 전임되었고 이어 대사헌이 되었다.

이때 문정 왕후는 윤원형, 이기, 임백령, 정순붕, 허자 등에게 대윤 윤임 일파를 제거하라는 밀지를 내렸다. 그런데 양사에는 문정 왕후의 심복이 많지 않았으므로 이기가 직접 명종에게 아뢰어 윤임, 유인숙, 유관 등은 사사당하였다. 윤임을 제거한 공으로 허자는 추성협익병기정난위사공신推誠協翼炳幾靖難衛社功臣 1등에 양천군陽川君으로 봉해지고 이듬해에는 숭록대부 의정부 좌찬성으로 승진하였다.

그러나 이 을사사화를 처리함에 있어 이기가 죄상이 뚜렷하지 않은 선량한 사람에게까지 가혹한 처벌을 독단적으로 가하자 허자는 이에 적극 반대하였다. 을사사화 후 조정에서 논공행상이 있자 허자는 자신의 공이 없음을 일곱 차례나 상소한 끝에 허락을 받고 나누어 준 노비까지 모두 돌려보냈다. 이에 이기가 노하자 허자는 탄식하여 말하기를

"윤임의 죄상은 고유하나 상을 논함은 내 심히 부끄럽다."

고 하였다. 허자의 천성은 매우 강직하여 명종에게 자주 직간하였으므로 왕을 불쾌하게 한 일이 많았다고 한다.

1546년(명종 1) 좌찬성으로 있던 허자는 사간 진복창의 간사함을 논핵하다가 양사의 탄핵을 받고 판중추부사로 좌천되어 서호西湖의 이우정二憂亭에서 은거하며 학문을 닦다가 1549년(명종 4) 이조판

서로 관직에 복귀하게 된다.

그런데 이때 좌의정 민제인은 소윤들의 부당한 처사를 논박하다가 공주에 유배되어 있었는데 그 동생인 민제영은 공론에 의해 당진의 수령으로 임명되었다. 그러자 소윤들은 자신들에게 방해가 되는 민제인, 허자 등을 제거하고자 진복창과 이무강 등을 시켜 민제인, 허자, 송순 등이 음밀하게 권력을 남용하였다는 죄목을 만들어 탄핵하도록 하였다. 이로써 허자는 홍원으로 부처되었으며 이후에도 양사는 허자의 관작을 삭탈할 것을 수차례 상소하였으나 명종은 그 이상은 윤허하지 않았다.

허자가 1551년(명종 6) 3월 14일 유배지에서 운명하자 명종은 예관을 보내 치제하였으며, 홍문관이 그의 무죄를 상주함으로써 관작 또한 복구되고 대광보국숭록대부 의정부 영의정에 추증되었다.

허자는 소윤과 정치를 도모하였으면서도 소윤이 권력을 사사로운 감정을 위해 남용하고 잔인한 방법으로 거머쥐려고 하자 반대 의견을 보임으로써, 마지막에는 소윤들에 의해 처단되었다. 그는 높은 학문과 덕망을 바탕으로 나라를 안정시키기 위해 충언하였으므로 조정에서는 허자를 크게 의지하였으며, 그는 또한 일체의 뇌물을 받지 않고 임무를 공정하게 수행하였다.

1574년(선조 7) 부제학 율곡 이이를 비롯한 백인걸, 허엽, 윤근수 등은 말하기를

"허자는 용서할지언정 죄줄 수는 없습니다."

하여 선조 역시 그 뜻을 따랐다. 『병정록』은 허자에 대해 다음과 같

이 기록하였다.

〈동애東崖 남중南仲*은 준매하고 풍도가 있어 여러 사람이 소중히 생각하며 일찍 이조판서 때 뇌물을 받지 않고 시비를 구별하니 소인들의 원망이 많다가 마침내는 참적을 당하여 홍원에서 졸하였다. 평생에 의를 좋아하고 봉록을 계산하여 비용에 쓰고 그 남은 것을 별도로 비축하여 상사 때나 급한 일에 부조하였으므로 그의 사망 소식을 듣고 모두 슬퍼하였다.〉

퇴계 이황은 허자가 소윤의 모함을 받고 홍원으로 귀양 가 있던 중 별세하였다는 소식을 듣고 다음과 같은 시를 지었는데, 1550년 (명종 5) 6월 7일에 나온 『퇴계문집』에 〈허 남중의 귀양감을 듣고〉라는 제목으로 실려 있다.

먼 골짝은 아련하고 구름은 덮여 있는데
산들바람 살랑이며 분분히 비를 뿌리누나.
창 앞의 물과 돌도 울분을 머금으니
내 평소 그대를 그리워하는 마음 더하누나.

회재 이언적의 문집에는 〈허 남중의 연경燕京에 떠남을 보고〉라는 제목의 시가 있다.

---

* 동애東崖는 허자의 호이며 남중南仲은 자이다.

풍채는 세속 사람들보다 뛰어나고

마음속은 옛 사람보다 높도다.

중국 조정에는 채봉의 거동이요

이역에서는 상서스러운 기린으로 알겠도다.

단풍 길에는 구경할 것이 많으나

추운 날에 삼가하야 몸조심 하오.

떠나는 길에 풍악소리가 요란하니

쇠퇴하고 병든 몸이 홀로 상신하도다.

허자의 본관은 양천陽川, 자는 남중
南仲, 호는 동애東厓이며 그의 문집으
로『동애유고東厓遺稿』가 전한다. 묘소
는 경기도 연천군 왕징면 강서리江西里
은거당恩居堂 선영에 있으며 묘 아래쪽
길가에 신도비가 있다. 묘비문은 증손
자 미수 허목이 썼다.

허자는 허강許橿, 허첨許檐, 허란許
欄 세 아들을 두었으며 허첨과 허란은
후실에게서 낳았다. 허자의 조부는 합

허강 묘비.
「증 숭록대부 의정부 좌찬성
행 전함사별제 선교랑 허공강지묘」

천 군수를 지낸 허훈許薰이며, 배위는 양녕讓寧 대군의 증손녀 전주
全州 이李씨와 광산光山 김金씨로 두 분이며, 허강이 거상을 잘 마
치자 왕이 듣고 전함사 별제를 제수하였으나 나가지 않았다.

당파 싸움을 지적한 구수담

구수담具壽聃은 조광조의 조카사위이자 그의 문인으로서, 어려서부터 성리학에 몰두하여 명망이 있었다. 그는 1500년(연산 6) 생원 구이具頤와 덕수德水 이씨로 현감을 지낸 이의영李宜榮의 딸 사이에서 태어났으며 구수담의 형은 구수복具壽福이다.

그는 1519년(중종 14) 생원시에 합격하고 1528년(중종 23) 식년문과에 병과로 급제하여 홍문관저작, 박사, 사간원정언을 역임하였다. 그는 1533년에는 홍문관부수찬으로서 경연 검토관이 되어 기묘사화 당시 화를 당한 사림파를 다시 등용할 것을 주장하다가 파직당하고, 김안로의 모함으로 용천龍川에 유배되었다.

구수담 묘소.
「증 자헌대부 이조판서 행 가선대부 이조참판 홍문관부제학 능성구공수담지묘.
증 정부인 원주김씨 증 정부인 한양조씨 합폄」

1537년 김안로가 사사되자 구수담은 다시 서용되어 헌납, 지평, 교리, 응교, 직제학, 강릉 부사, 부제학을 역임하였다. 1534년 대사간에 오른 구수담은 대윤과 소윤이 각기 무리를 이루어 대립함을 지적하였고, 이것이 문제가 되어 1546년(명종 1) 잠시 파직되었다가 전라 감사로 재서용되었다. 그러나 1548년 그는 대사헌이 되어 권신 이기를 탄핵하다가 삭직되어 갑산으로 다시 유배되었다.

구수담이 소윤들에게 반대를 표명하자 이에 불편함을 느낀 윤원형은, 을사사화에 간흉으로 몰려 사사당한 유관을 구수담이 변호하였다는 이유로 대간에서 탄핵하도록 만들었다. 결국 1550년(명종 5) 사사되었다. 구수담의 본관은 능성綾城, 자는 천로天老이며 1567년(선조 즉위) 신원되었다. 강직한 언론을 추구하여 기묘사화에 화를 당한 사림파들이 신원될 수 있도록 길을 열어 놓은 데는 구수담의 역할이 컸다.

을사사화의 인물14

이기의 모함으로 파직된 성세창

성세창成世昌은 1504년(연산 10)에 일어난 연산군의 생모 윤씨의 폐비 사건에 아버지 성현成俔이 관련되어 유배되자 아들인 그도 함께 영광靈光으로 유배되었다. 중종반정 후 풀려난 성세창은 과거에 급제하여 직제학에 올랐으나 1519년(중종 14) 기묘사화가 일어나자

성세창 묘비

벼슬을 버리고 은퇴하였다. 그는 3년 뒤 다시 등용되어 여러 벼슬을 거쳤으며 명나라에 다녀와 대사헌, 부제학으로 있으면서 김안로를 탄핵하다 평해平海에 유배되었다.

그는 김안로가 처벌되자 풀려나와 형조판서, 홍문관제학을 겸하였으나 이기의 모함으로 파직되어 관직을 박탈당하고 장연으로 유배되었다가 그곳에서 죽었다.

1481년(성종 12) 창녕昌寧에서 태어나 1548년(명종 3) 하세한 성세창의 자는 번중蕃仲, 호는 돈재遯齋, 시호는 문장文莊이다. 선조 때 관직이 회복되었다.

문재공 허백당 성현 묘비.
성염조의 셋째 아들이자 성세창의 아버지이며
『용재총화』의 저자이다.

국방 강화에 힘쓰다 임지에서 죽은 이윤경

이윤경李潤慶은 1504년(연산 10)의 갑자사화에 아버지 수찬 이수정李守貞이 화를 입자 온 가족과 함께 유배되었다가 1506년 중종반정으로 풀려났다.

그는 1498년(연산 4) 태어나 1531년 진사시에 합격하고, 1534년(중종 29) 식년문과에 병과로 급제하여 예문관검열, 홍문관의 부수찬·수찬·부교리·교리를 역임하고, 사간원과 사헌부로 옮겨 정언, 사간, 지평을 지냈다. 그는 1543년(중종 38)에는 의주 부윤이 되어 변방의 일을 훌륭히 처리하였다.

이윤경은 1545년(인종 1) 대사간이 되어 현량과를 다시 실시할 것을 간언하였으며 동부승지가 되어서는 외척 윤임과 그 일파인 대

이윤경 묘소

이수정과 배위 평산 신씨 묘소

윤을 제거하는데 앞장섰다. 이로써 그는 3등 공신에 책록되고 광산
군廣山君에 봉해졌다.

이어 성균관 대사성에 오른 이윤경은 이기를 논박하다가 성주 목
사로 쫓겨났으며, 이때 그의 아들 이중열이 대윤들의 모함에 몰려
사사되자 1550년(명종 5) 이윤경의 공훈과 관직도 삭탈되었다. 이
윤경은 1553년 서용되어 승지를 지내고, 1555년(명종 10) 을묘왜변
이 일어나자 전주 부윤으로서 영암성에서 왜구의 침입을 방어하고,
그 공으로 전라도 관찰사가 되었다. 그는 이어 경기도 관찰사, 함경
도 관찰사, 도승지를 거쳐 1560년 병조판서를 지내고 평안도 관찰
사로 부임해 국방을 강화하다가 1562년(명종 17) 임지에서 죽었다.

이윤경의 본관은 광주廣州, 자는 중길重吉, 호는 숭덕재崇德齋,
시호는 정헌正獻으로 묘소는 경기도 양평군 양서면 부용리芙蓉里에
있다. 그의 어머니는 상서원판관 신승연申承演의 딸이며, 동생은 이
준경, 할아버지는 판중추부사 이세좌李世佐, 증조부는 이극감李克
堪이다.

임금의 신임에 올바른 보답을 한 이준경

이준경李浚慶은 이수정의 아들로 역시 갑자사화에 가족이 모두 유배를 가야 했다. 그는 1499년(연산 5)에 태어났으니 유배 당시 고작 6살에 불과했다.

그는 어려서부터 학업에 매우 열심이었으며 어려서는 황효헌黃孝獻을 스승으로 모시고, 자라서는 종형 이연경李延慶에게서 성리학을 배웠다. 1531년(중종 26) 문과에 급제한 이준경은 김안로 등 당시의 권신들에게 화를 입었으나 그들이 처형된 뒤 다시 기용되었으며 명종 때에는 이기, 임백령 등의 미움을 받아 외직의 황해도 관찰사를 지내야 했다.

그는 1548년(명종 3)에는 병조판서에 올랐으나, 고난은 끊이지

이준경 묘소

않아 1550년 이기의 모함으로 보은報恩에 귀양을 가야 했으며 이기가 대신을 그만둔 후에야 풀려났다.

1553년 해구海寇가 호남 지방에 침입하자 이준경은 도순찰사가 되어 이들을 격퇴하고 우찬성에 올랐으며 1558년에는 우의정, 1565년에는 영의정이 되었다.

이준경은 명종의 신임이 매우 두터웠는데, 명종은 1567년 임종에 이르자 밤중에 이준경을 참상에 불러 눈물을 흘릴 정도였다.

이준경은 1568년(선조 1) 퇴관하여 궤장을 받은 후 선조에게 조광조가 억울하게 참살당한 사실을 고하여 신원되도록 하고, 정몽주鄭夢周의 후손을 기용하도록 하였으며 간흉 이기와 정언각의 관작이 추탈되도록 하였다. 그는 또한 재해가 발생했을 경우 세공稅貢을 덜어 백성들의 부담이 줄어들도록 하고, 송사 문제가 공정히 다스려질 수 있도록 할 것과 정공도감正供都監을 두어 대납代納의 폐해가 없도록 해 줄 것 등을 부탁하여 모두 실시되었다.

1572년(선조 5) 세상을 떠난 이준경의 자는 원길原吉, 호는 동고東皐, 시호는 충정忠正이며 본관은 광주廣州이다.

을사사화에 참여한 것을 후회한 민제인

민제인閔齊仁은 1493년(성종 24) 전적 민구손閔龜孫과 김효진金

效震의 딸 사이에서 태어났다. 그는 1513년(중종 8) 진사시에 합격하고, 1520년(중종 15) 별시 문과에 병과로 급제해 이듬해 승정 원 주서가 되었다.

그러나 민제인은 김안로의 탄핵을 받아 잠시 물러났다가, 김안로가 권력 남용으로 탄핵당한 1525년 춘추관 기사관으로 다시 등용되어 역사를 기록하였다. 그는 1528년(중종 23) 정언을 거쳐 1531년에는 이조정랑과 성균관사성이 되었는데 이때 문신 제술시製述試에서 수석을 차지하였으며 1536년에는 호조참의, 부제학, 대사간, 동부승지를 지내고 1541년(중종 36) 평안도 관찰사로 나갔다가 돌아와 대사헌, 형조참판을 역임하였다.

민제인은 중종이 죽자 고부청시청승습사告訃請諡請承襲使로 명나라에 다녀왔으며, 인종 즉위 후 대사헌을 다시 지낸 뒤 명종이 즉위하자 호조판서가 되어 윤원형을 도와 윤임 등 대윤 제거에 앞장섰다. 그는 이 공으로 추성위사홍제보익공신推誠衛社弘齊保翼功臣

민제인 묘소

2등에 책록되고 여원군驪原君에 봉해졌다.

이어서 병조판서, 이조판서를 역임한 그는 우찬성을 거쳐 1547년 (명종 2) 좌찬성에 올라 진휼사를 겸임하며 민심 안정을 위해 노력하였다.

을사사화에 참여해 억울한 선비들의 처형에 동조한 것을 후회하던 민제인은, 1548년 어린 명종을 대신해 수렴청정을 하던 문정 왕후와 그 동생 윤원형이 을사사화를 은폐시키기 위해 안명세가 을사사화에 관해 기록한『시정기』의 내용을 고치려 하자 그 불가함을 역설하다가 미움을 받고 파직되었다. 이어 다시 대사간 진복창 등의 탄핵으로 민제인의 녹훈은 삭제되고 공주로 귀양을 갔다가 1549년 (명종 4) 적소에서 죽었다.

그는 문장과 역사에 능통했으며 저술로『입암집』6권을 남겼다. 민제인의 본관은 여흥驪興, 자는 희중希仲, 호는 입암立巖이며 묘소와 신도비는 남양주시 일패동에 있다. 그의 할아버지는 사간 민수閔粹이다.

을사사화의 인물18

윤원형의 대윤 배척을 반대한 권벌

권벌權橃은 1478년(성종 9) 권사빈權士彬의 아들로 태어나 1507년(중종 2) 문과에 급제하여 관직으로 들어섰다. 그는 중종 대에 조광조를 비롯한 사림들이 왕도 정치를 극렬히 주장하자, 기호 지역 사림파로서 훈구파와 사림파 사이를 조정하려고 하였다.

그러나 그가 예조참판으로 있던 1519년 기묘사화가 일어나자 권벌은 사림파로 지목되어 파직당하고 고향인 경상도 봉화에서 10여 년의 세월을 보내야 했다.

권벌은 1533년(중종 28) 복직되어 지중추부사로 종계변무를 위해 연경에 사절로 다녀왔으며 뒤에 예조판서와 지의금부사를 겸임하였다.

명종 초에 윤원형이 윤임과 대윤들을 배척하려하자 권벌은 반대하였으며, 1547년 양재역 벽서 사건이 발생하자 소윤들에 의해 관련자로 몰려 삭주朔州에 유배되어 1548년(명종 3) 죽었다.

선조 때에 좌의정으로 추증된 권벌의 자는 중허仲虛, 호는 충재齋, 시호는 충정忠定이며 본관은 안동安東이다.

권벌 사당

안동 권씨 혈맥

안동 권씨의 시조는 권행權幸이며, 15세손은 문종의 국구國舅(임금의 장인) 권전權專, 권전의 아들은 사육신死六臣이 죽임을 당할 때 같이 화를 입었던 예조판서 권자신權自慎이다.

그리고 20세손이 을사사화의 여파로 화를 입은 권벌이며 권벌의 동생은 중종 때 현량과에 선발된 신진 선비 권색權檣으로 그는 홍문관박사, 목사 등을 지냈다. 권색도 을사사화에 화를 입자 울분을 달래지 못하고 술을 과하게 마시다가 죽고 말았다.

간신들과 대립하다 혹독한 고문을 받은 정희등

정희등鄭希登은 난세에 살면서 간신들에게 직접적으로 반대 의견을 말하니, 그들은 정희등을 적으로 삼고 혹독하게 핍박하였으나 그는 끝까지 굴하지 않았다.

정언으로 있던 정희등이 상처하자 평소 그의 인물됨을 높이 평가하던 김안로는 정희등을 사위로 삼고자 하였으나 그런 김안로에게 정희등이 말하였다.

"내 평생 홀아비로 살지 그 추문醜門에 들진 않겠소."

이 거절로 정희등은 김안로의 원한을 사게 되었고 이어 구수담이 간신 진복창을 추천하자

"이놈은 간사한 자의 괴수로다."

라고 직언을 하며 진복창이 앉았던 자리를 거두어 태우기까지 하였다. 또한 정희등은 간신 이기를 탄핵하는 상소문을 올린 뒤 이기가 속한 소윤에게 정정당당하게 그 사실을 고하였으며, 소윤의 거두 윤원형이 정희등을 자신의 일파로 삼아 함께 일을 하고자 편지를 보내니 편지는 뜯어보지도 않은 채

〈내 죽을지언정 언평彦平(윤원형의 호)과 같이 일할 수는 없습니다.〉

라는 전갈을 보내었다. 그랬기에 양심적인 선비들은 정희등을 존경하였다.

정희등은 1506년(중종 1) 종부시첨정 정구鄭球의 아들로 태어나 1528년(중종 23) 진사가 되고, 1534년 식년문과에 을과로 급제해 승문원 부정자에 보직되었다. 이어 정언으로 있던 정희등은 자신과의 혼담을 거절한 일로 감정을 갖게 된 김안로가 모함을 함으로써

정구의 4선생 비각

함경도 도사, 광흥창 수守, 사복시 첨정 등의 한직을 전전해야 했다.

그는 1537년(중종 32) 김안로가 제거당한 뒤 수찬, 정언, 교리, 헌납 등의 요직에 중용되기 시작해, 1541년(중종 36)에는 지평으로서 흉년이 든 그해의 사정과 수령의 폐해를 조사하기 위해 별견어사別遣御史(암행어사)로 파견되었으며 1544년(중종 39)에는 세자시강원 우필선과 장령을 지냈다.

이듬해 인종이 죽고 명종이 즉위하자 권세를 잡게 된 소윤의 윤원형, 이기, 정순붕 등이 을사사화를 일으켜 대윤의 윤임, 유관, 유인숙 등을 제거하려 하자 정희등은 이를 강력하게 반대하다가 혹독한 고문을 당하고 용천龍川으로 유배 가기 전날 죽었다.

가족들은 염습할 비용마저도 없어 정희등의 시신 옆에서 울고 있었는데 한밤중에 이름을 밝히지 않은 한양의 선비들이 무명 3백여 자를 거두어 와 염습을 하고는

"우리가 누구인지는 묻지 말아주십시오."

하면서 돌아갔으며 영남에서도 부음을 듣고 1백여 명의 선비가 올라와 이름은 밝히지 않은 채 부조만을 하고 돌아갔다.

정희등 집안의 불행은 끝나지 않아 그로부터 2년 뒤인 1547년(명종 2)의 정미사화에는 죄가 추가되어 가산을 적몰당하였다. 정희등은 1568년(선조 1) 신원되어 이조판서로 추증된 뒤 가산을 환급받았다. 그의 본관은 동래東萊, 자는 원룡元龍, 시호는 의민毅愍이며 승지 정원鄭源의 조카이다.

동래 정씨 집안의 인물들로 먼저 공신으로서 영의정을 지낸 정창

손鄭昌孫을 들 수 있겠다. 세조는 정창손을 무척 신임하여

"내가 경을 공경하기를 숙부와 다름없이 생각하고 있소."

라는 말을 하였고 정창손이 술을 권하면 반드시 어좌에서 내려와 받으며 그 공경심을 표하였다. 정창손의 형은 정갑손鄭甲孫이며 정창손의 아들은 연산군조의 상신으로 좌의정을 지낸 정괄鄭佸이다.

정희등의 아버지 정구는 기묘사화 뒤 간신들이 조정을 장악하자 그들을 멀리하고자, 다리의 연골이 붙어 일어설 수 없다 하여 출사를 완강히 거부하고 거짓으로 앉은뱅이 생활을 하였다. 18년간 가족들에게까지 사실을 말하지 않던 정구는 아들 정희등이 혼례를 치르게 되자 그때에야 일어나 가족들에게 걷는 모습을 보여 주었다.

을사사화의 인물 20

국난 극복을 위해 노력한 윤근수

윤근수尹根壽는 김덕수金德秀와 이황의 문인으로 1558년(명종 13) 별시 문과에 병과로 급제해 승문원, 승정원 주서, 춘추관 기사관, 연천 군수 등을 거쳤다. 1562년(명종 17) 홍문관부수찬에 오른 그는 기묘사화로 화를 당한 조광조의 신원을 청하였다가 과천 현감으로 체직되었으며 이듬해에는 이감의 탄핵을 받아 파직당하였다.

윤근수는 1565년(명종 20) 관직에 복귀하여 부교리, 이조좌랑, 정랑을 지내고 이듬해 의정부 사인, 검상, 장령, 집의, 사예, 부응교

등을 지냈다. 그는 1572년(선조 5) 동부승지를 거쳐 대사성이 된 이듬해 주청부사로 명나라에 가서 종계변무를 하였으며 그 뒤 경상도 감사, 부제학, 개경 유수, 공조참판 등을 거쳐 1589년(선조 22) 성절사로 명나라에 다녀왔다. 그는 1590년에는 잘못 기록된 이성계의 세계 수정을 해결한 공으로 광국공신 1등에 해평부원군海平府院君으로 봉해졌다.

윤근수는 1591년 우찬성으로 있던 중 건저建儲문제에 연루되어 관직이 삭탈되었으나, 임진왜란으로 예조판서로 다시 기용되었고, 이후 여러 차례 명나라에 다녀오며 국난 극복을 위해 노력하였다. 건저문제란 왕세자 책봉 문제로 인해 동인東人과 서인西人 사이에 일어난 분쟁을 말하는 것으로 선조는 정비에게서는 아들을 낳지 못하고 후궁들에게 낳은 아들들이 많았기에 왕세자를 누구로 책봉할 것인지로 대신들 사이에 알력이 심하였다. 정철은 이후 왕세자 책립에 따른 문제를 미연에 방지하기 위해 동인과 상의하여 선조에게 말하기로 하였으나, 동인 이산해李山海는 선조가 특히 사랑했던 후궁 인빈仁嬪 김씨의 오빠 김공량金公諒과 결탁해 버렸다. 그리하여 정철이 왕세자 책봉을 청하면서 인빈 김씨의 아들 신성군信城君 이후 李珝를 죽이려 한다고 모함하였고 이

이산해 초상

윤근수 사당 월정사

일로 서인들은 관직을 삭탈당하거나 외직으로 나가야 했다. 윤근수
는 서인이었기 때문에 함께 화를 입었다.

이후 복귀한 윤근수는 판중추부사를 거쳐 좌찬성으로 판의금부
사를 겸하였으며 1604년(선조 37)에는 호성공신 2등에 봉해졌다.
그는 1606년 선조가 서거하자 임금의 묘호를 조祖로 할 것을 주장
해 실현시키기도 했다.

윤근수는 1537년(중종 32) 군자감정 윤변尹忭과 부사지 현윤명玄
允明의 딸 사이에서 태어났으며 그의 형은 영의정 윤두수, 할아버지
는 사용 윤희림尹希林이고, 증조부는 윤계정尹繼丁이다. 1616년(광
해 8) 사망한 윤근수의 본관은 해평海平, 자는 자고子固, 호는 월정
月汀, 시호는 문정文貞이며, 경기도 양주군 회천읍 옥정리에 그의
호를 딴 월정사月汀祠에서 배향하고 있다. 그의 저서로 『사서토석四
書吐釋』 등이 있다.

문약에 저항한 문인 임형수

1514년(중종 9) 북병사 임준林畯의 아들로 태어난 임형수林亨秀는 어려서부터 영특하여 글을 잘했을 뿐 아니라 호걸스러운 성품으로 활쏘기나 말 타는 것도 뛰어났기에 선비로서 장차 나라를 다스릴 큰 인물이 될 것이라는 촉망을 받았다. 임형수는 글에 뛰어난 선비였음에도 선비들이 글에만 파묻혀 무武를 우습게 여기는 풍토를 천시하였다.

그의 아버지 임준은 조정에서

"간신 윤원형을 죽여야 합니다."

라는 말을 크게 하여 고향인 나주에서 사사당하였는데 임준은 죽기 전, 열 살도 채 되지 않은 아들 임형수를 불러 유언하기를

"글을 배우지 말거라."

하였다. 조정이 사욕으로 물들어 올바른 말을 하는 선비들이 살아날 수 없는 현실에 대한 저항의 표현이었을 것이다. 아버지의 임준은 눈물을 흘리며 돌아가던 임형수를 다시 불러 세우고

"아니다. 글을 배우지 않으면 무식한 사람이 될 터이니 글은 배우되 과거는 보지 말거라."

하였다. 임형수는 1531년(중종 26) 18세에 초시에 합격하고 22세이던 1535년 대과에 급제하여 사관으로 벼슬길에 올랐다.

그는 그 뒤 주서, 기사관 등을 지낸 뒤 인종이 왕세자로 있을 때

시강원 설서로 뽑혔으며, 이후 홍문관수찬을 지낸 다음 실력 있던 문관을 선별해 공부할 수 있도록 하던 호당湖堂에 선정되어 이황 등과 같이 학문을 닦았다. 이황은 임형수의 인품을 매우 존경하였고, 그것은 임형수 역시 마찬가지였다. 임형수는 신잠申潛이 그린 대나무 그림에 시를 쓰면서 대의 절개를 높이 찬양한 끝에 말하기를

"시인을 골라보면 누가 이와 비슷할고. 맑고 수척한 모습, 퇴계와 같이 보자."

하였다. 이렇듯 나라의 배려로 학문에만 전념하던 임형수는 병조좌랑으로 승진하면서 명나라 사신을 맞이하던 원접사가 되어 양곡陽谷 소세양蘇世讓의 종사관으로 일하였다.

이어 임형수가 회령 판관에 임명되자 그때까지 변방은 무관 출신이 다스린 전례에 비추어 사간원에서는 이를 만류하고자 왕에게 주청하였다. 그러나 중종은

"이 사람은 문무文武의 재주가 겸전하여 장차 크게 쓸 사람이라 변방에 보내어 시험해 보려고 한다."

하며 그대로 임형수의 임무를 추진하였다. 그만큼 실력에 있어 중종의 신임을 받았던 임형수는 회령 판관으로 있으면서 때로 며칠분의 식사를 한꺼번에 하거나 또 며칠씩 굶기도 하면서 말하기를

"무장武將이 된 자라면 평소부터 이러한 습성을 길러야 한다."

고 말하였다. 이 소문은 오랑캐들에게도 전해져 임형수를 무척 두려워했다고 한다. 임형수는 이처럼 호방하고 구김살이 없는 성격에 문무의 실력을 겸비한데다가, 전심전력을 다해서 묵은 폐단을 뿌리

뽑고자 노력하며 백성을 가족과 같이 돌보니 오랑캐 무리도 그의 높은 덕에 감화되어 귀화해 오는 자가 많았으며 그를 "대야大爺(큰아버지)"라 부르며 따랐다.

임형수는 1592년(중종 37) 임기가 끝나 조정으로 돌아온 뒤 이조좌랑, 홍문관교리, 이조정랑, 사간원사간, 홍문관응교, 전한 등을 두루 지냈다.

그는 1545년(인종 1) 부제학으로 있던 중, 전에 사간원 사간으로 있으면서 당시 관료들의 부정과 비리를 파헤쳐 관의 기강을 바로잡았는데, 이 올바른 정치는 반대로 윤원형 등의 비위를 건드리게 되어 제주 목사의 외직으로 밀려났다가 1년 후에는 파직되어 고향으로 돌아가야 했다.

1547년(명종 2) 9월 양재역 벽서 사건으로 조정을 비난하는 글을 발견한 부제학 정언각 등은 같은 소윤 일파에게 고하였고 이기, 정명순 등은 이는 을사사화의 관련자가 남아 있는 증거라 하여 임형수 등을 그 일파로 지목하고 먼 섬으로 귀양 보냈다가 사약을 내렸다.

이 정미사화로 죽음에 이른 임형수는 부모에게 고별인사를 올린 다음 자식들에게 말하였다.

"나는 나쁜 일을 하지 않았다. 그러나 끝내 이렇게 되었으니 너희들은 과거를 보지 말아라."

그의 아버지가 임형수처럼 억울하게 무고당해 사약을 받기 전 한 유언과 같았다. 그럼에도 임형수는

"목숨이 경각에 있다는 말이 바로 이 순간의 광경이로구나."

하고 빙긋이 웃으며 약사발을 들었다. 임형수는 독주를 열여섯 사발이나 마셨음에도 까닥하지 않아 다시 두 사발을 더 마셨고 그럼에도 목숨이 끊어지지 않자 하는 수 없이 달려들어 그를 목 졸라 죽여야 했다.

1547년(명종 2) 9월 15일 임형수가 34세의 나이로 사사되자 이 소문은 중국에까지 퍼져나갔다. 소식이 널리 퍼지기 힘들었던 당대의 상황에도 불구하고, 임형수의 아까운 인물됨 때문인지 그의 죽음에 관한 소문은 조선 백성들은 물론 타국에까지 퍼져 나가 사신들은 그를 죽인 조선 조정을 원망하였다.

임형수는 굳건한 기상과 절개를 숭상하여 작은 일에 얽매이지 않았으며 학식 또한 심오하여 학문을 논할 때도 막힘없이 유창하였고 해학도 풍부하였다. 그릇됨을 미워하고 간사함을 물리치는데 추호의 망설임도 없었으므로 그로 인해 끝내 화를 당한 것이다.

선조 즉위 뒤 다행히 임형수의 억울하게 죽은 한은 풀려, 이조참판에 추증되었다. 그의 본관은 평택平澤이며, 유고로는『금호집錦湖集』1권이 있다. 전라도 임곡林谷에 있는 등림사登臨祠와 나주 송제사松齊詞에 배향되어 있다.

평택 임씨 혈맥

평택平澤 임林씨의 선조는 신라 시대 배를 타고 경기도 팽성彭城으로 귀화한 당나라 8현賢가운데 한 사람인 상서 임팔급林八及이며 그 후손 삼중대광 임언수林彦脩를 평택 임씨의 시조로 삼았다.

시조 임원수의 아들은 네 명으로 삼사우사 임성미林成味, 시중 임견미林堅味, 판개성윤判開城尹 임제미林齊味, 태학생 임선미林先味이다.

임선미의 6대손은 임형수林亨秀이며 임형수의 동생은 좌랑 임길수林吉秀, 임형수의 조카는 율곡 이이가 칭찬한 교리 임식林植, 임식의 동생은 이괄의 난에 한강변에서 전공을 세우고 이괄에게 잡혀 처참한 죽음을 당한 목사 임회林澮이다.

임회는 경안역慶安驛 근처에서 적을 만나 일전을 벌였는데 오합지졸인 임회의 군사들이 모두 도망치고 잡히게 되자 그는 이괄에게

"나라의 녹을 먹고 높은 벼슬을 하면서 무슨 원한이 있어 반란을 일으켰느냐."

호통을 쳤고, 이에 이괄은 임회의 몸이 성한 곳이 없을 정도로 칼질을 하였다. 그러나 그럼에도 임회가 계속 이괄을 매도하자 끝내 그의 혀를 잘라 죽였다.

임식의 아들은 평난공신平難功 임득의林得義, 임득의 아들은 부제학 임부林㟊이다.

평택 임씨의 시조인 임언수

평택 임씨 임경업 초상

의 증손이자 판윤 임제미의 손자인 연희궁 부사 임세춘林世春이 평성平城 임씨로 분적하였다. 임제미의 6세손은 대사간 임수겸林守謙, 임수겸의 9세손은 한림 임덕제林德躋이다. 시조 임세춘의 증손인 예의 판서 임정林整은 청백리에 올랐으며, 임정의 6세손은 명장 임경업林慶業이다.

간신 윤원형의 사위 자리를 뿌리친 박계현

박계현朴啓賢은 세도가 윤원형이 그를 사위 삼고자 청하였으나 면전에서 거절하고, 그 뒤 외임 벼슬만 해야 했다. 그는 외직을 떠돌기 전 이조에 있으면서, 사람을 천거할 경우에도 유능하지 않으면 모두 거절하며 공정한 정치를 위해 뜻을 굽히지 않았다.

박계현은 1524년(중종 19) 박중원朴仲元의 아들로 태어나 1552년(명종 7) 정시에 장원급제하였으며 성균관직강, 승문원 참교를 거쳐 1559년(명종 14) 장단 부사에 재임하면서 치적이 많아 가선대부로 승

박계현 묘비

진하였다.

그는 윤원형에 의해 변방으로 밀려났다가 1563년(명종 18) 대사간이 되어 조정으로 돌아왔으며 성균관대사성에 이어 예조, 형조, 병조의 참의를 두루 역임하였다. 그는 1565년 도승지가 되었다가 시약청 제조, 한성부좌윤을 거쳐 대사헌이 되었으며 그해 겨울에 하성절사로 명나라에 다녀와 경기도 관찰사가 되었다.

박계현은 1567년(명종 22) 경상도 관찰사로 있으면서 양재역 벽서 사건으로 파직당한 권벌, 이언적 등의 신원을 계청하였으며 이듬해 호조참판, 1573년(선조 6) 예조참판, 1575년 호남 관찰사를 지내고 1577년에는 지중추부사와 호조판서 등을 역임하였다. 당시 동인과 서인의 당쟁이 심해지자 박계현은 이를 걱정하여 제지하려 하였으나 실패했다.

그는 병조판서로 있던 1580년(선조 13) 세상을 떠났으며 본관은 밀양密陽, 자는 군옥君沃, 호는 관원灌園, 시호는 문장文莊이다.

권세를 누림을 자책하며 자결한 박승종

박승종朴承宗은 박계현의 손자로 1562년(명종 17) 태어났다. 그는 1585년(선조 18) 진사가 되고 이듬해 별시 문과에 병과로 급제하여 1589년 봉교, 이어 지제교와 병조정랑을 역임하고 1600년(선조 33) 동지사로 명나라에 다녀왔다. 그는 1604년에는 부제학, 1607년(선조 40) 병조판서, 1610년(광해 2) 형조판서를 거쳐 판의금부사가

되었다. 1612년 박승종의 사돈 이이첨李爾瞻의 사주로 윤인尹訒,
이인경李寅卿 일당이 경운궁에 난입해 인목仁穆 대비를 죽이려 하
자 생명의 위협을 돌보지 않고 방비하였으며, 정청庭請하는 날까지
불참하며 인목 대비의 목숨을 지켰다. 1608년 광해군이 즉위하자
소북小北 일파는 광해군 대신 영창永昌 대군을 왕으로 추대하려다
몰락하였다. 이에 반대파인 대북大北 일파가 영창 대군의 어머니인
인목 대비를 죽이고자 한 것으로 박승종은 1617년 인목 대비의 폐
모론廢母論이 제기되었을 때에도 반대하였다.

그는 1618년(광해 10) 우의정으로 도체찰사를 겸한 뒤 좌의정을
거쳐 영의정에 올라 밀양密陽 부원군에 봉해졌다.

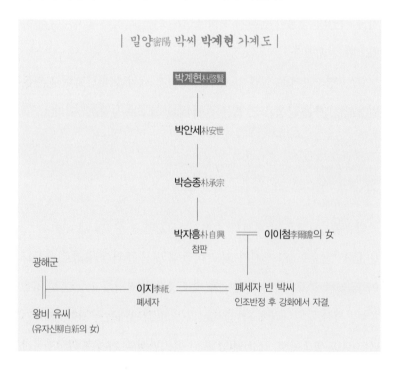

| 밀양密陽 박씨 **박계현** 가계도 |

박계현朴啓賢

박안세朴安世

박승종朴承宗

박자흥朴自興 ━━━ 이이첨李爾瞻의 女
참판

광해군   이지李祗 ━━━ 폐세자 빈 박씨
                              폐세자   인조반정 후 강화에서 자결.
왕비 유씨
(유자신柳自新의 女)

박승종은 영의정에 오르자 항상 차고 다니는 주머니 속에 오리의 알만큼 큰 비상을 넣어두고 말하기를

"불행한 시대를 만나 조석으로 죽기를 기다리는데 어찌 이 물건이 없어서 되겠는가."

하였다. 그는 또한 광해군의 비리에 무력한 자신을 견디지 못하고 방안에 홀로 있게 되면 흐느껴 울기를 빈번히 하였다. 박계현은 늘 나랏일을 걱정하며 폭음을 하고 말하기를

"내가 술을 즐겨함이 아니고 속히 죽기를 원하여 그러는 것이다."

라고 하였으며, 또 시를 짓기를

"한 말로 임금을 깨우칠 수 없고, 만 번 죽어 은혜에 보답하여도 오히려 남음이 있겠네."

라고 하였는데, 이 시는 한때 사람들 사이에서 전송되었다.

박승종의 아들 박자흥朴子興의 딸은 광해군의 세자빈으로서 1623년(인조 1) 광해군을 몰아내려는 인조반정에 박자흥도 참여하고자 군사를 모으기 시작했다. 이 사실을 알게 된 박승종은 군사를 모으려는 아들의 행동을 중지시켰다. 박승종은 광해군의 외척으로서 오랫동안 요직에 앉아 권세를 누리고, 조정의 비리를 억제하지 못한 사실을 자책하며 아들 박자흥과 같이 목매어 자결하였다.

박승종은 인조반정 후 관작이 삭탈되고 가산이 적몰되었다가 뒤에 신원되었다. 박승종의 본관은 밀양密陽, 자는 효백孝伯, 호는 퇴우당退憂堂, 시호는 숙민肅愍이며 아버지는 박안세朴安世이다.

윤원형의 악행을 낱낱이 감긴 사관 박근원

　박근원朴謹元은 수양首陽 대군을 도와 계유정난의 공을 세운 이 조판서 박중손朴仲孫의 후손이다. 박근원은 세도를 부리던 윤원형과의 암투로 일생을 살았는데 그가 사관으로 있으면서 윤원형의 악행을 사초에 그대로 기록하자 동료들은 박근원이 화를 입을 것을 두려워해 지워버렸다. 그러나 박근원은 그 사실을 알고도 재차 썼으며, 끝까지 주위의 뜻에 따르지 않아 눈 밖에 났다.

　박근원의 노년에 이르러 사람들이 그의 청백함을 칭송하자

　"나의 청백은 윤원형이 만들어 준 선물이라."

하며 웃었다 한다. 윤원형은 그에게 평생에 걸쳐 청백하지 않으려야 않을 수 없는 벼슬만 주었기 때문이다. 그러나 박근원의 처신은 뛰어나 대사헌을 여덟 번이나 지냈다.

　그는 1525년(중종 20) 박빈朴蘋의 아들로 태어나 1546년(명종 1) 진사시에 합격해 1552년 식년문과에 병과로 급제해 봉교가 되었으나 1554년 병으로 인하여 사직하였다. 박근원은 이듬해 예조좌랑이 되었다가 1558년 사간원 정언, 시강원 사서를 지낸 다음 해 사헌부지평을 거쳐 홍문관수찬이 되

박중손 묘소에 세워진 장명등. 문화재.

었다. 그는 1560년(명종 15) 홍문관부교리, 홍문관교리, 이조좌랑을 거쳐 홍문관부응교가 되었으나 이듬해 임백령의 시호 사건에 연루되어 파출되었다.

을사사화에 공을 세운 임백령이 1546년에 죽자 이를 슬퍼한 윤원형은 시호를 내리도록 명종을 종용하였다. 그런데 아무도 그의 시호를 지으려 하지 않다가 임백령이 박상의 제자라는 인연을 생각한 박순은 임백령에게 소공昭恭이라는 시호를 지어 올렸다. 윤원형은 명종을 보위에 오르게 한 일등공신에게 충忠이나 문文의 시호를 올리지 않았다는데 격분하여 박순은 관직을 삭탈당해 귀향하였으며, 박근원도 관련자로 지목한 것이다.

박근원은 1562년 다시 관직에 나와 의정부의 검상과 사인을 거쳐 사헌부장령이 되었으며 이듬해 홍문관부제학 윤의중尹毅中과 함께 나라에 변재가 계속해 생기는 데 대한 대책을 상소하였다. 그는 이어 집의, 동부승지, 우부승지를 거쳐 1564년(명종 19) 호조참의, 승정원 좌승지가 되었으며, 1566년 홍문관부제학을 거쳐 이듬해 대사간, 병조참지를 지냈다. 1569년(선조 2)에 천추사로 명나라에 다녀온 박근원은 1572년(선조 5) 도승지를 거쳐 대사헌을 지내고 예조참판, 대사헌을 지낸 이듬해 이조참판이 되었다. 그는 1576년(선조 9) 경기 감사를 지내고 1583년(선조 16) 다시 도승지가 되었다.

동서분당東西分黨으로 인한 논쟁이 한창 심해지던 1585년(선조 18) 동인의 중심인물이던 박근원은 송응개宋應漑, 허봉許篈 등과 함께 병조판서 이이를 탄핵하다가 강계로 유배되었다. 그해 영의정

노수신의 상소로 풀려났으나 같은 해 세상을 떠났다. 그의 본관은
밀양密陽, 자는 일초一初, 호는 망일재望日齋이다. 박근원의 증조부
는 참판 광영朴光榮이다.

난세에 곧은길을 걸은 백인걸

백인걸白仁傑은 조광조의 제자로 1519년(중종 14)에 일어난 기묘
사화에 스승과 동지를 잃자 금강산에 입산해 한동안 머물렀다. 후
일 돌아와 사마시에 들었으나 그는 조광조의 제자라는 이유로 배척
을 받아 성균관에 오래 있다가 나중에야 검열, 예조좌랑을 거쳐 호
조정랑에 이르렀다.

백인걸은 1545년(명종 즉위) 윤원형이 을사사화를 일으키자 그
부당함을 논하고 반대해 문정 왕후와
윤원형의 미움을 받고 파면당하였다
가 1548년 양재역 벽서 사건의 주범
으로 지목당해 안변에 유배되었다.
그 후 특사되었으나 그는 20여 년을
고향에서 학문을 닦으며 조용히 지내
다가 윤원형이 죽은 뒤 복직하였다.
백인걸은 선조가 즉위하자 조정의

백인걸 영정

신망을 받고 홍문관교리, 승지에 이어 이조참판, 대사간을 거쳐 대사헌이 되고 동지중추부사로서 공조참판에 경연, 의금부사를 겸임하였다. 이후 대사헌에 임명된 백인걸은 조정 권신들의 죄를 논핵하다가 사임하였다. 백인걸은 청빈하여 벼슬에서 떠나자 조석을 해결하지 못할 정도로 생활이 힘들었고, 이 사실을 알게 된 감사 윤근수는 상소하여 그가 쌀을 하사받도록 해 주었다.

백인걸의 집은 공교롭게도 영의정 민기閔箕의 집과 대문을 마주하고 있었다. 민기는 겉으로 대학자인 양 행세했으나 실상은 재물을 탐하고 여색을 좋아하는 자로서, 대조적이게도 민기의 집에는 수시로 장물이 들어왔으나 백인걸의 집에는 아무도 드나들지 않아 잡초가 우거졌다고 한다.

관직을 떠나있던 백인걸은 이후 조광조를 문묘에 모실 것을 건의하고 뒤에 참찬으로 다시 등용되어 동서 당쟁의 폐해를 논하고, 국경의 군비 강화를 강조하였다.

1497년(연산 3) 태어나 1579년(선조 12) 세상을 떠난 백인걸의 본관은 수원水原, 자는 사위士偉, 호는 휴암休庵, 시호는 충숙忠肅이다.

의적을 자청하며 전국을 뒤흔든 임꺽정

임꺽정林巨正은 조선 중기의 의적義賊으로 일명 거정巨正, 거질

정居叱正이라고도 불렀다. 『조선실록』에는 임꺽정에 대해 평하기를 〈나라에 선정이 없으면 교화가 밝지 못하다. 재상이 멋대로 욕심을 채우고 수령이 백성을 학대하여 살을 깎고 뼈를 발리면 고혈이 다 말라버린다. 수족을 둘 데가 없어도 하소연할 곳이 없다. 굶주림과 추위로 절박해도 아침저녁거리가 없어서 잠시라도 목숨을 잇고자 해서 도둑이 되었다. 그들이 도둑이 된 것은 왕정의 잘못이지 그들의 죄가 아니다.〉

하였다. 그처럼 백성을 위하는 정치를 펴지 않는 시대였기에, 임꺽정은 죽은 뒤 백성들 사이에서 의적으로 떠받들어졌으며, 또한 무수한 설화를 낳았다. 이익李瀷은 『성호사설星湖僿說』에서 임꺽정을 그 앞 시대의 홍길동洪吉童과 뒷날 장길산張吉山과 함께 조선의 3대 도적으로 손꼽았다. 그들에 대해 일부는 살육을 자행한 포악한 도둑으로 기록하였으며, 일부는 백성을 위해 관곡을 털어 나누어

임꺽정 생가 보존비

주는 의적으로 평하였다. 임꺽정을 소재로 한 소설은 많이 발간되었는데, 일제 강점기에 나온 홍명희의 『임거정林巨正』이 가장 훌륭한 작품으로 인정되며 지금까지도 많이 읽히고 있다.

양주에서 백정의 아들로 태어난 임꺽정은 당시 외척 윤원형, 이양 등이 권력을 쥔 채 제멋대로 횡포를 부

리고, 관리들의 수탈이 횡행하는데다 여러 해 흉년이 계속되자 혼란한 틈을 타 도둑의 괴수가 되었다.

신분에 대한 불만과 현실의 부조리에 대한 원망이 커져 가던 임꺽정은 자신의 날쌤과 용맹스러움을 발휘하여 처음에는 도당 몇 명을 모아 활동하기 시작했다. 그러나 임꺽정의 이름이 황해도를 기점으로 점차 퍼지면서 세상에 대한 불만과 굶주림에 힘들어하던 자들이 그의 수하로 몰려들기 시작했다. 임꺽정은 황해도 구월산 등지를 소굴로 삼고 황대도 일대를 노략질한 것을 시작으로 경기도 일대까지 활동 범위를 넓혀 관아를 습격하고 창고를 털어 백성들에게 나누어주었다.

임꺽정 무리는 관군을 넘어설 정도로 세력이 커져, 관에서 잡으려 하면 미리 정보를 알고 달아나곤 하였으며 조정에서 파견한 선전관을 죽이기도 했다. 1559년(명종 14) 임꺽정 일당이 개성 근방에서 출몰하자 개성부 포도관 이억근이 군인 20여 명을 데리고 그들의 소굴을 습격하였다가 오히려 죽음을 당하는 일이 발생했다. 이에 조정에서는 개성부 유수에게 도둑의 두목을 잡으라는 엄명을 내렸으며 한 달이 지나도록 임꺽정이 잡히지 않자, 명종은 수령들이 도둑 잡기를 게을리하면 엄벌을 가하고 공을 세우면 후한 상을 내리라는 조처를 취하였다.

1560년(명종 15) 8월에 들어서자 임꺽정은 한양에까지 출몰하였고, 관군은 금교역을 통해 한양으로 들어오는 길을 봉쇄하고 연도輦道를 삼엄하게 경비하였다. 그러나 봉산에 소굴을 둔 임꺽정 일당은 평안도 성천成川, 양덕陽德, 맹산孟山과 강원도의 이천 등지에 출몰하며 더욱 극성을 떨었다.

한편 임꺽정의 첩들이 전옥서에 갇히자 그들은 전옥서를 파괴하고 첩들을 구출할 계획을 세우는가 하면 도당을 여러 차례 잡은 봉산 군수 이흠례를 죽이고자 기도하기도 했다. 또한 그들은 평산 마산리에서 평산부와 봉산군의 군사 5백여 명과 접전하여 부장 연천령을 죽이고 말까지 빼앗아 달아났다.

임꺽정의 위세가 걷잡을 수 없이 확대되자 명종은 황해도, 평안도, 함경도, 강원도, 경기도 등 각 도에 대장 한 명씩을 정해 책임지고 도둑을 잡도록 명하였다.

이 무렵 서흥 부사 신상보辛商輔가 도적 무리의 처자 몇 명을 잡아 서흥 감옥에 가두자 대낮임에도 불구하고 임꺽정 일당이 들이닥쳐 옥사를 부수고 그들을 구출해 간 사건도 있었다.

각 도의 군졸들이 도둑을 잡으려 내왕하는 동안 민심은 더욱 흉흉해졌고, 무고한 사람들이 잡혀가 죽임을 당하기도 했으며 또 관군의 물자를 조달해야 하는 괴로움에 백성들의 원성은 들끓었다. 조정에서는 개성과 평양의 성내를 샅샅이 뒤지게 하고, 한양에서는 동대문과 남대문 등에 수문장의 수를 늘리고 날짜를 정해 새벽부터 일시에 수색하였으며, 백성들 중 조금이라도 수상쩍은 자가 있으면 감옥에 넣었다. 거기에 더해 장을 서지 못하게 하거나 모든 관청 업무를 중단하기도 하였으니, 일상생활을 제대로 하지 못하는 백성들의 피로함과 불안감이란 이루 말할 수가 없었다.

조정에서는 군역을 피하는 자들이 도둑으로 돌아서는 일을 막기 위해 수색을 금하게 하였으며 황해도에는 전세田稅 전부를, 평안도에는 전세 절반을 탕감해 주었다.

이렇게 임꺽정을 잡기 위해 전력을 다한 끝에 임꺽정은 활동 3년 만인 1562년(명종 17) 정월 구월산에서 토포사 남치근에게 붙잡혀 죽음을 당하였다.

을사사화의 인물 26

윤원형의 최측근으로 간신의 선두에 선 이기

이기李芑는 1476년(성종 7) 사간 이의무李宜茂의 아들로 태어나 1501년(연산 7) 식년문과에 장원급제하였으나 그의 장인 김진이 장물죄를 범한 관리라는 이유 때문에 좋은 벼슬을 얻지 못하고 종사관, 종성鍾城 부사, 경원 부사, 의주 목사로 전전해야 했다. 그는 그 뒤에도 여러 차례 승진하였지만, 삼사를 비롯한 청요의 직책이나 6경 등 사헌부와 사간원의 동의를 필요로 하는 지위에는 나가지 못하였다.

이기는 1522년(중종 17)에는 공조참의를 지내고 이어서 함경도 병마절도사, 동지중추부사를 역임하였으며, 1527년 한성부 우윤이 되어 성절사로 명나라에 다녀왔으며 그 뒤 경상도 관찰사, 평안도 관찰사를 거치면서 민정과 국방에 이바지하였다. 그는 1533년에는 공조참판에 오르고 이어서 예조참판, 한성부판윤을 역임한 뒤 1539년(중종 34) 진하사로 다시 명나라에 다녀왔다.

그 동안의 공로를 인정한 중종은 이기를 병조판서에 임명하려 하였으나, 이조판서 유관은 다시 이기가 비리를 저지른 김진의 사위라는 이유를 들며 반대하였다. 그렇지만 중종의 신임과 이언적의 주장으로 이기는 형조판서에 오른데 이어 병조판서로 발탁되었으며 1543년(중종 38) 의정부 우찬성, 좌찬성, 우의정으로 승진하였다.

그러나 인종이 즉위하여 대윤 일파가 득세하자 이기는 윤임 등 대윤에 의해 부적합하다는 탄핵을 받고 판중추부사, 병조판서로 강등되었다. 자신의 잘못이 아닌 장인의 일을 문제 삼아 그를 소외시키려 하자 이기는 이에 원한을 품게 되었다. 그는 명종이 즉위하여 문정 왕후가 수렴첨정을 하자 윤원형과 손잡고 을사사화를 일으켜 윤임, 유관 등을 제거하였다.

이기의 아버지 이의무 신도비

그 공으로 그는 추성위사협찬홍제보익공신推誠衛社協贊弘濟保翼功臣 1등에 책록되고 대광보국숭록대부가 되면서 병조판서를 겸하여 조정의 대권을 장악하였으며 풍성豐城 부원군에 봉해졌다. 이기를 반대한 사림은 거의 모두 숙청되었으며, 그는 자신을 추천한 이언적까지도 사람됨이 흉험하다고 하여 훈록을 삭탈하고 멀리 귀양 보냈다. 당시 세상에서는 윤원형과 이기를 2흉凶이라 하고, 정순붕, 임백령, 정언각을 3간奸이라 불렀다.

이기는 좌의정에 이어, 1549년(명종 4)에는 영의정에 올랐으나 중풍이 들어 관직에서 물러날 수밖에 없었다. 이기가 병에 들어 그의 권세가 사그라지자 그동안 눌려 있던 이기의 지난 죄과들이 한꺼번에 쏟아져 나오기 시작했다. 사헌부에서는 이기의 첩과 첩의 친구인 무당 감덕甘德의 비행까지 들추어냈다.

이기의 첩은 이기가 늙어 정욕을 채울 수 없자 무당 감덕을 불러들여 동성연애를 하였다. 이기의 권력이 막강할 당시에는 감히 아무 소리도 못하고 지냈다가, 이기가 파직당하고 여기저기서 그의 죄과들이 우후죽순처럼 들추어지자 그제야 이기의 첩과 무당 감덕을 잡아들였다.

무당 감덕은 원래 개성의 무당으로서 왕실 종친인 이천군伊川君과의 친분으로 한양에 올라와 영험한 무당으로 이름을 알렸다. 감덕은 이를 기화로 종실과 귀족들의 집으로 출입하여 점을 치고 푸닥거리를 일삼으면서 동성연애의 풍기까지 만들어 낸 것이다. 감덕은 이기의 첩과 동성애를 할 때는 남자와 같은 행동을 하였으므로,

이기 묘비.
「추성협익 병기정란 위사공신 대광보국숭록대부
의정부 영의정 겸 영경연 춘추관사 관상감사
풍성부원군 시 문경 덕수이공 휘 기 지묘.
정경부인 광산김씨 부」

사람들 사이에서는 감덕이 남녀의 성을 모두 가진 사람이라는 소문
이 돌았다. 의금부에서는 정말 감덕에게 남성의 성기가 있는지 확
인까지 하였으며, 이것은 모두 이기에게는 참을 수 없는 모욕이었
다. 동성애의 풍조는 과거 성종 대의 사방지舍方至의 예에서 시작해
대갓집의 첩실들은 동성애하는 상대를 갖고 있는 경우가 많았다.
그리하여 조정에서는 그러한 풍조에 대한 본보기로서 감덕을 죽이
고 이기의 첩도 교살해 버렸다.

　이런 소식을 들은 이기는 세상을 비관하고 자신의 신세를 개탄하
다가 심화병이 깊어져 1552년(명종 7) 4월에 숨을 거두었다. 이기가
죽자 문경文敬이라는 시호가 내려졌으나 그가 받은 훈록은 선조 초
년에 모두 삭탈되었으며 그의 묘비를 쓰러뜨리려는 시도까지도 있
었다. 이기의 본관은 덕수德水, 자는 문중文仲, 호는 경재敬齋이다.

능안 마을에 있는 덕수 이씨 세장지지世葬之地

충청남도 당진군 송산면松山面 도문리道門里 능안마을을 찾으면 그 일대로 푸른 소나무들이 빽빽하게 늘어서 '송산'이란 지명이 된 것을 쉽게 이해할 수 있다. 이기의 집안인 덕수 이씨 세장지지가 있는 능안 마을은 왕족이 묻히는 '능陵'과 정승의 묘를 구별하지 않고 이름지은 것으로 보인다. 당진에는 임금의 능이 있다는 기록은 없기 때문이다.

그나마도 이곳에 모셔진 덕수 이씨 이의무의 다섯 아들 중 셋째 이행은 좌의정에 올랐으나 영의정에 올랐던 둘째 이기는 선조 대에 모든 관작을 빼앗기고 신원되지 않았다. 그러니 능안 마을이라는 지명은 잘못된 것이다. 더욱이 이곳엔 악비 문정 왕후를 등에 없고 온갖 악행을 저지르던 윤원형과 함께 죄를 범하다 삭탈관직당한 을사사화의 주역 이기가 자리 잡은 곳이니 더더욱 맞지 않다 하겠다.

조선 말기 경상도 양산군에 기거하던 토호가 기와집을 크게 지어 놓고 군수에게 자랑 삼아 자신의 집이 대궐 같지 않느냐고 하자 듣고 있던 군수는 두말하지 않고 조정에 고변하여 그 토호는 큰 벌을 받았다. 궁궐은 반드시 군주가 기거하며 집무를 보는 곳이었으므로 왕조시대인 조선에서 이러한 사실이 조정에 알려진다면 충분히 역모로 인정될 수도 있는 일이었다.

능안 마을 덕수 이씨 세장지지 제일 상단에는 택당澤堂 이식李植의 고조부로 의정부 좌의정을 역임한 이행의 묘소가 조성되어 있으며, 바로 아래쪽으로 곡장曲牆을 두른 이행의 아버지 이의무의 유택이 있다. 그 바로 아래쪽에는 을사사화의 원흉 이기의 묘소가 배위와 함께 쌍분을 이루고 있는데, 쌍분 가운데에는 옛 비석이 그리고 옆자리에는 새로운 빗돌이 자리하고 있다. 옛 비석에 새겨진 글은 현재는 알아볼 수가 없으며 새로 세운 비석에는 다음과 같은 글이 적혀 있다.

推誠協翼炳幾定亂衛社功臣 大匡輔國崇祿大夫 議政府領議政 兼
領經筵春秋館事 觀象監事 豊城府院君 諡 文敬 德水 李公 諱 芑之墓
貞敬夫人 光山金氏 祔

추성협익병기적난위사공신 대광보국숭록대부 의정부영의정 겸
영경연춘추관사 관상감사 풍성부원군 시 문경 덕수 이공 휘 기지묘
정경부인 광산김씨 부

그리고 비석 뒷면에는

原碑文字 磨耗 不能讀 故今改刻 檀紀 四三二二年三月 日立
원비문자 마모 불능독 고금개각 단기 4322년   3월 일입

이라고 쓰여 있다. 비석 전면의 내용은
　〈인종의 울타리 대윤(윤임 일파)을 제거하고 명종을 임금으로 세운
　공신이자 영의정으로, 사후 시호는 문경이며 이름은 이기이다. 배위

는 정경부인 광산(광주) 김씨이다.〉

라는 뜻이며 후면의 글자는

〈원래의 비는 글씨가 마모되어 읽을 수 없는 상태라서 옛것을 고정

하여 단기 4322년(서기 1989년)에 다시 만들었다.〉

는 뜻이다. 선조 초에 이기의 관직이 삭탈되고 묘비와 석물을 쓰러
뜨리려 한 것인지, 망주석이 두 동강 났던 흔적이 있다. 이기는 관
직이 삭탈된 뒤 복관되거나 신원되지 않았음에도 새로 비석을 세우
면서 옛날 작위를 나열해 놓은 것은 잘못이라 여겨진다.

이기의 종손자 이광은 임진왜란 당시 전라도 관찰사로 있으면서
역할을 다하지 못한 죄로 투옥되어 백의종군白衣從軍하였으며, 그
로 인해 수많은 인명과 재산을 잃었다. 후손으로서 굳이 그런 것을
기록에 남기고 싶지는 않을 테지만 이광의 잘못을 지적하는 기록은
한 구절도 보이지 않는다.

한편 이기의 조카 이원록李元祿이 숙부의 횡포를 참지 않고 직접
적으로 비난하자 이기는 곤장을 때려 귀양을 보냈다. 그럼에도 이
원록은 굴복하지 않고 이기의 잘못을 비판하기를 멈추지 않았다고
한다.

이기의 동생 청학도인 이행

이행李荇은 이의무의 셋째 아들이자 이기의 동생으로서 문장과
글씨, 그리고 시에 능한 문신이었다. 그의 저서로 『용재집容齋集』이

있으며 그림 또한 잘 그렸다.

1478년(성종 9) 태어난 이행은 1495년(연산 1) 문과 병과에 급제하여 벼슬길에 올랐으나 1504년(연산 10)의 갑자사화 때 폐비 윤씨의 복위를 반대하다 충주로 귀양 갔다가 거제도巨濟島에 위리 안치되었다. 그는 1506년(중종 1) 중종반정으로 풀려나 대사간으로 있던 1515년(중종 10)에는 폐비 신씨의 복위를 주장하는 박상, 김정의 주장을 적극 반대하였다. 그는 이 일로 조광조 등이 이끈 신진 개혁 세력에 의해 권신으로 배척을 받고 대사헌이던 1517년 무고를 받아 벼슬을 버리고 면천沔川에 숨어 살았다.

이행은 다시 1519년(중종 14)의 기묘사화 이듬해 재등용되어 공조참판, 대제학, 1527년 우의정을 거쳐 1530년(중종 25)에는 좌의정에 이르렀다.

이행의 외양은 키가 크고 네모진 얼굴에 수염까지 더부룩해 못생

이행 묘소

겨 보였다고 하는데, 정승을 지내면서도 남산 아래의 청학동에 집을 짓고 스스로를 '청학도인'이라 불렀다. 복숭아나무와 버드나무를 심어 놓은 집에서 이행이 지팡이를 짚고 거닐 때면 영락없이 늙은 노인과 같았다 한다.

하루는 저녁 무렵 이행에게 기별을 전하러 의정부 녹사가 마을로 왔다. 이때 이행은 짚신을 신고 허름한 옷차림에 동자를 거느리고는 청학동 어귀로 나오고 있었는데, 그를 본 녹사가 대뜸 반말로 물었다.

"정승(이행)이 집에 있는가?"

"기별을 전하러 온 것이냐. 내가 여기 있다."

허름하고 편안한 복장을 한 이가 이행이리라고는 전혀 생각지 못했던 녹사는 너무 놀라 자신도 모르게 말에서 굴러 떨어졌다.

또 한번은 이행이 중국 사신을 영접하는 원접사가 되었을 때의 일이었다. 이행의 초라한 모습을 본 사신은 예를 갖추지 않다가 자신에게 화답하는 이행의 시를 보고서는 자기 부사에게 당부하였다.

"이 사람은 시단詩壇의 노장老將이니, 절대로 가벼이 시를 짓지 말라."

이행은 연산군에서 중종에 이르는 어지러운 세상에서 귀양과 복직을 거듭하며 살아야 했다. 언젠가 합천에서 머물던 이행은 두견새 소리를 듣고는 이렇게 시를 읊었다.

남쪽의 봄밤은 너무나 쓸쓸하여
섣잠 깬 나그네의 마음 몹시도 산란하네.

모든 일은 고향에 돌아감만 못하다고
숲속의 두견새 자꾸만 우네.

이행은 1531년 김안로의 간사함을 공격하다가 이듬해 함종咸從
으로 귀양을 갔으며 1534년(중종 29) 그곳에서 병사하였다. 그의 본
관은 덕수德水, 자는 택지澤之, 호는 용재容齋와 청학도인靑鶴道人
이다. 그는 중종의 묘정에 배향되고, 시호는 문정文定이 내려졌다가
나중에 문헌文獻으로 바뀌었다.

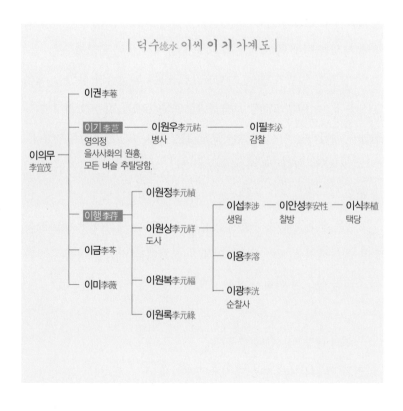

| 덕수德水 이씨 **이기** 가계도 |

이의무
李宜茂
├─ 이권李菤
├─ **이기**李芑 ── 이원우李元祐 ── 이필李泌
│   영의정   병사   감찰
│   을사사화의 원흉,
│   모든 벼슬 추탈당함.
├─ **이행**李荇 ┬─ 이원정李元禎
│   ├─ 이원상李元祥 ┬─ 이섭李涉 ── 이안성李安性 ── 이식李植
│   도사   │   생원   찰방   택당
│   ├─ 이용李溶
│   └─ 이광李洸
│   순찰사
│   ├─ 이원복李元福
│   └─ 이원록李元祿
├─ 이금李芩
└─ 이미李薇

숙부 이기를 비판한 충신 이원록

이원록李元祿은 판중추부사 이행의 아들로 이기는 그의 숙부가 된다. 그는 1514년(중종 9) 태어나 1540년(중종 35)에 생원시에 합격하고, 1541년 별시 문과에 을과로 급제하여 사관에 발탁되었으며 1543년 저작, 1544년 부수찬과 정언 등을 거쳐 사가독서하고, 1545년 지평과 교리를 역임하였다.

이원록이 이조정랑으로 재직 중 을사사화가 일어나 많은 사람이 화를 입자, 그는 당시 권신이던 숙부 이기를 비판하고 이황, 정황 등 많은 선비들의 목숨을 구하였다.

그가 병조정랑으로 재직하던 1549년(명종 4), 이기의 전횡을 비난한 일로 임백령의 탄핵을 받고 장류당한 뒤 강계에 안치되었으나 이황 등 많은 사류의 상소로 풀려났다. 이원록은 이때 노수신, 유희춘, 김난상, 유담柳湛 등과 함께 복직되어 영흥 부사에 이어 사인, 판교, 공조참의 등을 역임하였다.

1574년(선조 7) 세상을 떠난 이원록의 본관은 덕수德水, 자는 정서廷瑞이다.

을사사화의 인물 27
권력을 두려워하고 흠모한 간흉 정순붕

정순붕鄭順朋은 이기와 함께 갖은 음모를 꾸며 자신들에게 반하

정순붕 묘소. 묘전에 세웠던 묘비가 뽑혀 있다.

는 이들을 처단하고 자신의 세력을 확장하여, 사화의 원흉으로 지목받았다. 을사사화에 아버지 정순붕이 윤원형의 수족이 되어 많은 사람을 죽이자 그런 아버지를 보다 못한 아들 정렴鄭礦이 울면서 극구 간하고 말리면 정순붕은 대꾸하기를,

"그러나 만일 내가 지금 가만히 있거나 저쪽 편을 들면 한 집안이 다 멸망하는 화가 미칠 것이니, 내가 불행히도 이러한 큰 변을 당하여 어찌할 바를 모르겠다."

하였다. 정순붕도 분명 자신이 저지르는 행위가 무엇을 의미하고 있는지 알고 있었고, 권력을 흠모해 악행을 저지르면서도 자신이 누리는 권력을 두려워했다.

정순붕은 1484년(성종 15) 헌납 정탁鄭鐸의 아들로 태어났다. 그의 할아버지는 지평 정충기鄭忠基, 형은 형조판서 정백붕鄭百朋이며 아내는 양녕 대군의 후손인 봉양부정鳳陽副正 이종남李終南의 딸이다.

정순붕은 1504년(연산 10) 별시 문과에 병과로 급제해 사림과 교

유하던 중 1516년(중종 11) 조광조, 박상, 김정 등과 같이 사유師儒로 선발되고, 이어 이조판서 송천희宋千喜의 천거로 장령에 임명되었다. 정순붕은 1518년에는 김정국, 신광한 등과 경연 강독관으로 선발되었으며 이듬해 좌부승지, 충청도 관찰사를 지내고 형조참의에 이르렀다.

그해 기묘사화가 일어나 사림이 대참사를 입으면서 정순붕도 연루되어 전주 부윤으로 좌천되었다가 1520년 파면되고 이듬해 관직이 삭탈되었다. 1531년(중종 26) 영의정 정광필 등에 의해 등용이 논의되었으나 실현되지 못하다가 권신 김안로 일당이 제거되고 기묘사화로 죄를 받은 사림이 풀려나면서 정순붕도 등용되었다.

그는 1539년(중종 34)에는 공조참판에 제수되어 명나라에 다녀왔으며 명나라에서 구한 『황명정요皇明政要』, 『요동지遼東志』 6권

정렴 묘소. 「유명조선국 북창선생 정공 휘 렴 지묘. 영인진주유씨 부좌」

을 나라에 바쳤다. 정순붕은 이어 형조참판, 강원도 관찰사를 지내고 이듬해 다시 공조참판이 되었으며 그 뒤 한성부 우윤으로 옮겼다가 1542년(중종 37) 형조판서로 승진하고 곧 호조판서가 되어 국가 재정을 주관하였다. 그는 1544년에는 의정부 우참찬으로서 내의원 제조를 겸임하다가 대사헌이 되었으며, 인종이 즉위하여 대윤이 득세하자 의정부 우참찬에서 지중추부사로 체직되었다.

명종이 즉위하여 문정 왕후가 수렴청정을 하면서 문정 왕후의 동생 윤원형은 같은 소윤 일파인 이기 등과 함께 을사사화를 일으켰는데, 이때 정순붕도 이기 등과 어울려 많은 사람을 죽이고 귀양 보내는데 앞장섰다. 그 공으로 그는 보익공신保翼功臣 1등에 책록되고 온양溫陽 부원군에 봉해졌으며 관직은 의정부 우찬성에 올라 지경연사를 겸하였으며 이후 우의정에 이르렀다.

정순붕은 또한 을사사화의 공로로 유관의 가족들을 적몰하여 자신의 노비로 삼았는데, 그중 갑甲이라는 여종이 주인 유관의 원수를 갚기 위해 정순붕에게 염병을 전염시켜 1548년(명종 3) 죽게 만들었다.

1578년(선조 11) 정순붕의 관직과 훈작은 모두 삭탈되었으며 본관은 온양溫陽, 자는 이령耳齡, 호는 성재省齋이다.

유관의 원수를 갚은 노비 갑이

당시 공신이 되면 죄를 입어 죽은 자의 가산을 차지하게 되어 있었다. 우의정 정순붕은 좌의정 유관이 사사된 뒤 그 집과 재산을 차지하였고 노비들 또한 모두 정순붕 소유가 되었다.

그런데 노비 가운데 갑이라는 열네 살 난 계집종이 있었다. 갑이는 예쁘고 총명해 정순붕은 그 여종을 무척 귀여워했고, 갑이 또한 시키기 전에 모든 일을 뜻에 맞게 잘 처리하였으며 유관에 대해서도 말하기를

"그자들이 저를 학대하더니 저 꼴로 보복을 받은 것입니다."
고 하여 정순붕은 갑이를 의심하지 않았다.

정순붕의 여종이 된 지 3년이 지나자 갑이는 제법 여인으로서의 매력을 풍기기 시작했다. 그 집에는 원래 유관의 상노였던 돌쇠가 있었는데 돌쇠는 갑이를 마음에 두고 있었다.

하루는 갑이가 돌쇠에게 백년가약을 맺을 것을 약속하면서 정표로서 허리춤에서 은기를 꺼내어 주었다. 주인집에서 아끼는 은기를 훔쳤다는 사실에 돌쇠가 놀라자 갑이는 그 말은 무시하며 자신에게도 정표를 줄 것을 원하였다.

갑이가 원한 것은 황당하게도 염병을 앓고 죽은 송장의 어깨뼈였다. 갑이의 말에 질색을 하는 돌쇠에게 갑이는 그러면 다른 사람과 혼인하겠다는 말로 결국 돌쇠의 승낙을 얻어 내었다. 돌쇠가 그 뼈를 어디에 사용할 것이지 묻자 갑이가 대답하였다.

"대감을 죽이는 약에 쓸거야."
염병에 죽은 사람의 어깻죽지 뼈를 잘라다가 베개 속에 넣어 두면 그것을 베고 자는 사람이 염병에 걸려 죽는다는 말이 있었다.

돌쇠는 갑이와 혼인하고 싶은 마음에 몰래 백방으로 주선하여 마

침내 염병으로 죽은 사람이 묻힌 무덤을 알아냈다. 돌쇠는 한밤중에 몰래 무덤에 가 파헤친 뒤 송장을 들어내어 염을 풀고 썩은 살을 뜯어 뼈를 빼냈다. 갑이는 기뻐하며 그 뼈를 정순붕이 베고 자는 베갯속에 넣어 두었다.

염병에 걸린 시신의 어깨뼈가 정말 효험이 있었던 것인지, 정순붕은 며칠이 못 가서 인사불성으로 앓더니 염병에 걸려 덜컥 눕게 되었다.

멀쩡하던 정순붕이 점점 죽어가자 집안은 아무 정신이 없었다. 여기저기 점쟁이까지 수소문하여 물어 보니 집안에서 누가 저주하고 방자를 해서 생긴 병이라고 하는 점괘가 나왔다. 점쟁이의 말에 정순붕의 아내는 반신반의하며 이것저것 살펴보다가 평소에 들은 가늠이 생각나 남편의 베개를 뜯자, 거기에서는 정말로 사람의 뼈가 튀어 나왔다.

집안은 발칵 뒤집혀, 마침내 정순붕의 방을 가장 잘 드나드는 갑이를 잡아 문초하였으나 갑이는 딱 잡아뗐다. 갑이는 온 몸이 피투성이가 되자 마침내 죽어 가는 정순붕의 방을 가리키며 소리를 질렀다.

"네가 나의 옛 주인을 죽였으니 너는 나의 원수이다. 우리 옛 주인의 원통한 원수를 갚았으니 이젠 죽어도 한이 없다."

정경부인은 갑이를 더 이상 문초하지는 않았으나 이미 몸이 많이 상한 갑이는 1548년(명종 3) 정순붕과 같이 살아나지 못하였다. 충노 갑이의 정신과 육신은 문화 유씨 유관을 포함한 가족 묘지에 함

갑이 묘소. 「충비 갑지묘」

께 자리하고 있다.

짐승과 대화하던 기인 정순붕의 아들 정렴

정순붕의 아들 정렴鄭礦은 대과는 하지 않았으나 유교, 도교道教, 불교에 정통하였으며 음률과 거문고, 가곡歌曲은 물론 전자篆字와 한어漢語에도 능하였고 심지어 의술과 복서卜筮에까지 도통하였다. 정렴은 포천抱川 현감을 하다가 아버지의 비행이 극심해지자 벼슬에서 물러나 절간을 찾아다니는 등 도술을 단련하고 방랑자의 여생을 살며 한국 도교사에 큰 비중을 차지하게 되었다.

을사사화에 아버지 정순붕이 고변하자 정렴은 그만 둘 것을 간절히 간하였으나 정순붕은 아들의 말을 받아들이지 않았다. 그리고 정순붕의 셋째 아들 정작鄭碏이 정순붕에게 반항하자, 정순붕은 아들임에도 불구하고 해치려 하였으므로 그들은 과천 청계산淸溪山, 양주 괘나리掛蘿里 등지로 피해 숨어 살아야 했다. 그랬기에 정작 또한 아버지의 행실을 멀리하며 형 정렴을 따랐다.

정렴이 벼슬자리를 내놓고 도술을 구한 것은 아버지 때문에 세상에서 행세하기가 어려워진데 따른 현실 기피이자, 또 맑은 학식을 추구하던 그가 아버지와 비리로 물든 세상에 대해 저항한 하나의 결정이라고 볼 수 있다. 정렴의 동생 정작 역시 이인異人이 되어 수련하였는데 36세에 이르도록 독신으로 지내면서 여색을 가까이 하지 않았다. 아버지의 행위가 뜻하는 바를 뚜렷이 인식한 정순붕의 자식들은 현실의 중심 정치에서 벗어나 의와 도를 추구하는 삶을 살았다. 아버지의 세력에 기대어 편하고 안락한 삶을 살기가 쉬웠을지도 모르지만 아들들에게는 고통스러운 일이었다.

기인이었던 북창北窓 정렴의 일화를 보여주는 구전은 끝이 없을 정도이다.

"새와 짐승 소리를 아는 이는 혹 있을 수 있어도 그 소리로 말을 해서 새와 짐승과 뜻을 통한다니 이상하지 않은가."

"정렴은 나면서부터 여러 나라 말을 알았다."

"그는 대낮에 그림자 없이 걸어 다녔다."

정렴은 술도 잘 마셨는데 두서너 말에는 끄덕이 없었으며, 산골짜기에서 퍼지는 그의 풍류는 대단하였다. 깊이 숨어 수양을 하던 정렴은 44세이던 1549년(명종 4), 문득 자신을 애도하는 만가挽歌를 지어놓고 죽었다. 정렴의 호는 북창이었으나 그의 묘는 남창을 열고 있다.

일생에 글을 읽기 만여 권이고

하루에 술을 먹기 천여 잔이요.

드높게 복희伏羲* 보다 고상한 말만 했고

세속 이야기로 입에 때를 묻히지도 않았다.

안회顏回* 는 서른에 죽어도 아성亞聖이라 불렀는데

그대의 수명은 어찌 이다지도 길었는가.

숙부 정백붕에게 입양된 둘째 아들 정현

정현鄭礥은 1526년(중종 21) 정순붕의 아들로 태어나 숙부인 정
백붕에게 입양되었다. 1545년 아버지가 을사사화를 일으키자, 스무
살이었던 정현은 노비로 의복을 변장하고 노비들 틈에 끼어 대윤
일파의 사정을 탐지하고 그들을 제거하는 데 협력한 공으로 위사공
신 3등에 책록되고 사재감 직장에 제수되었다. 그는 이어 주부로 승
진하여 1550년(명종 5)에는 중부中部 주부, 사옹원 판관을 거쳐 이
듬해에는 충훈부 도사를 지내고 1552년 진사시에 합격하여 충훈부
경력이 되었다. 정현은 1560년(명종 15) 왕의 특지로 이천 도호부사
가 되었다가 대호군으로 전임하였는데, 이때 조정에서 윤원형의 관

* 복희伏羲: 중국 고대 전설상의 제왕으로서 삼황三皇의 한 사람이다. 그는 팔괘八卦를 처음으
로 만들고 그물을 발명하여 고기잡이하는 방법을 가르쳤다고 한다. 포희庖犧 라고도 한다.
* 안회顏回: 그는 중국 춘추 시대 노魯나라의 유학자였으며, 공자가 매우 신임하던 수제자로
학덕이 뛰어났다.

작을 삭탈할 것을 주장하자 윤원형 측을 변호하였다. 그는 이후 성천 도호부사로 나갔다가 사직하고, 양주 소요산에 은거하였다.

정현은 매우 기이한 서법으로 서예에도 뛰어났는데, 정백붕의 비갈碑碣, 충훈부의 편액, 해주 부용당芙蓉堂의 현판 등이 그의 글씨로 알려지고 있으며 저서로는 『만죽헌 유고』가 있다. 정현의 자는 경서景舒이고, 호는 만죽헌萬竹軒, 세한당歲寒堂, 소요산인逍遙山人, 내욕거사耐辱居士이다.

정현 추모비.
「조선국 위사공신 해주목사 만죽헌 온양정공 휘 현 추모비」

의술에 뛰어났던 셋째 아들 정작

정작鄭碏은 1533년(중종 28) 좌의정 정순붕의 아들로 태어나 1552년(명종 7) 진사시에 급제하고, 선조 때에는 이조좌랑에 이르렀다. 을사사화 때 아버지 정순붕이 저지른 전력이 사람들의 지탄을 받게 되자 술로 세월을 보내기도 했다.

정작은 평소 학문에 정진하거나 시 쓰기를 즐겼으며, 서예에도 뛰어났는데 특히 초서와 예서를 잘 썼다. 시인인 그가 한동안 술을 가까이 하니 주선酒仙의 칭호를 얻기도 했다.

정작은 형 정렴과 함께 의술에 뛰어났기에 1596년(선조 28)에는 『동의보감東醫寶鑑』 편찬에 참여하기도 했다. 그의 벼슬은 사평에 이르렀으며 1603년(선조 36) 세상을 떠나 현재의 경기도 안성시 산북리山北里에 묻혔다. 정작의 자는 군경君敬, 호는 고옥古玉이다.

온양 정씨 혈맥

온양溫陽 정씨의 시조는 호부상서 정보천鄭普天으로 문헌에 의하면 고려 태조가 탕정湯井(현 온양)에 왔다가 고을 관리의 공을 가상히 여기고, 그곳에서 대대로 살아온 정씨 일가에게 향직인 호장을 제수하였다고 한다. 이후로 후손들은 온양을 본관으로 삼아 세계를 이어 왔다.

중시조는 고려 충숙왕 때 감찰어사를 지낸 정응휴鄭應休이다. 정응휴의 9대손은 헌납 정탁, 정탁의 아들은 을사사화를 일으킨 상신으로서 벼슬을 삭탈당한 우의정 정순붕, 정순붕의 아들은 정렴, 정현, 정작이다.

정렴의 사촌 교리 정초鄭礎도 이인의 삶을 추구하여 정학精學의 술법을 익히며 정렴의 뒤를 이었다. 정초의 아들은 해주에 은거하며 출사를 거부하고 시인으로서의 삶을 보낸 정지승鄭之升, 정지승의 아들은 정회鄭晦이다. 정회는 사계沙溪 김장생金長生의 문인이었다. 정회의 아들은 현종顯宗조의 대문장가로 예조참판을 지낸 정두경鄭斗卿이다.

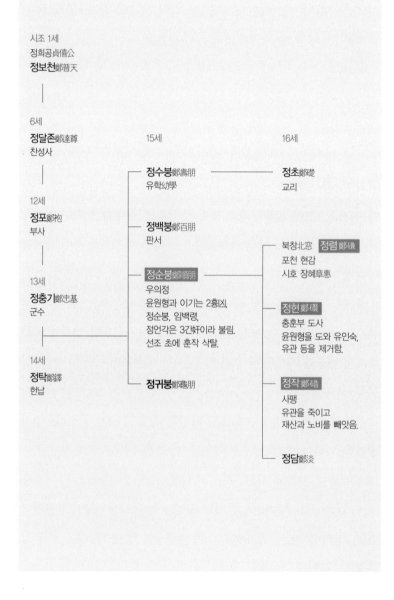

| 온양溫陽 정씨 정순붕 가계도 |

시조 1세
정희공貞僖公
정보천鄭普天

6세
정달존鄭達尊
찬성사

12세
정포鄭袍
부사

13세
정충기鄭忠基
군수

14세
정탁鄭鐸
헌납

15세

정수붕鄭壽朋
유학幼學

정백붕鄭百朋
판서

정순붕鄭順朋
우의정
윤원형과 이기는 2흉凶,
정순붕, 임백령,
정언각은 3간奸이라 불림.
선조 초에 훈작 삭탈.

정귀붕鄭龜朋

16세

정초鄭礎
교리

북창北窓 정렴鄭磏
포천 현감
시호 장혜章惠

정현鄭礥
충훈부 도사
윤원형을 도와 유인숙,
유관 등을 제거함.

정작鄭碏
사팽
유관을 죽이고
재산과 노비를 빼앗음.

정담鄭淡

정두경의 시는 당나라의 이름난 시인 이백李白, 두보杜甫의 것과 견주었고, 정두경의 친필이 벽에 걸렸다는 사실을 가문의 자랑으로 여길 정도로 당대에 명성이 높았다. 현종은 정두경의 시를 무척 애송하여, 그의 시집을 구한 뒤 문서를 정서하는 사자관寫字官을 시켜 풀 먹인 분지에 베껴 비단으로 포장해 애장하였다.

정두경은 그만큼 뛰어난 시인이자 높은 학문을 가진 자로서, 현종은 후세에 원망을 사지 않기 위해서라도 정두경을 벼슬에 앉히려 하였으나 뜻을 이루지 못하고 그가 죽은 뒤 대제학을 증직하였다.

정두경의 동생은 승지 정인경鄭麟卿, 정렴의 5세손은 대사간 정기안鄭基安, 정기안의 아들은 홍경래의 난에 공을 세운 우의정 정만석鄭晩錫으로 그는 청백리에 올랐다.

정두경의 육촌 동생은 필선 정뇌경鄭雷卿으로 그는 비리를 저지르는 정명수鄭命壽를 처단하려다 억울하게 죽음을 당하였다.

정순붕의 9세손은 이조판서 정민시鄭民始, 정민시의 조카는 판돈령부사 정상우鄭尙愚이다. 정렴의 7세손은 판돈령부사 정창성鄭昌聖이며 정창성의 동생은 이조판서 정창순鄭昌順이다.

정민시 묘비.
「증 우의정 행 이조판서 시 충헌 정와선생 정공민시지묘. 증 정경부인 완산이씨 부좌」

관직을 삭탈당한 을사사화의 공신 임백령

임백령林百齡은 이조판서로 있던 1545년 소윤에 가담해 윤원형, 이기 등과 모의하여 대윤 일파인 윤임, 유관, 유인숙 등을 사사하는 을사사화를 일으켰다. 그는 이 사건을 주도한 공로로 정난위사공신 1등에 책록되고, 숭선군崇善君에 봉해졌으며, 자품은 보국숭록대부에 올랐다.

임백령의 아버지는 임우형林遇亨, 어머니는 박자회朴子回의 딸로 해남에서 태어났으며 형 임억령林億齡과 함께 눌재訥齋 박상에게 수업하였다. 그에게 『논어論語』를 가르치던 박상은 임백령이 관각館閣(홍문관, 예문관, 규장각)에서 사용하는 문장에 능하리라고 예측하였다. 스승의 안목대로 임백령은 문장에는 능하였으나 경학에는 밝지 못하였고, 중상과 모략으로 많은 사람을 제거한 결과 1570년(선조 3) 관작이 추탈되었다.

그는 1516년(중종 11) 진사시에 합격하고, 1519년 식년문과에 갑과 3등으로 급제하여 상서원 직

문간공 눌재 박상 영정

장에 서용되었으며, 예문관 검열이 되었다가 이듬해 홍문관저작으로 자리를 옮겼다. 임백령은 사가독서를 마치고 홍문관부교리로 있던 1524년(중종 19), 고향에 있는 어머니를 모시고자 귀양을 청하였으나 허락되지 않았다. 그는 1527년에는 사헌부지평, 홍문관교리를 역임하고, 영광 군수로 나갔으며 1532년(중종 27) 사헌부로 옮겨 장령과 집의를 역임하고, 1537년 승정원 도승지가 되었다. 임백령은 1538년에는 공조참판, 사헌부 대사헌, 한성부 좌윤, 이조참판을 역임하였으며, 1539년(중종 34)에는 다시 대사헌이 되었다가 공조·병조·이조의 참판을 지냈다.

임백령은 이듬해에는 사은사의 부사로 명나라에 다녀온 뒤 형조참판을 거쳐 경기도 관찰사가 되어 민간에 만연한 폐혜를 시정하고자 노력하였으며, 1542년 내직으로 옮겨 한성부의 우윤과 좌윤을 지내고, 다시 경상도 관찰사가 되었다. 그는 이듬해 세 번째로 대사헌이 되었다가 한성부좌윤을 지냈으며 1544년(중종 39) 이조참판이 된 다음 네 번째로 대사헌이 되고 호조판서로 승진하였다. 중종 말년 현량과를 다시 실시하자는 중의衆議에 홀로 반대하였다.

을사사화가 일어난 해 우찬성으로 사은사에 선발되어 다시 명나라에 갔던 임백령은 공무를 마치고 귀국하던 1546년(명종 1) 영평부永平府에서 병으로 급사하였다.

그의 시호를 처음에는 소이昭夷라 하였으나 문정 왕후가 좋지 않다고 하여 문충文忠으로 고쳤다. 임백령의 태어난 해는 알려지지 않았으며 본관은 선산善山, 자는 인순仁順, 호는 괴마槐馬이다.

임백령과 윤임의 악연

임백령은 소년 시절부터 재주가 있어 글을 잘 하였으나 시를 짓는 데에만 열중했기에 과거에 급제하기에는 무리였다. 과거를 보는 데에는 문장이나 시만 가지고 되는 것이 아니라, 경서를 알아야만 했다. 이에 임백령은 고향 서산瑞山에서 초시를 치른 뒤 대과를 보러 서울에 와서 작은 사처를 잡고 경서 공부에 매달렸다.

그러나 경서는 임백령이 평소에 소홀히 하였던 분야였으므로 갑자기 보자니 아득할 뿐이었다. 임백령은 경서를 보다가 그만 책을 덮고 그대로 자포자기하여 책에 고개를 묻고 잠이 들었는데 꿈에 한 노인이 나타나 말하였다.

"너는 당대에 큰 인물이 될 자이니 이번 과거에 꼭 급제해야 한다. 어서 깨어서 노력하라. 우선 네 호를 괴마槐馬라고 불러라. 그리고 이번 문과에는 상서 가운데 「순전舜典」에서 나올 터이니 그 편만 통독하여라."

놀라 잠에서 깬 임백령은 이상한 일이라고 생각은 하면서도 노인이 일러준 대로 자신의 호를 괴마로 하고, 「순전」한 편만 내리 읽었다. 주註와 소疏까지 몇 번이고 통독하고 또 정독하기를 되풀이하니 여러 날 뒤에는 눈 감고도 줄줄 외울 정도가 되었다.

과거 날이 되어 임백령이 시관 앞으로 나가자, 놀랍게도 『상서』를 펼쳐 놓더니 「순전」을 가지고 문답하는 것이었다.그런데 다 묻고 난 시험관이 감탄하며 묻기를

"이상한 일이구나. 내 어젯밤 꿈에 백두白頭의 노인이 나타나 이

번 과거에는 괴마가 장원한다 하였는데, 혹 자네가 괴마인가?"
하였다. 그리고 결과를 발표하는 날, 임백령은 갑과의 장원으로서
합격하였다. 임백령은 성균관에 나가 임금에게 절을 올리고 중종이
하사하는 술을 받았고 장원랑狀元郎으로서 임금이 내리는 은으로
장식한 안장이 놓인 백마를 타고 유가遊街하러 나섰다. 유가란 당시
과거에 급제하게 되면 광대를 데리고 풍악을 울리면서 시가행진을
벌이던 것으로 시험관, 선배 급제자, 친척 등을 찾아 인사하며 일반
적으로 보통 사흘에 걸쳐 행해졌다.

　당시 장원랑이 거리로 나서면 따라다니는 이들로 길이 메워지고
구경하는 인파에 담벼락이 가득 찰 정도였다. 장안의 영광을 한 몸
에 받은 임백령은 저녁 무렵 남소문南小門 안의 어느 기생집으로 들
어섰다. 별로 이름 없는 기생집이지만 검소한 시골 선비이니 말이
가는 대로 찾아든 것이다. 임백령은 뛰어나와 자신을 맞이하는 기
생에게 말하였다.

　"나는 이 백마가 가는 대로 온 것일세. 아마 이 말도 괴마槐馬인
모양이로군."

　재치가 넘치는 임백령은 괴이한 말이라는 뜻으로 그 말을 자기의
호 괴마槐馬에 비유하며 웃었다. 그는 이미 술이 취해 있던 데다 하
루의 흥분과 피로가 겹쳐 곧 혼곤히 잠에 빠졌다. 자신도 모르게 잠
들었던 임백령이 깨어 보니 방안에는 촛불이 환한 채로 아까의 그
기생이 다소곳이 앉아 있었다. 임백령이 일어나자 기생은 그에게
곱게 절을 하며 술상을 들여왔다.

옥매향은 미인이기도 하였지만 또한 명석하였기에 임백령은 곧 옥매향에게 마음을 빼앗겼다.

옥당의 교리가 된 임백령은 이제 한양이 그의 거처가 되었으므로 자주 옥매향의 집을 찾았다. 옥매향은 임백령의 기첩妓妾이 된 셈이었으나 아직 신출내기 벼슬아치로 가난하던 그는 옥매향을 자신의 집으로 들일 능력은 없었다. 옥매향은 여전히 기생 노릇을 하였으나 두 사람은 정인情人이 되어 깊은 사랑에 빠졌다.

그런데 얼마 후 당대의 세력가이던 윤임이 더운 날을 택해 삼청동三淸洞 골짜기에서 탁족濯足 놀이를 열게 되었다. 이는 여름철에 산수山水 좋은 곳을 찾아 시원한 물에 발을 담그고 노는 당시의 풍류로, 윤임은 자신의 세력을 한참 확고히 하고자 하던 때인 만큼 조정의 대신들을 비롯하여 미관들까지도 대거 불러 모았다. 따라서 장안의 이름 있는 기생들도 모조리 동원되었고, 여기에는 옥매향도 초대되었으며 장원급제 출신으로서 장래가 촉망되던 임백령 또한 이 자리에 초대를 받았다.

탁족회에서 옥매향을 보게 된 윤임은 잠시도 옥매향을 자신의 옆에서 놓지를 않았다. 그러나 옥매향은 말석에 앉아 있는 임백령에게만 신경을 쓰고 있다가 사람들이 하나둘 술에 취해 떠들썩해지자, 몰래 눈짓을 주고받고는 자리에서 빠져 나가 숲속으로 들어갔다.

얼마 뒤 옥매향이 없어진 것을 깨달은 윤임은 정신없이 옥매향을 찾았다. 결국 윤임은 옥매향과 임백령이 함께 있었단 사실을 알았으나, 아무 힘이 없던 임백령은 옥매향이 자신의 정인이라는 사실을 차마 밝히지 못하였다. 윤임을 시중드는 옥매향의 모습을 차마 보기 힘들었던 임백령은 슬그머니 집으로 돌아왔다가, 다음날 찾아갔으나 옥매향의 모습은 보이지 않았다.

전날 윤임이 그 길로 옥매향을 자신의 기첩으로 들여앉혀 버린 것이었다. 힘없이 옥매향의 집을 나오는 임백령의 가슴은 찢어졌다. 힘이 없어 사랑하던 여인을 잃어버린 임백령은 세력을 키워야 한다는 사실을 절실히 깨달았다. 확실한 방법은 윤임의 세력에 대항하는 윤원형 편에 드는 것이었다. 윤원형 역시 소윤의 세력을 키우기 위해 은근히 동지를 규합하고 있던 때였기에, 유능한 임백령이 자기편으로 뜻을 같이 하고 싶다는 사실에 대환영이었다.

한편 옥매향 또한 임백령을 잊지 못하고 몇 차례나 윤임의 집을 탈출하려고 기도하였으나, 그때마다 실패하여 더욱 삼엄한 윤임의 감시를 받아야만 했다.

세월이 흘러 잔인한 운명은 임백령과 옥매향을 적이 되어 만나도록 만들었다. 을사사화에 윤임이 계림군을 왕으로 추대하려 했다는 죄목으로 붙잡히자, 윤임의 첩 옥매향도 모략에 대해 분명히 알았을 것이라는 이유로 붙잡힌 것이었다. 이때 임백령은 죄를 문초하는 추관의 신분이었다. 윤임에게 복수하고 싶은 마음이었지 자신이 사랑하던 여인까지 고초를 겪게 하고 싶은 마음은 추호도 없었다. 그러나 일은 돌이킬 수 없었다.

그토록 몽매에도 잊지 못하고 그리던 옥매향이 죄인으로 끌려 나오자 임백령은 차마 신문하지 못하고 자리에서 일어나 버렸다. 을사삼간의 원흉으로서 임백령은 후세에 두고두고 지탄을 면치 못하였지만 한 여인을 사랑하는 남자로서는 순정을 간직한 사람이었다. 당시 주변의 사람들은 대개 임백령과 옥매향의 사연을 알고 있었고 같은 추관으로서 임백령의 곁에 있던 허자 역시 마찬가지였다.

사실 윤임이 계림군을 추대하려 했다는 모의는 소윤 일파가 대윤을 몰아내기 위해 만든 거짓이었으므로, 허자 역시 형식적으로 문초를 하였다. 밤이 되자 허자는 사령에게 조용히 명하여 옥매향의 포박을 풀어주도록 하고, 임백령의 집으로 가마를 태워 보냈다. 옥매향은 금시라도 죽어버리고 싶었으나 옛 생각을 하니 가슴이 메도록 그리운 정인 생각에 머리와 옷매무새를 정돈하고는, 임백령에게로 향했다.

26년 만의 만남이었다. 그러나 그 만남도 잠시뿐으로, 을사사화라는 모사를 통해 권력의 정상에 오른 임백령은 사은사에 선발되어 명나라에 갔다가 이듬해인 1546년(명종 1) 돌아오던 중 병으로 죽고 말았다. 애타던 사랑을 되찾은 지 얼마 안 되어 영영 이별을 한 것이다.

을사사화의 인물 29

동생 임백령과 다른 길을 걸은 임억령

임억령林億齡은 천성적으로 도량이 넓고 청렴결백하였으며, 또한 시문을 좋아하여 사장詞章에 탁월하였다. 당시의 현인들은 임억령의 재능을 존경하였으나 사신들은 관리로서는 적당하지 않은 사람으로 평하였다.

그는 1496년(연산 2) 전라도 해남읍 관동리 선산 임씨 가문에서 다섯 형제 중 맏아들로 태어났다. 임억령이 어린 시절 아버지 임우형이 세상을 떠나자, 어머니 박씨에게서 교육을 받았는데 어머니는 엄격하면서도 도량이 넓었다. 박씨는 임억령을 비롯한 다섯 아들을 모두 어진 스승 박상에게 보내 글을 배우도록 했으며 박상은 임억령을 가리켜

"반드시 큰 문장이 될 것이다."

라고 하였다.

임억령은 1516년(중종 11) 진사시, 1525년 식년문과에 병과로 급제하였으며 이후 부교리, 사헌부지평, 홍문관교리, 사간, 전한, 세자시강원 설서 등을 지내고 1540년(중종 35)에는 전서로 승진하였으며 이듬해 사간원 대사헌이 되어서는 백성들이 억울하게 누명을 쓰고 처벌받는 일이 없도록 강력히 주청하였다.

1545년 그가 금산 군수로 있던 중 동생 임백령이 소윤 일파에 가담하여 을사사화를 일으키고 대윤의 많은 선비들을 추방하자, 자책을 느낀 임억령은 신병을 핑계로 벼슬을 사퇴하고 낙향하였다. 그 뒤 임백령이 원종공신原從功臣의 녹권을 보내오자 격분하여 이를 불태우고는 해남에 은거하였다.

7년 뒤 다시 조정의 부름을 받은 임억령은 1552년 동부승지, 병조참지를 역임하고, 이듬해 강원도 관찰사를 거쳐 1557년 담양潭陽

부사로 옥과玉果 현감을 겸직하였다가 이듬해 벼슬을 버리고 담양 성산星山(현 전남 담양군 남면 지곡리)에 귀의하였다.

임억령은 성산에서 옥봉玉峯 백광훈白光勳, 백호白湖 임제林悌, 송천 양응현, 고죽孤竹 최경창崔慶昌 등 제자를 길러내며 성산 계산 풍류溪山風流(가사 문학)의 시종詩宗으로 추앙을 받았다.

임억령은 또한 성산(식영정息影亭) 시단을 열어 서하棲霞 김성원金成遠, 송강 정철, 제봉霽峰 고경명高敬命 등의 제자들과 수창하였으며 정철, 김성원, 고경명과 함께 '식영정 사선四仙'이라 불렸다.

김성원은 임억령의 사위로 남면 지곡리 별뫼에 있는 식영정은 1560년 김성원이 지어 장인 임억령에게 증여한 정자이며 식영정이 있는 별뫼를 무대로 많은 작품이 나왔다. 성산과 관련한 한시는 5백여 편에 달하며 그 작품성도 뛰어났다. 지금도 담양에 남아 있는 식영정을 배경으로 임억령은 식영정 20영과 서하당 8영을 읊었으며 제자 고경명, 송강 정철 등이 차운次韻한 80영이 남아 있다. 그의 작품으로 「면앙정 30영」, 「식영정 20영」, 「서하당 8영」, 「식영정기」 등이 있으며 저서로는 『석천집石川集』있다.

그는 1568년(선조 1) 세상을 떠난 뒤 전라남도 동복東福의 도원서원道源書院, 해남의 석천사石川祠, 창평의 성산사星山祠에 배향되었다. 임억령의 본관은 선산善山, 자는 대수大樹, 호는 석천石川이며 그의 할아버지는 임수林秀이다.

을사사화의 공으로 보익 이등공신에 오른 임구령

임구령林九齡은 광주光州 목사와 나주 목사를 거쳐 남원 부사를 지내고 은퇴하여 영암의 구림鳩林에 내려가 진남제鎭南堤란 둑을 막는 간척 공사를 하였다. 그는 을사사화 당시 세운 공으로 보익 이등공신에 올랐으며 본관은 선산善山이다.

명종 대에 위사공신에 오른 홍언필

홍언필洪彦弼의 본관은 남양南陽, 자는 자미子美, 호는 묵재默齋, 시호는 문희文僖로 1476년(성종 7) 승지 홍형洪泂의 아들로 태어났다.

그는 1504년(연산 10) 문과에 급제했다가 그해 발생한 갑자사화에 연좌되어 진도珍島로 귀양 가는 좌절을 겪어야 했으나 1506년(중종 1)의 중종반정으로 사면된 이후 전시에 합격되었다. 홍언필은 여러 벼슬을 거쳐 우부승지에 이르렀으나 1519년(중종 14) 기묘사화가 일어나자 조광조 일파로 지목되어 옥에 갇혔다. 다행히 영의정 정광필의 변호로 풀려나 이조, 호조, 병조, 형조 4조의 판서를 역임하고 우찬성에 올랐다가 다시 김안로와의 불화로 고향 남양南陽

홍언필 묘소

에 내려가야 했다.

　김안로 실각 후 호조판서로 관직에 복귀한 홍언필은 이어 우의정에 올랐다가 좌의정을 거쳐 인종이 즉위하자 영의정이 되었다. 그는 명종 때에는 위사공신이 되어 익성益城 부원군에 올랐으며 1549년(명종 4) 74세를 일기로 하세하고, 인종의 묘정에 배향되었다.

을사사화의 인물 32
간신 이기의 충견 이무강

　이무강李無彊은 1522년(중종 17) 진사시에 합격하고 1536년 별시 문과에 병과로 급제하여 정언, 장령, 직강, 집의 등을 지냈다. 그는 1548년(명종 3) 사성으로 함경도 어사로 나가 흉년이 들었던 함경도 빈민을 대상으로 한 구제책의 진행 실태를 살피고 돌아와 교리, 사간 등을 지내고 1550년 사복시 부정으로 춘추관 기사관이 되어『중종실록』편찬에 참여했다.

이무강은 이때 사간으로 있으면서 소윤 일파인 이기 등의 사주를 받아 구수담, 허자, 송순, 이준경 등이 을사사화에 유배를 당한 자들과 그 자손들을 비호한다고 탄핵해 이들을 유배시켰다. 그는 또 이기, 이홍남의 사주를 받고 이치, 이해, 최창손崔昌孫 등을 무고해 장형으로 죽게 만들었다.

그는 1551년(명종 6) 평안도 어사로 다녀와 직제학이 되었으나 예천의 문서를 부정하게 다룬데 연루되어 파직되었다. 이어 명종 대에 대표적으로 악행을 저지르던 진복창이 제거되자 진복창과 함께 이무강이 허자, 송순, 이준경 등을 모함한 사실이 탄로나 함경도 경원에 귀양 갔다가 그곳에서 죽었다.

경기도 안성시 양성면陽城面에서 사직 이서건李瑞建의 아들로 태어난 이무강의 본관은 양성陽城, 자는 경휴景休이며 그의 생몰년은 알 수 없다. 증조부는 이중련李重連, 할아버지는 이적李適이다.

부조리한 시대를 호기롭게 살아낸 면앙정 송순

송순宋純은 너그럽고 작은 일에 개의치 않는 호방한 성격으로,

교류하는 인사들이 많았다. 그는 또한 음률에도 밝고 가야금을 잘 탔기에 풍류를 아는 재상으로 일컬어졌다. 송순은 박상과 송세림宋世琳에게서 가르침을 받고 신광한, 성수침, 나세찬, 이황, 박우朴祐, 정만종, 송세형 등과 교우하였으며 그의 문하생으로는 김인후金麟厚, 임형수, 노진盧禛, 박순, 기대승, 고경명, 정철, 임제 등이 있다.

그는 1524년(중종 19) 세자시강원 설서가 되었을 때 고향인 담양 기촌企村 제월봉 아래에 터를 사두었다가 1533년(중종 28) 김안로가 권세를 잡자, 귀향하여 면앙정을 짓고 시를 읊으며 지냈다. 그리고 송순은 1550년 이기와 진창복의 탄핵으로 유배되었다가 1552년(명종 7) 유배에서 풀려나자 다시 고향에 머물면서 면앙정을 증축하였으며, 그가 세운 면앙정을 기점으로 호남 제일의 가단歌壇이 형성되었다.

여기에는 위에, 밝힌 인사들에 더해 임억령, 박순, 소세양, 윤두수, 양산보梁山甫 등 많은 문인들이 출입하며 시 짓기를 즐겼다. 송순은 「면앙정 삼언가」, 「면앙정제영俛仰亭題詠」 등 총 505수와 1부賦의 한시와 국문시가인 「면앙정가」 9수, 단가(시조) 20여 수를 지어 조선 시가 문학에 큰 기여를 하였다. 또한 이때 기대승이 「면앙정기」를 쓰고 임제는 「면앙정부」를 지었으며 김인후, 임억령, 박순, 고경명 등은 시를 지어 「면앙정 30영」을 창화唱和하였다.

송순은 호남 시가의 창시자이자, 당대의 현실을 도피해 자연을 벗 삼고 시를 짓던 강호가도江湖歌道의 선구자라 하겠다. 현재 면앙정은 정면 3칸, 측면 2칸의 팔작지붕으로 측면과 좌우에 마루를 두고 중앙에 방을 배치한 모습으로 남아 있다.

송순은 1493년(성종 24) 현 전라남도 담양군 봉산면 기곡리 상덕 마을에서 증 이조판서 송태宋泰의 아들로 태어나 21세이던 1513년 진사가 되고 1519년(중종 14) 별시 문과에 을과로 급제하였다. 그는 승문원 권지부정자를 시작으로 1520년 사가독서를 마친 뒤 이듬해 예문관검열 겸 춘추관 기사관이 되고 1523년 예문관봉교, 1524년 (중종 19) 세자시강원 설서가 되었으며 1527년 사간원정언, 1533년 (중종 28) 홍문관부응교가 되었다.

김안로가 득세하면서 귀향하였던 송순은 1537년 김안로가 사사 된 뒤 5일 만에 사헌부집의, 홍문관직제학을 역임하고 충청도 어사 등을 지낸 뒤 1539년(중종 34) 승정원 우부승지에 올라 4월 명나라 의 요동도사가 오자 선위사가 되어 배행하였다. 그는 그 뒤 경상도 관찰사, 사간원 대사간 등의 요직을 거쳐 50세 되던 해인 1542년(중 종 37) 윤원형, 황헌 등에 의해 외방인 전라도 관찰사로 나가 조정 에서 소외당하였다.

그러나 송순은 1547년(명종 2) 동지중추부사가 되어 『중종실록』 을 찬수하였으며 그해 5월에는 주문사로 북경에 다녀와 개성부 유 수가 되었다. 그는 1550년에는 대사헌, 이조참판에 이르렀으나 사 론邪論을 편다는 진복창, 이기 등의 탄핵에 의해 충청도 서천으로 귀양을 가야 했다.

그는 이듬해에 풀려나 1552년(명종 7) 선산도호부 부사가 되고, 이후 전주 부윤과 나주 목사를 거쳐 70세인 1562년(명종 17) 기로소에 들어갔으며 1568년(선조 1)에는 한성부좌윤이 되어『명종실록』을 찬수하였다. 송순은 이어 의정부 우참찬 겸 춘추관사가 되었으나 병으로 벼슬을 사양하고 관직 생활 50년 만에 은퇴하였다.

이후 귀향한 송순은 이후 14년간 향리에 묻혀 여생을 보냈다. 송순이 87세가 되던 해인 1579년(선조 12) 그가 과거에 급제한지 60돌을 맞이하여 회방연回榜宴을 베풀자, 조정에서는 처음 등과했을 때와 똑같이 제물을 내렸고 여기에 정철, 고경명, 임제 등과 관찰사 이하 1백여 명의 많은 인사들이 모였다.

송순은 1582년(선조 15) 90세를 일기로 별세하였고 담양 구산서원龜山書院에 제향되었다. 그의 본관은 신평新平이며 자는 성지誠之와 수초守初, 호는 면앙정免仰亭과 기촌企村, 시호는 숙정肅定이다. 문집으로는『면앙집』이 있다.

을사사화의 인물 34

명종이 촛불을 켜고 귀가를 도운 박순

박순朴淳은 1523년(중종 18) 육봉六峰 박우朴祐의 아들로 전라도 나주시 왕곡면 송죽리 죽현에서 태어났다. 그는 6세 때 어머니를 여의게 되자 광주에 있는 서모의 집에서 성장하였다. 어려서부터 총명하던 그는 여덟 살 때 시를 지어 사람들을 놀라게 하였으며 어머니를 여의고는 행동을 더욱 단정히 하며 학문에만 힘을 기울였다.

18세에 진사에 합격하고 화담 서경덕의 문하에 들어가 학문과 인격을 닦았다. 박순은 1547년(명종 2년) 24세의 나이로 아버지마저 여의자 애통한 마음을 가누지 못하고 아버지 묘 앞에 여막을 짓고 3년을 그곳에서 지냈으며 벼슬에 뜻을 두지 않고 깊은 산속으로 들어가 학문에 정진하였다.

박순은 30세가 된 1553년(명종 8) 가을에야 비로소 친시 문과에 나가 장원급제하여 성균관전적, 공조·병조·이조의 좌랑, 홍문관 수찬, 교리 등을 지내다가 호당에서 공부하였다.

1559년(명종 14) 왕의 명에 의해 유비가 제갈량을 찾아가는 그림을 주제로 시를 지어 바치니 명종이 매우 만족하여 후한 상을 내렸다. 그리고 편전으로 들게 하여 밤이 깊도록 학문과 정치에 대한 이야기를 나누었다. 박순의 총명함에 몹시 흡족한 명종은 촛불을 켜서 그의 귀가를 돕도록 하였는데, 이는 송나라 때의 문장가 소식蘇軾의 일을 따른 것으로 당대에 있어서 가장 영예로운 일로서 사람들의 부러움을 받았다.

박순은 그 뒤에 재상어사로서 충청도 지방을 순찰하여 그릇된 관행을 파기하고 올바른 규범을 확립하였으며 돌아와서는 사복시 부정, 홍문관응교 등의 벼슬을 지냈다. 그는 이때 임백령의 시호를 짓는데 '충忠' 자를 넣지 않았다는 이유와 스승 서화담과 같은 문인인 이황, 이이와 가까이 한다는 이유로 서인으로 지목받고 간신 윤원형 일파의 모략에 의해 벼슬에서 물러나야 했다.

그는 광산 소촌리 옛집에서 조용한 나날을 보내다가 1561년 12월

박순 유허비. 「문충공 사암 휘 순 유허비」

에 한산韓山 군수로 복직된 뒤 1563년(명종 18) 7월에 사성, 같은 해 9월에 보덕, 1564년에는 홍문관 직제학에 이어 좌승지 이조참판이 되었으며 1565년(명종 20) 정월에 성균관대사성을 거쳐 5월에는 사간원 대사간이 되었다. 박순은 이때 이양, 이감, 윤백원 등의 죄를 낱낱이 들어 상소하였으나 소윤파가 득세하던 시절이라 도리어 해를 입고 사직하고 말았다.

그러나 그해 4월 문정 왕후가 하세하자 박순은 다시 대사간에 취임하고 그해 12월에 윤원형이 죽자 좌상 심통원을 비롯한 간신들을 권좌에서 몰아내는 한편 을사사화에 억울하게 쫓겨난 관원들을 복귀시켰다.

박순은 그 해 겨울 특례로서 대사헌과 대제학을 겸직하고 1566년(명종 21)에는 예조참판으로서 명종을 보좌하였다. 그는 1568년(선조 1)에는 한성부판윤이 되고 8월에 홍문관대제학에 제수되었으나 자신보다 20세나 연상이자 학덕이 있는 이황을 제학으로 두고 자신을 임명하는 것은 부당하다고 상소하여 이황과 자리를 바꾸어 제학으로 만족하였다. 예조판서에 이어 그가 이조판서에 오른 1570년(선조 3)에는 그동안의 관례와도 같았던 부당한 인사들에 대한 청탁이 없어졌다고 한다.

참찬이던 박순은 1572년(선조 5) 명나라 신종神宗이 등극하자 사절단의 책임자로서 즉위식에 참석하였다. 그때까지, 소국小國의 사신은 명나라 궁성의 뒤에 있는 작은 문으로 출입하는 것이 관례처럼 굳어 있었다. 그런데 박순은

"황제에게 표문表文을 올리는 것인데 어찌하여 뒷문으로 들어가야 한단 말입니까."

라고 말하며 정문으로 당당히 출입하여 국위를 세웠으며 돌아온 그해 7월 우의정에 올랐다.

그는 1573년(선조 6)에는 벼슬이 좌의정에 이르렀으며 1579년(선조 12)에는 나라의 최고 벼슬인 영의정이 되어 많은 인재를 등용하고 국정을 바로 잡았다.

그러나 점차 동서의 당쟁이 차츰 치열해지면서 이이, 성혼成渾 등에 대한 모사를 꾸며 상소하는 일이 생기는 등 나라 안이 어지러워지자 박순은 벼슬을 물러났다. 이때 우의정 정지연鄭芝衍 등은 파당이 격해지면서 나온 거짓 상소임을 선조에게 아뢰었고 임금은

"만약 이이와 성혼의 하는 일이 당론이라 한다면 내 자신이 그 당에 들어가고 싶다."

고까지 말하였다. 선조는 거짓 주모자들을 모조리 귀양 보내고 박

순은 다시 불러들였다. 박순이 1583년(선조 16) 영상으로 병조판서를 겸임하고 있을 때 삼사의 논핵이 있자 선조는

"영상(박순)의 사람됨은 송균宋均(소나무와 대나무)과 같은 절개요 수월水月과 같은 정신을 지녔으며 충용한 포부는 온화함과 우아한 찬성을 이루었고, 맑고 조심스러운 덕은 백옥이 은은한 문채를 떨치는 사람이다. 그런데 너희 삼사가 불순한 마음을 품고 제멋대로 헐뜯는 것은 용납 못할 일이다."

하고 탄핵에 앞장섰던 송응개, 허봉, 박은원을 국경 지방에 멀리 유배시켰다.

동인과 서인으로 갈리어 있던 조정에서 이이와 성혼을 두둔하던 박순은 동인들에게 서인으로 지목당하였고, 그는 1585년에 다섯 번에 걸쳐 사임 상소를 올려 선조의 윤허를 겨우 얻었다.

모든 관직을 사임한 박순은 1586년(선조 19) 가을, 영평永平의 백운산白雲山(현 경기도 포천시 창수면)에 들어가 정자를 짓고 은거하였다. 선조는 이후에도 여러 번 불렀지만 박순은 끝내 조정으로 나아가지 않다가 1589년(선조 22년) 7월 21일 춘추 67세를 일기로 생애를 마쳤다.

박순의 본관은 충주忠州, 자는 화숙和叔, 호는 사암思菴, 시호는 문충文忠이며 나주 월정서원月井書院과 광주光州 월봉서원月峰書院, 개성 화곡서원花谷書院, 포천 옥병서원玉屏書院 등에 배향되었다. 박순은 김효정金孝貞의 외손이며, 그의 딸은 군수 이희간에게 출가하였다. 박순의 문집으로 『사암문집』이 있으며 당시唐詩풍의

옥병서원

시에, 송설체의 글씨를 잘 쓰기로 이름이 났다.

시세를 좇아 지조를 버리고 살아남은 이감

이감李戡은 참판 이광식李光軾과 이세응李世應의 딸 사이에서 태어나 1543년(중종 38) 생원시에 합격하고 그해 식년 문과에 을과로 급제하였다. 그는 1545년(명종 즉위) 예문관봉교로 있으면서 중국의 외교문서에 쓰는 자문을 잘 써서 칭찬을 받았으며 이후 정언이 되어서는 윤원형, 윤춘년과 결탁하여 신진 사류를 공격하였다. 이어 사헌부와 홍문관의 요직을 두루 거친 이감은 1552년(명종 7) 함경도 순변사 이준경의 종사관으로 임명되어 근무하였으며, 다시 종성 부사로 변경의 수비를 맡고, 1558년(명종 13) 성절사로 중국에 다녀온 뒤 승지, 경상도 관찰사 등을 역임하였다.

그 뒤 윤원형을 견제하기 위한 목적으로 명종이 이양을 중용하
자, 이감은 윤원형에게서 벗어나 이양의 심복이 되었다. 이감은 이
양의 후원 아래 병조참판, 도승지, 형조참판 등의 요직을 거쳐 1563
년(명종 18)에는 대사헌에 기용되었다. 이때 그는 이양의 사주를 받
고 이문형, 허엽, 기대승, 윤근수 등 당시 명망 있던 사림에게 대대
적인 탄핵을 가해 내쫓으려 하였다. 그러나 심의겸의 노력으로 이
감의 모의는 좌절되었으며, 오히려 부제학 기대항에게서 탄핵을 받
고 함경도 경원으로 유배되었다.

명종 말엽 윤원형이 몰락하고 사림파가 다시 힘을 얻자 양사와
홍문관에서는 여러 차례 이감을 죄줄 것을 청하였으나, 명종의 중
재로 다행히 죽음은 면하였다. 1581년(선조 14) 나라에 천재지변이
심하여 대사면령이 내렸을 때, 이감도 방면되었다.

을사사화의 인물 36

김안로의 잘못을 지적해 좌천당한 권철

권철權轍의 자는 경유景由, 호는 쌍취헌雙翠軒, 시호는 강정康定
으로 1503년(연산 9) 강화江華 부사 권적權勣과 안탁安擢의 딸 순흥
順興 안씨 사이에서 태어났다. 그는 1528년(중종 23) 진사가 되고,
1534년 식년문과에 을과로 급제한 뒤 성균관을 거쳐 예문관검열이

권철 신도비각

되었다. 권철은 이때 영의정으로 있던 김안로의 잘못을 지적하여 좌천되었다가 김안로가 사사된 1537년(중종 32) 복관되어 저작, 박사 겸 시강원설서를 거쳐 1539년 수찬, 병조와 이조의 좌랑, 이조·병조·형조의 정랑, 교리, 헌납 등을 역임한 뒤 1550년(명종 5) 승문원 판교와 동부승지를 거쳐 1553년(명종 8) 도승지, 1556년 형조 판서가 되었다. 그는 1558년에는 명나라의 책세자사신册世子使臣이 올 때 원접사가 되었으며 이어 우찬성을 역임하고, 1565년(명종 20) 윤원형이 실각하자 우의정이 되었으며 1567년(선조 즉위)에는 좌의정, 1571년에는 영의정에 올랐다.

1578년(선조 11) 세상을 떠난 권철의 본관은 안동이며 증조부는 권마權摩, 할아버지는 군수 권교權僑이고 그의 아들은 권율權慄이다. 권철의 묘소와 신도비는 경기도 양주시 장흥면 석현리에 있으

며 신도비는 1847년(헌종 13)에 건립된 것으로, 비문은 이민구李敏
求가 찬하고 권응기權應基가 썼으며 이유원李裕元이 전액을 썼다.

삼사의 요직을 두루 거친 소윤 김광준

김광준金光準은 1519년(중종 14) 별시 문과에 병과로 급제해 예
문관검열을 거친 뒤 승정원 주서를 역임하고 1532년 이조정랑에 이
르렀다. 그는 이후 헌납으로 옮겼다가 장령으로 승진하였으며 1539
년(중종 34)에는 홍문관전한이 되어 경연의 시강관을 겸임한 뒤 삼
사의 청환직을 두루 거치고 1543년(중종 38) 왕의 특명으로 강원도
관찰사에 임명되었다.

이어 대사간이 된 김광준은 명종이 즉위하자 소윤의 한 사람으로
서 을사사화를 일으켜 추성위사홍제보익공신推誠衛社弘濟保翼功臣
2등으로 상락군上洛君에 책봉되고, 대사헌으로 승진하였다. 그는
호조참판, 이조참판, 호조판서를 거쳐 1546년(명종 1) 이조판서가
되었으며 이어 우참찬과 우찬성을 역임하고, 1553년 판돈령부사에
이르렀다. 김광준의 태어난 해는 알려지지 않으며 1553년(명종
8) 세상을 떠났다. 그의 본관은 상주尙州, 자는 숙예叔藝이다.

현량과 출신으로 홀로 조정에 남은 김명윤

1493년(성종 24) 태어난 김명윤金明胤의 본관은 광산光山, 자는 회백晦伯이며 아버지는 좌참찬 김극핍이다.

김명윤은 1513년(중종 8) 진사시에 합격하고 1519년 현량과에 급제하여 홍문관 부정자, 저작 등을 지냈다. 그는 기묘사화 후 현량과가 사라지자 음직으로 남아 있다가 1524년(중종 19) 별시 문과에 병과로 급제하였다. 이때 모든 현량과 출신들은 쫓겨났으나 김명윤만은 홀로 조정에 남아 사림의 비난을 받았다.

그는 이듬해 형조좌랑에 이어 예조참의, 도승지, 경기도 관찰사 등을 역임하였다. 김명윤은 명종이 즉위한 뒤 일어난 을사사화에 참여하고 을사추성정난공신乙巳推誠定難功臣이 되어 광평군光平君

김명윤 묘소. 뒤편으로 아버지 김극핍의 묘소가 보인다.

에 봉해졌다.

김명윤은 이어 개성 유수, 형조참판, 평안도 관찰사, 동지중추부사, 호조참의, 우참찬을 역임하한 뒤 병조판서, 이조판서 겸 판의금부사, 의정부 좌찬성, 지경연사, 판돈령부사 등을 지냈다.

『중종실록』에서는 김명윤에 대해

〈오직 시의時議에 따라 붙는 것으로 발신發身의 발판으로 삼았다.〉

라고 기록하였다. 이와 같은 결과로 김명윤은 선조가 즉위하자마자 대간의 탄핵을 받아 1567년(선조 즉위) 삭탈관직에 처해질 뻔하였으며, 1572년(선조 5) 죽은 뒤에 충훈부에서 그를 대신의 예에 따라 장례하도록 함으로써 또다시 그 부당함을 주장하는 논란이 일었다.

을사사화의 인물 39
신숙주의 손자 신광한

신광한申光漢은 신숙주申叔舟의 손자이자 신형申涧의 아들로 1484년(성종 15) 태어났다. 그는 어려서는 글 읽기를 싫어하였으나 15세 때부터 학문에 집중하더니 몇 년 후에는 당당한 학자로 인정받았으며 1510년(중종 5)에는 을과에 급제하였다.

그러나 그는 1512년 조광조 일파로 몰려 벼슬을 빼앗기고 여주 원형리元亨里에 물러나 있다가, 김안로가 사사당한 1537년(중종 32)에 용서되어 직첩을 환급받고 이듬해 복직하였다. 신광한은 1545년(명

신광한 묘소

종 즉위)에는 대제학으로서 위사공신 3등의 호를 받고 우참찬 겸 양
관 대제학, 지의금부사, 지성균관사, 동지경연사를 함께 지내고
1550년 좌찬성, 1553년(명종 8) 우찬성에 올랐다.

1555년(명종 10) 세상을 떠난 신광한의 본관은 고령高齡, 자는 한
지漢之와 시회時晦, 호는 기재企齋 · 낙봉駱峰 · 석선재石仙齋 · 청성
동주靑城洞主, 시호는 문간文簡이다. 그의 저서로 『기재집企齋集』이
있다.

을사사화의 인물 40
김안로의 재집권을 막으려다 좌천된 송인수

송인수宋麟壽는 1487년(성종 18) 참봉 송세량宋世良의 아들로 태
어나 1522년(중종 17) 문과에 급제해 홍문관정자, 수찬 등을 역임하

였다. 그는 대간으로 있으면서 김안로가 재집권하는 것을 막으려 했으나 김안로 세력에 밀려 제주 목사로 좌천되었다가 사수泗水에 귀양을 갔다.

그는 이후 김안로가 제거된 뒤 소환되어 예조참의, 승지, 병조 · 예조 · 형조의 참판을 역임한 뒤 성균관대사성이 되어 성리학을 강론하는 등 활약하였으나 윤원형이 세력을 얻으면서 그의 압력으로 전라도 관찰사의 외방으로 나가야 했다. 송인수는 중종 서거 뒤 한성 좌윤을 지냈으며, 인종이 서거한 뒤에는 죽임을 당할 뻔하다 이후 수년간을 고향에서 조용히 지내던 중 1547년(명종 2) 결국 사약을 받았다.

성인수는 당시 성리학의 대가로서 추앙을 받았으며 저서로『규암집圭庵集』을 남겼다. 그의 본관은 은진恩津, 자는 미수眉叟 , 호는 규암圭庵, 시호는 문충文忠이다.

이조판서로 친족을 대거 등용한 최보한

최보한崔輔漢은 1524년(중종 19) 생원으로 별시 문과에 병과로 급제해 선전관이 되었으며 1527년에는 이문전시吏文殿試에 급제해 문반으로 직을 옮겼다. 그가 사간원 정원으로 있던 1533년(중종 28)에는 당하관들이 벌이던 시 짓기 시합인 각촉부시刻燭賦試에서 차석을 하여 왕으로부터 활을 상으로 받았다.

그가 지평, 사간원헌납을 역임하던 1537년에는 당시의 권간 김안로와 그 일당을 축출하는 데 앞장섰다. 최보한은 이어 응교, 전한, 사인 등을 거쳐 1539년 부제학, 1540년 대사헌, 대사간 등 삼사의 장을 역임하고 한성부 우윤과 형조참판을 역임하였으며 1541년(중종 36)에는 다시 대사헌이 되었다. 그는 이듬해에는 동지사로 명나라에 다녀왔으며, 1543년에는 이조참판이 되었다.

1545년(인종 1) 인종이 서거하여 최보한이 수릉관守陵官에 임명되자 그는 대신에게 찾아가 자신의 정강이뼈를 내보이며 수척한 몸으로 삼년상을 견디어낼 수 없다고 사정하여 교체되었다. 그는 이 일로 대간의 탄핵을 받았으나 백인걸의 변호로 무마되었다.

이어 을사사화가 일어나자 최보한은 이기의 족질로서 대윤 일당을 제거하는 데 앞장선 공으로 위사공신 2등에 책록되고 수산군隨山君에 봉해졌으며 가선대부에 올랐다. 최보한은 그 뒤 이조판서가 되어서는 친족들을 대거 등용하는가 하면, 청탁을 공공연히 들어주며 뇌물을 탐하였으나 당시의 대신들은 이기를 두려워하여 이기의 수하인 최보한의 죄에 대해 감히 입을 열지 못하였다.

최보한의 본관은 수원水原, 자는 언경彦卿이며 아버지는 최윤명崔潤明, 어머니는 이의석李宜碩의 딸이다. 그의 태어난 해는 확실하지 않으며 1546년(명종 1) 세상을 떠났다.

문정 왕후 교지의 잘못됨을 지적한 임보신

임보신任輔臣은 1544년(중종 39) 별시 문과에 병과로 급제해 1545년 홍문관에 입관하여 저작, 박사, 부수찬, 부교리 등을 역임하였으며 이후 강원도 어사, 공조정랑, 전라도 어사, 수안 군수, 교리 등을 지냈다.

임보신 묘비

그는 지평으로 재임할 당시 문정 왕후의 교지가 잘못된 사실을 지적하였는데, 여러 종친들이 조용히 넘어가도록 회유하였음에도 끝까지 시정할 것을 고집하여 한동안 관직 생활이 순조롭지 못했다.

그는 1554년(명종 9) 다시 전라도 어사, 장악원정, 승문원 판교 등에 제수되었으며 1557년 형조참의를 끝으로 벼슬에서 물러났다가 이듬해인 1558년(명종 13) 세상을 떠났다.

그의 용모가 단정하고 말과 웃음이 적어 집안이 숙연하였다는 평가를 받았다. 임보신은 뒤에 청백리에 녹선되었으며, 저서로 『초포만록樵圃縵錄』, 『병진정사록丙辰丁巳錄』 등을 남겼다. 그의 본관은 풍천豊川, 자는 필중弼仲, 호는 초포樵圃이며 묘는 경기도 회천읍 율정리 산2번지(현 양주시 회천동)에 있다. 아버지는 관찰사 임추任樞이다.

대윤 일파로 파직당한 한숙

한숙韓淑은 1494년(성종 25) 세마 한근韓謹의 아들로 태어나 1525년(중종 20) 진사로 식년문과에 병과로 급제하였다. 권지정자로 채용된 그는 지평, 헌납, 장령, 사간 등을 역임하고, 1541년에는 도승지가 되었다. 그는 이어 강원도 관찰사로 나갔다가 공조와 호조의 참판을 지내고 1543년(중종 38) 대사헌을 거쳐 공조판서로 승진한 뒤 동지사로 명나라에 다녀왔으며 이듬해 한성부 우윤을 지내고, 1545년(명종 즉위)에는 고부 겸 청승습사로 다시 명나라에 다녀왔다.

한숙은 을사사화에 대윤 일파라 하여 파직당하고 이산에 유배되었다가 1560년(명종 15) 배소에서 죽었다. 그의 본관은 청주淸州, 자는 자순子純, 호는 간이당簡易堂이며 묘는 경기도 양주시 백석읍 해유령蟹踰嶺 부근에 있다.

김안로 배척에 힘쓴 홍춘년

홍춘년洪春年은 1534년(중종 29) 사마시에 합격하고 이듬해 문과에 급제하였다. 1537년 김안로가 중종의 제2계비인 문정 왕후의 폐위를 도모하다가 발각되자 그는 윤풍형尹豊亨, 채세영蔡世英, 김광진金光軫, 정희렴鄭希廉, 허경許坰 등과 함께 김안로를 배척하기 위해 노력하였다. 홍춘년은 1558년(명종 13)에는 접안사로서, 1567년(명종 22)에는 부사로서 명나라에 다녀왔으며 벼슬은 강릉 대도호부사를 거쳐 통정대부, 강원도 관찰사에 이르렀다.

그의 생몰년은 미상이며 본관은 남양南陽, 자는 화중和仲, 호는 치암癡岩이며 묘는 경기도 양주시 남면 상수리에 있다. 홍춘년은 대교 홍계정洪係貞의 둘째 아들이며, 그의 형은 홍춘경洪春卿이다.

윤원형 비호에 앞장선 백인영

백인영白仁英은 백익장白益長의 아들로 태어나 1537년(중종 32) 식년문과에 갑과 2등으로 사촌 동생 백인걸과 함께 급제하였다. 그는 1539년 서장관으로 명나라에 다녀와 사간원헌납이 되었으며, 1542년(중종 37)에는 사헌부장령이 되어 대사헌 정순붕과 같이 윤원형 비호에 앞장섰다. 그는 1545년 명종 즉위 뒤 홍문관교리, 사간원사간, 군자시정 등을 역임하고 1549년(명종 4) 양주 목사를 거쳐 내섬시정, 좌부승지, 우승지 도승지 등을 지내고 공조참의에 이르렀다. 백인영의 생몰년에 대한 기록은 없으며 본관은 수원水原, 자는 언화彦華이다.

공물의 폐단을 개선하고자 노력한 신영

신영申瑛은 1499년(연산 5) 증 판서 신세경申世卿과 증 예조참판 박사란朴思攔의 딸 사이에서 태어나 김식의 문하에서 수학하였다. 그는 1516년(중종 11) 진사시에 합격하고 1523년 알성문과에 갑과로 급제하여 홍문관에 발탁되었으며 수찬으로 있던 중 사림파로서 신사무옥에 화를 입은 스승 김식을 변호하다가 탄핵을 받았다.

신영은 이후에도 형조좌랑, 함경도 도사를 거쳐 공조 · 형조 · 병조의 정랑과 지평을 역임하던 중 권신에게 아부하지 않아 수원 부사로 좌천되었으나 선정을 베풀어 백성들의 우러름을 받았다. 이어 한성부 서윤을 지낸 신영은 10여 년 동안 이조 · 호조 · 예조 · 병조의 참판을 역임하였으며, 명종이 즉위한 뒤 호조참판으로 있을 때

신영 묘소

는 흉년을 당한 백성들을 위한 진휼 정책에 각별히 진력하였으며, 이에 따라 공물貢物의 폐단을 개선하는 노력에도 열심이었다.

신영은 1550년(명종 5) 한성부 우윤을 거쳐 대사헌, 대사간을 역임하면서 당시의 권신인 이기를 맹렬히 탄핵하였으며 이어 호조판서, 한성부판윤, 우참찬을 지냈으나, 박한종朴漢宗 사건에 연루되어 지중추부사로 체직되었다. 1559년(명종 14) 세상을 떠난 신영의 본관은 평산平山, 자는 윤보潤甫, 시호는 이간夷簡이다.

음험한 성품으로 모의에 능하였던 환관 박한종

박한종朴漢宗은 중종, 인종, 명종의 3대 임금을 섬기면서 궁중의 일을 맡아보았으며 혼란한 당대에 음흉한 성품을 품고 항상 남을 해치고자 하는 모의를 잘하였다. 특히 그는 1545년 을사사화 때 전령 내시로서 문정 왕후 편에 가담하여 궁중의 기밀을 탐지해 준 공로로 추성정난위사공신推誠定難衛社功臣 3등에 책록되고, 밀성군密城君에 봉해졌다.

박한종은 1553년 내수사가 설치되자 제조가 되어 내간 수리 총감역관으로서 경복궁의 강녕전康寧殿을 수리하다가 실화로 태워 버린 책임을 지고 삭직당하였다. 그는 1556년에는 다시 밀성군에 봉해졌으며 1560년에는 승언색承言色이 되었다. 박한종의 태어난 해는 기

강녕전

록에 남아 있지 않으며 1563년(명종 18) 세상을 떠났다.

억울하게 죽은 인종을 위해 절의를 지킨 김인후

조선 시대 사림의 영수로는 경기도 지방의 김안국과 조광조, 호남 지방의 김인후金麟厚, 영남 지방의 이언적, 이황, 조식 등을 들 수 있다. 그중 김인후는 도학道學의 이론적 탐구에도 일가를 이룬 사림의 영수였는데 송시열宋時烈은 김인후의 신도비명에 적기를

〈도학과 절의와 문장을 겸유한 인물로서 하서河西(김인후의 호)는 하늘이 도와 우리나라에 내려 주신 분이다.〉

라고 극찬하였다. 김인후가 도학에 관해 저술한 것은 많지 않으나 그의 성리학 이론은 유학사에 있어서 중요한 위치를 차지하고 있

다. 당시 이항과 기대승 사이에 태극 음양설에 대해 논란이 있자 김인후는 이항의 태극 음양 일물설一物說을 반대한 기대승의 이론에 동조하여 후일 기대승의 주정설主情說 형성에 깊은 영향을 미쳤으며 후일 이황과 기대승의 사단칠정四端七情 논변의 배경이 되었다. 이항의 학설은 이理와 기氣가 다르지 않은 하나라는 것이다. 이항은 전라북도 태인泰仁에서 살았고 김인후는 전라남도 장성長城에서 살았는데, 태인과 장성은 노령蘆嶺산맥을 사이에 둔 이웃으로서, 그들의 학설이 서로 입장을 달리하고 있음은 흥미롭다.

또한 김인후는 노수신과 「숙흥야매잠해夙興夜寐箴解」를 논하며 마음이 일신을 주재한다는 노수신의 설을 비판했는데, 그는 마음이 일신을 주재하지만 기氣가 섞여서 마음을 밖으로 잃게 되면 주재자를 잃게 되므로, 경敬으로써 이를 바르게 해야 마음이 일신을 주재할 수 있다는 주경설主敬說을 주장했다.

김인후의 제자로는 정철, 변성온卞成溫, 기효간奇孝諫, 조희문趙希文, 오건吳健 등이 있다.

김인후는 1510년(중종 5) 전라도 장성에서 참봉 김영金齡과 옥천玉川 조趙씨 사이에서 태어났으며, 10세 때 김안국에게서 『소학小學』을 배웠다. 1531년 사마시에 합격한 그는 성균관에 입학하여 이때 만난 이황 등과 두터운 교분을 나누었다. 김인후는 1540년(중종 35)에는 별시 문과에 병과로 급제하여 권지승문원부정자에 등용되었으며, 이듬해에는 호당에 들어가 사가독서하고, 홍문관저작이 되었으며 34세이던 1543년(중종 38)에는 홍문관박사 겸 세자시강원

설서로 보양청輔養廳에 나아가 세자를 보도輔導하는 임무를 맡았다.

김인후는 또한 홍문관부수찬으로 있으면서 상소문을 올려 1519년(중종 14)의 기묘사화에 억울한 죽음을 당한 이들을 신원해 줄 것을 청하며 중종이 일으킨 사화가 바른 선비들을 희생시켰음을 깨닫기를 바랐다.

〈한 나라가 넓다고 해도 오직 한 사람이 다스릴 수 있고, 일이 번거롭고 많다 하더라도 오직 한 마음이 주체할 수 있으니 임금의 일심은 교화의 근원이요 기강이 서는 근거이옵니다.〉

김인후는 이와 같은 직간으로 중종이 어진 인재를 등용하고 정사를 밝게 분별하여 바로잡도록 힘썼다.

김인후는 그해에 부모의 봉양을 위해 옥과 현감으로 나갔다가 인종이 즉위한 뒤 제술관으로 불려왔다. 인종은 계모 문정 왕후와 윤원형을 비롯한 척족들로 인해 불안해하였고 왕의 건강이 좋아지지 않자, 김인후는 인종의 의약 제조에 참여하고자 청원하였으나 거절당하였으며 또 인종의 치료를 문정 왕후와 다른 궁에서 해야 한다는 그의 주장도 받아들여지지 않았다.

결국 인종은 1545년 재위 8개월 만에 석연치 않은 병으로 서거를 하고, 문정 왕후의 소생인 경원 대군이 명종으로 즉위하였다. 김인후는 인종의 승하 소식을 듣자 집 앞 남산에 올라 술을 마시며 실성한 사람처럼 종일토록 통곡하였다. 그리고 곧이어 을사사화가 일어나자, 병을 이유로 관직을 버리고 고향 장성에 돌아가 버렸다.

그는 명종 즉위 뒤 1554년(명종 9)까지 성균관전적, 공조정랑, 홍문관교리, 성균관직강 등에 여러 차례 제수되었으나 사직하고 나가지 않았다. 김인후는 학자로서 최고의 영예인 홍문관교리로 부름을 받았을 때는 술을 여러 말 준비해 한양으로 가는 도중 대나무 숲이나 꽃이 핀 곳이 있으면 쉬엄쉬엄 가다가 술이 떨어지자 집으로 되돌아와 버렸다. 그는 겉으로는 표현하지 않았으나 간신의 화를 입은 인종을 위한 절의를 지키고자 한 것으로 임종 무렵에는 을사사화 이후의 관작은 사후에 쓰지 말라는 유언을 남겼다.

뒷날 효종은 세자 현종에게 말하기를

"밖에서 보면 하서의 행동은 인종과 문정 대비를 이간하려는 것으로 보이나 그의 행동은 진실한 충성이었다."

고 하였으며, 율곡 이이는

"의리가 바른 점은 해동海東(우리나라)에 김인후와 비길 사람이 없다."

고 말하였다.

1560년(명종 15) 세상을 떠난 김인후의 본관은 울산蔚山, 자는 후지厚之, 호는 하서河西와 담재湛齋, 시호는 문정文正이다. 그는 시문에 능하여 『하서집』, 『백련초해百聯抄解』 등 10여 권의 시문집을 남겼고 천문, 지리, 의약, 산수, 율력律曆에도 정통하여 『주역관상편周易觀象篇』, 『서명사천도西銘四天圖』 등의 저서도 남겼다.

그는 1796년(정조 20) 문묘에 배향되고, 장성의 필암서원筆巖書院, 옥과의 영귀서원詠歸書院에 제향되었으며, 대광보국숭록대부 영의정 겸 영경연, 홍문관, 예문관, 춘추관, 관상감사에 추증되었다.

필암서원

영귀서원

글씨에 일가를 이룬 남응운

　남응운南應雲은 1509년(중종 4) 참판 남세건南世健과 이윤식李允湜의 딸 사이에서 태어났으며 할아버지는 삭녕朔寧 군수 남변南이자 조선 개국공신 남재南在의 후손이다. 그는 문무를 겸비한 인재로서 임금이 직접 확인하던 문과 시험인 서총대과瑞葱臺科의 시예에서 모두 합격하였으며, 상례에도 밝고 글씨에도 일가를 이루었는데 특히 전서와 주서에 능해 많은 비에 전서를 썼다. 현재 남아 있는 남응운의 작품으로는 개성에 있는 「서화담경덕비徐花潭敬德碑」, 운봉雲峰에 있는 「황산대첩비荒山大捷碑」, 과천의 「허엽신도비許曄神道碑」, 장단에 있는 「허종신도비許琮神道碑」 등의 전서가 있다.

남응운은 1535년(중종 30) 별시 문과에 병과로 급제하여 1537년 교서관 검열, 승정원 주서를 지냈으며 김안

남응운이 쓴 허엽 신도비

로 탄핵에 앞장서기도 했으나 춘추관 기사관을 겸하면서 사관으로서의 역할을 소홀히 했다는 탄핵을 받기도 했다. 이어 그는 강계 판관을 지내고, 1545년(인종 1) 사성으로 편수관이 되어 『중종실록』 편찬에 참여하였으며 1546년(명종 1) 장령이 되어 1549년에는 양사의 관원과 함께 이기, 윤인경, 정순붕 등이 국정을 마음대로 좌지우지하는 상황을 막고자 탄핵하였으나 실패했다. 그는 이어 길주吉州 목사, 1551년 장례원 판결사, 좌부승지, 우부승지, 참찬관 등을 지내고 1554년 황해도 관찰사로 나아간 뒤 1557년(명종 12) 형조와 병조의 참의, 1559년 우승지와 함경도 병마절도사, 1561년 동지중추부사, 1564년(명종 19) 경기도 관찰사, 이듬해 경상도 관찰사 등을 역임하고 1584년(선조 17) 공조참판에 이르렀다.

1587년(선조 20) 세상을 떠난 남응운의 본관은 의령宜寧, 자는 치원致遠, 호는 국창菊窓·난재蘭齋·관원灌園이며 묘소는 의령 남씨

가 오랫동안 세거해 온 경기도 성남시 수정구 태평동에 있었으나 신도시 개발로 인해 충청남도로 이장되었다.

태종의 후손으로 중종의 총애를 받은 이영현

이영현李英賢은 태종의 외가쪽 후손이라 하여 중종으로부터 총애를 받았으며 또한 지방관으로서 민가에 폐해를 주는 관습들을 덜고 생활을 안정시켜 백성들의 칭송을 받았다.

이영현은 고려의 문신 이집李集의 5대손이자, 대사간 이예손李禮孫의 증손, 통례원 통례 이극견李克堅의 손자로 1507년(중종 2) 태어났다. 그의 아버지는 증 참판 이남李𡐔, 어머니는 목사 이승원李承元의 딸이다.

그는 1525년(중종 20) 사마시에 합격하고 1537년(중종 32) 별시 문과에 병과로 급제해 홍문관정자를 지내고, 이듬해 탁영시에 병과로 급제해 박사, 수찬, 정언, 지평 등을 지냈으며 1544년에는 시독관, 교리, 사복시정을 거쳐 이듬해 응교, 사간 등을 역임하였다.

이영현은 명종이 즉위한 뒤 척신 윤원형 등의 횡포를 지적하였다가 그들의 시기를 입기도 하였다. 그는 1554년(명종 9) 직제학에 이어 승지, 종부시정, 이조참의, 형조참의, 한성부 우윤 등을 지내고, 1562년(명종 17) 청홍도淸洪道 관찰사로 나갔으며 1567년(명종 22)

에는 첨지중추부사로서 정조사가 되어 명나라에 다녀왔다.

이영현은 1568년(선조 1) 동지춘추관사로서 『명종실록』 편찬을 지휘하였으며 그 뒤 잠시 파직되었다가 1570년 재서용되어 한성부좌윤을 역임한 뒤 예조·형조·공조의 참판, 개성 유수 등을 지냈다.

1572(선조 5) 세상을 떠난 이영현의 본관은 광주廣州, 자는 희성希聖이며 묘소는 경기도 성남시 중원구 하대원동下大院洞에 있다.

간신배의 횡포를 피해 낙향한 유사

유사柳泗는 27세에 문과에 급제하여 사헌부, 사간원, 홍문관 외 여러 벼슬을 거치고 무장 현감, 전라 도사, 삭주 부사, 종성 부사 등을 역임하였다. 그는 당파 싸움으로 발생한 1519년(중종 14)의 기묘사화로 이상 정치를 실현하고자 하던 조광조, 김정, 박상과 같은 어진 인물들이 쫓겨나거나 죽임을 당하는 등 세상이 혼돈에 빠지자 목숨과 지조를 지키기 위해 벼슬을 버리고 고향에 돌아와 숨어 살기도 했다.

1545년(명종 즉위)에는 을사사화가 일어나 명종의 외숙 윤원형이 인종의 외숙인 윤임과 그 일파인 유관, 유인숙 등이 희생당하자 권신을 배척하는 상소를 올렸다가 무고를 받고 퇴직해야 했다.

때마침 명종의 왕비 인순 왕후의 외삼촌 이양이 권력을 얻게 되

면서 유사를 만나고자 하였으나, 그가 응하지 않자 소윤 윤원형 일
파는 물론 이양 일파까지 유사에게 횡포를 부렸다.

이로 인해 고향에 돌아온 유사는 전라도 본덕리本德里(현 광주시
광산구 본덕동本德洞) 남쪽 노평산盧平山 기슭에 호가정浩歌亭을 짓
고 시를 쓰고 학문을 닦는 생활을 하였다. 아래는 그가 호가정을 짓
고 읊은 시이다.

浩歌亭 原韻 호가정 원운

石枕松陰轉 석침송음전
風欄野色回 풍란야색회
寒江明月裏 한강명월리
裝雪小舟來 장설소주래

시원한 돌베개에 솔 그늘 더욱 짙고
바람은 난간을 돌아 들빛이 푸렷하네.
차가운 강물 위의 밝은 달빛 아래
눈을 실은 작은 배가 한가로이 돌아온다.

下有九江上有天 하유구강상유천
老人無事倚風煙 노인무사의풍연
奔忙往跡何心計 분망왕적하심계

晩契堪隣岸鳥眠 만계감련안조면

아래는 구강이 있고 위로는 하늘인데
늙은이 할일 없어 세속에 내맡겼네.
바빴던 지난 일을 뭣하러 생각할고.
늦사귄 물새가 한가로이 졸고 있네.

유사는 벼슬을 내던지고 고향으로 돌아와 산과 강, 넓은 들판이 한눈에 바라다 보이는 조용한 장소에 아담한 정자를 짓고 자연과 벗하면서 좌절된 자신의 뜻과 시름을 달래었다. 그러나 어지러운 조정을 뒤로 하고 멀리 떠나 풍류를 즐기고자 하여도 마음이 편하지는 않았을 것이다.

이양 일파가 쫓겨난 뒤 조정에서는 유사에게 도승지와 영해寧海 도호부사를 중용하고 다시 불렀으나 그는 병을 핑계로 돌아가지 않았다.

유사는 1503년(연산 9) 5월 14일 봉훈랑奉訓郞 경흥慶興 교수 유희송柳希松의 아들로 태어나 1571년(선조 4) 향년 70세를 일기로 세상을 떠났으며 본관은 서산瑞山, 호는 설강雪江이다. 그는 이황, 이언적 등과 교유하였으며, 당대의 대학자로 숭앙받던 그가 세상을 떠나자 전라도의 유림들이 유사의 학덕과 높은 기절을 기리며 경렬사景烈祠를 지어 제향하였다.

한편 유사는 장인 이한李翰에게 뒤를 이을 자손이 없자 자신이 장인과 장모의 제사를 극진히 지냈으며, 자기 자손에게도 외손봉사 外孫奉祀할 것을 유언하여 지금까지도 유씨 문중에서 제사를 모시고 있다.

어전에서 외척의 전횡을 직간한 유종선

유종선柳從善은 1519년(중종 14)에 태어나 1543년(중종 38) 진사시에 합격하고, 1546년(명종 1) 증광 문과에 을과로 급제하였다. 유종선의 아버지는 증 호조참판 유유柳柔, 어머니는 광흥수廣興守 임문재任文載의 딸 풍천豊川 임씨이며, 할아버지는 병절교위 유자공柳自恭, 증조부는 충무위 부사정 유계원柳繼源이며 아내는 별좌 김택金澤의 딸 안동安東 김씨이다.

숙부 유정柳貞에게서 수학한 유종선은 이후 승문원 부정자, 박사를 거쳐 감찰이 되고 강원도 양구楊口 현감으로 나가 어려움에 처한 백성들을 구휼하였다. 그는 그 뒤 예조정랑을 거쳐 1555년에는 성절사를 따라 서장관으로 명나라에 다녀와 지평, 종부시 첨정을 역임하고 1557년(명종 12)에는 통례원 봉례로서 순회 세자의 예절 교육을 담당하였다. 그는 이어 지제교, 시강원 문학, 수찬, 사섬시정, 홍문관교리, 장령, 사간, 부응교 등의 요직을 거쳤다.

한편 유종선은 사간으로 재임하던 1561년 어전에서 외척의 전횡을 치죄할 것을 직접 주청하여 주위 사람들의 간담을 서늘하게 하였으며 이후 응교, 검상, 직제학을 역임하면서 시강하는 6년 동안 명종의 융숭한 예우를 받았다.

그는 1564년(명종 19)에는 형조참의에 제수되었다가 부승지로 전임하고 다시 외직으로 영흥, 여주, 파주坡州, 부평富平의 수령을 지냈으며 1567년(명종 22)에는 첨지중추부사에 임명되었다. 1568(선조 1) 세상을 떠난 이후에는 이조판서에 증직되었다.

유종선의 본관은 진주晉州, 자는 택중擇仲, 호는 겸재謙齋이며 묘는 경기도 광주 돌마면突馬面 율리栗里 막은동莫隱洞(현 경기도 성남시 율동)에 있다. 비문은 청강淸江 이제신李濟臣이 짓고 묘지명은 유종선의 5대손 유광정柳光廷이 17세에 글씨를 썼다. 그는 청렴하였기에 평생 어려운 살림으로 생활해야 했다.

을사사화의 인물 53

윤원형을 보좌하여 좌의정에 오른 윤개

윤개尹漑는 김안국에게서 가르침을 받았는데, 학문에는 깊지 못하다는 평을 들었다. 그는 1516년(중종 11) 식년문과에 병과로 급제해 홍문관저작에 발탁된데 이어 승정원 주서, 사간원정언을 거쳐, 1519년에는 이조좌랑으로서 인사에 관여하면서 사림을 등용하고자 힘썼다.

그러나 그는 그해 사림파들이 화를 입는 기묘사화가 발생하자 외직으로 좌천되었다가, 한어漢語에 능통했기에 다시 내직으로 옮겨 세자시강원의 문학과 필선, 승문원 부제조 등을 역임하면서 외교 활동에 역량을 발휘하였다.

1538년에는 이전 기묘사화로 화를 당했던 이들이 다시 서용되면서 윤개 또한 충청도 관찰사와 전라도

윤개 신도비

관찰사를 지내고 동지돈령부사를 거쳐, 1543년(중종 38)에는 형조참판이 되어 『대전후속록大典後續錄』 편찬에 참여하였으며 이듬해 한성부좌윤을 지냈다. 그는 인종이 즉위하자 예조판서에 올랐으며, 어린 명종이 즉위하면서 모후인 문정왕후가 수렴청정하고 문정 왕후의 동생인 윤원형 등이 을사사화를 일으켜 대윤 일파를 제거하는데 가담하였다. 윤개는 그 공으로 추성위사홍제보익공신推誠衛社弘濟保翼功臣 2등에 책록되고 영평군鈴平君에 봉해졌다.

그는 예조판서로 오래 근무하면서 의식과 법도를 정돈하고, 1546년(명종 1)에는 한양 바깥에 있는 학교의 절목節目을 마련해 교육제도를 확실히 갖추도록 하였다. 그는 이듬해 윤원형의 편에 서면서 윤원형의 형 윤원로를 외방으로 귀양 보내는데 역할을 하고,

1550년 호조판서와 이조판서를 거쳐 1551년(명종 5)에는 우의정이 되어 8년 동안 역임하였다.

이어 윤개는 1558년 좌의정에 올랐으나 그가 천거한 간관 김계金啓가 광패한 언행으로 명종에게 미움을 받자 이를 옹호하다가 지탄을 받았다. 그리하여 그는 교묘한 화술로서 국정을 다스린다는 대간의 탄핵을 받고 면직되어 사역원 제조가 되었으나 윤원형이 좌의정을 거쳐 영의정에 오르자, 1563년(명종 18) 기로소에 들어가 궤장을 받았다.

윤개는 1494년(성종 25) 현감 윤계손尹季孫과 윤백연尹伯涓의 딸 사이에서 태어나 1566년(명종 21) 세상을 떠났다. 그의 본관은 파평坡平, 자는 여옥汝沃, 호는 회재晦齋·서파西坡이고 경기도 여주군 금사면 하호리下虎里 웃거리 마을 뒤쪽 구릉에 묘소와 영당이 있다. 그의 할아버지는 통정대부 윤구몽尹龜夢이며, 증조부는 좌참찬 윤형尹炯이다.

임꺽정을 물리치고자 했으나 물러나야 했던 유지선

유지선柳智善은 1498년(연산 4) 태어나 1522년(중종 17) 생원시에 합격하고, 1531년 식년문과에 병과로 급제하여 1535년 홍문관저작, 1538년(중종 33) 봉상시 판관, 1541년 홍문록에 오르고, 1544년

(중종 39)에는 종성 부사가 되었다.

1547년(명종 2) 사은사가 되어 송순과 함께 명나라에 간 유지선은 명나라 관리가 사관舍館(여관) 외부로의 출입을 통제하자 예부상서 비채費寀에게 항의하였다. 그러자 비채가 명나라 측에

"조선국 사신은 예로부터 예교禮敎에 익숙하여 다른 만이蠻夷의 나라와 같지 않다."

고 말하여 사관 바깥으로 자유로이 출입하도록 허가해 주었다.

그는 이듬해 대사간에 임명되었으나 간관의 장관으로 적합하지 않다는 사헌부의 상소로 해임되어 동부승지가 되었으며 이어 우부승지를 거쳐 1550년 좌부승지, 도승지, 병조참의를 지낸 뒤 1555년 장례원판결사, 1557년(명종 12) 충청 감사를 지내고 형조참판으로 승진하였다.

유지선은 1560년에는 경상도 감사가 되었으나 나이가 많아 해안의 군사 업무나 흉년으로 기근에 허덕이는 백성들을 돌보는 구황救荒 업무 등을 감당할 수 없다는 사간원의 지적으로 황해 감사로 임지를 옮겨야 했다. 그러나 그곳은 임꺽정의 일당들이 횡행하였으므로 대간들은 황해도에는 문무를 겸비한 자가 임명되어야 한다고 건의하여 사직하였다가 1573년(선조 6) 개성 유수가 되었다.

1577년(선조 10) 세상을 떠난 유지선의 본관은 문화文化, 자는 중붕仲朋이며 경기도 포천시 서면 두록동斗祿洞에 조카인 영의정 유전柳墺이 비문을 지은 그의 묘소가 있다. 유지선의 아버지는 진사 유연柳演, 어머니는 감찰 남용신南用信의 딸 의령宜寧 남씨, 할아버

지는 철산鐵山 군수郡守 유사의柳思義, 증조부는 한성부판관 유종柳淙이며 그의 부인은 생원 김엽金燁의 딸 경주慶州 김씨이다.

을사사화의 인물 55
손녀가 순회 세자의 비가 된 윤사익

윤사익尹思翼의 아들은 윤옥으로 그 딸이 명종의 아들 순회 세자의 비로 책봉되니 윤사익도 왕의 외척이 되었다.

그는 1478년(성종 9) 태어나 1514년(중종 9) 별시 문과에 을과로 급제하여 1520년 병조좌랑, 사헌부지평, 사간원헌납을 거쳐 1525년 사헌부장령에 올랐으나 이듬해 법관으로서 송사를 구한 자를 접대한 일로 체직되었다.

윤사익은 1528년(중종 23) 경성鏡城 판관으로 나아가고 1535년에는 사유師儒로 선임되었으며 1538년(중종 33)에는 통례원 좌통례로서 청백리에 선정되면서 병조참의가 되었다. 윤사익은 1539년에는 천추사가 되어 명나라를 다녀온 뒤 이듬해 가선대부에 오르면서 한성부 우윤으로 제수되고 곧 경연특진관을 겸대하였으며, 1542년에는 공조참판으로 옮겼다. 그리고 그는 1544년(중종 39) 자헌대부資憲大夫에 오르면서 판윤에 제수되고, 1546년(명종 1)에는 공조판서에 발탁되었으며 지춘추관사로서 실록의 수찬을 지휘하고, 이때 을사사화의 사후 처리에 적극 참여하였다.

1553년(명종 8) 연로해진 윤사익은 공조판서를 사직하고 지중추부사가 되었으며 1557년(명종 12)에는 윤원형의 계청으로 숭정대부에 올랐다가 1563년(명종 18) 하세하였다.

그의 본관은 무송茂松, 자는 언례彦禮, 시호는 공호恭胡이며 묘와 신도비는 경기도 여주군 대신면 보통리甫通里 새터 마을 뒷산 구릉에 있다. 그의 신도비는 김귀영金貴榮이 짓고, 송인宋寅이 썼으며, 남응운南應雲의 전액하였다. 윤사익의 아버지는 부사 윤징尹徵, 어머니는 박수신朴粹信의 딸이며, 할아버지는 윤미견尹彌堅, 증조부는 윤충보尹忠輔이고 부인은 정세걸鄭世傑의 딸이다.

을사사화의 인물 56
혼란기를 맞아 지혜롭게 살다간 임열

임열任說은 세 번 과거에 급제하여 문명을 떨쳤으며 60년 동안 조정에 있으면서 권간이나 사화에 굴복하거나 아부하지 않고 올곧은 관료의 길을 걸으면서 선비적 기품을 굳건히 지냈다.

임열은 1510년(중종 5) 참봉 임명필任明弼과 윤훤尹萱의 딸 사이에서 태어나 1531년(중종 26) 생원진사시에 합격한 뒤, 1533년에는 별시 문과에 병과로 급제해 승문원 정자가 되어 사관을 겸하였다. 그는 1536년에는 수찬으로서 문과중시에 을과로 급제하여 그해 사가독서를 하며 학문을 닦고 이어 부교리, 집의, 전한 등과 같은 문

임열 묘소

한직과 감찰직을 역임한 뒤 1543년(중종 38) 직제학이 되었다.

임열은 이듬해 병조참의가 되었다가 승지로 전보되어 왕을 보필하는 직책을 수행하고 명종이 즉위하자 대사간, 이조참의를 거쳐 대사헌을 역임한 뒤 병조참의가 되었다. 임열은 이어 외직의 경상도 관찰사로 나갔다가 다시 중앙으로 들어와서 예조참의가 되었으며 다시 평안도 관찰사로 나갔다 한성부의 좌윤과 우윤 등을 역임하였다.

임열은 공조판서로 임명되었으나 탄핵을 받아 부임하지 않았으며 1560년(명종 15) 예문관제학의 문학직을 지내고 이듬해 동지춘추관사, 도총부 도총관 등을 역임하고 다시 대사헌이 되어 관료들의 기강 확립에 힘썼으며, 1567년에는 한성부판윤에 이어 지중추부사가 되었다. 1591년(선조 24) 세상을 떠난 임열의 본관은 풍천豐川, 자는 군우君遇, 호는 죽애竹崖, 시호는 문정文靖이며 묘는 경기도 하남시 초일동草一洞에 있다. 그의 할아버지는 임제任濟, 증조부는 임장손任長孫이다.

간흉 이기의 조카 조광원

조광원曺光遠의 아버지는 우찬성 조계상曺繼商이며, 어머니는 이의무의 딸 덕수 이씨로 이기는 이씨의 오빠이다. 그의 할아버지는 조구서曺九敍, 증조부는 조섭융曺爕隆이다.

조광원은 1492년(성종 23) 태어나 1522년(중종 17) 생원시에 합격한 뒤 1528년 별시 문과에 병과로 급제하여 전적 등을 역임하고, 개성부 도사에 재직하던 중 왕을 영접하지 않았다는 이유로 파직되었다. 1538년 장령으로 기용된 조광원은 예조참의를 지내던 1540년 천추사로 명나라에 다녀와 1541년(중종 36) 좌승지를 거쳐 도승지에 오른 뒤 판결사, 병조참의, 공조참의 등을 지냈다. 그는 명종이 즉위한 1545년 함경도 병사와 관찰사를 지낸 다음 1548년(명종 3)에는 호조참판에 오르고 이어 대사헌, 한성부좌윤, 평안도 관찰사, 개성부 유수 등을 역임하였다. 조광원은 1555년(명종 10) 을묘왜변이 발발하자 경상도 도순찰사로 활약하였으며 좌참찬, 호조판서 등을 거쳐 1558년 우찬성에 이르렀다. 그는 1561년(명종 16) 판중추부사로 있으면서 70세의 나이를 들어 치사를 청하였으나 허락되지 않았다.

1573년(선조 6) 세상을 떠난 조광원의 본관은 창녕昌寧. 자는 회보晦甫, 시호는 충경忠景으로 창녕군昌寧君에 올랐으며, 묘소는 경기도 파주시 월롱면 도내리都內里에 있다.

선비가 학문에 힘쓸 것을 상소한 이담

이담李湛은 김굉필의 문인으로 1531년(중종 26) 사마시에 합격하고, 1538년 별시 문과에 급제해 여러 벼슬을 거친 뒤 1543년에는 수찬, 정언 등을 지냈다.

이담은 정언으로 있으면서 이전 몇 차례의 사화로 피폐해진 조선을 바로잡기 위해서는 선비들이 학문에 힘을 쏟고, 교화에 전력해야 함을 상소하였다. 그는 1544년에는 검토관으로서 윤은보 등과 함께 일본인들의 접대에 문제가 있음을 상소하고, 같은 해 홍문관 수찬에 제수되고, 홍문관부교리를 거쳤다.

이담은 1545년(명종 즉위)에는 공조정랑이 되었으나 을사사화에 연루되어 삭직되고, 양재역 벽서 사건으로 양산에 유배되었다가 1551년(명종 6) 풀려난 뒤에는 향리에 은거하며 학문에 정진하였다.

그는 1568년(선조 1) 다시 관직에 복귀하여 사간, 부응교를 거치고 의정부의 검상이 되었다. 이담은 이때 퇴계 이황의 학문과 도덕적으로 높은 인품을 들어 선조가 이황의 인물 등용에 대해 긍정적 입장임을 상소하였다. 그는 이듬해 우부승지에 이어 좌부승지가 되었으며, 춘추관 편수관으로 『명종실록』을 편찬하고 유희춘, 민기문閔起文과 함께 아마兒馬 1필씩을 하사받았다.

그는 1572년 좌승지, 1574년(선조 7) 승지에 이어 병조 참의에 이르렀다가 그해 하세하였다. 묘소는 경기도 파주시 백군산 기슭에 안장되었다는 기록은 있으나 확인은 되지 않으며, 덕산德山의 회암 서원晦菴書院에 제향되었다.

이담은 성리학자로서 의약, 천문, 산수 궁술, 서화에 능하였으며 문집으로 『정존재집靜存齋集』이 있다. 그는 1510년(중종 6) 이종 유李宗蕤와 엄효량嚴孝良의 딸 사이에서 태어났으며 할아버지는 첨 정 이적李績, 증조부는 이행검李行儉이다. 이담의 본관은 용인龍仁, 자는 중구仲久, 호는 정존재靜存齋이다.

을사사화로 20년 넘게 귀양살이를 한 이진

이진李震은 성품이 경솔하고 천박하여 자신의 의견을 드러내기 좋아했기에 사림을 공박하였다는 대간의 탄핵을 받기도 했다.

그는 1500년(연산 6) 이조참판 이세응의 아들로 태어나 1535년 (중종 30) 문과에 급제하고 사헌부 정언, 홍문관수찬, 강원도와 황 해도의 재상어사, 군자감 부정, 군기시정 등을 역임하였다.

이진은 그러나 1547년(명종 2) 을사사화에 연루되어 충청도 태안 에 안치되었다가 경기도 광주로 이배되어 20년 넘게 유배 생활을 하였다. 그는 선조가 즉위하면서 복위되어 의정부 사인, 삼척 도호 부사를 지냈다.

1573년(선조 6) 세상을 떠난 이진의 본관은 함안咸安, 자는 백윤

伯胤이며 묘는 경기도 광주시 중대동中岱洞에 있다.

강직하여 불의에 승복하지 않은 이준민

이준민李俊民의 외숙은 대학자 남명南冥 조식曺植으로 이준민 역시 천품이 강직해 사리에 닿지 않으면 승복하지 않았으며 자제 교육에 있어서도 매우 엄격하였으며, 항상 검소했다.

그는 1524년(중종 19) 태어나 1549년(명종 4) 식년문과에 병과로 급제하여 정자가 되었다. 이준민은 1554년 정언으로 있으면서 당시의 혼돈스러운 시대에 있어 사장 중심의 문풍을 경계하고, 경학을 장려해 의로운 행실이 활성화될 수 있도록 상소하였다. 그는 1556년(명종 11)에는 황해 도사로서 문과중시에 병과로 급제해 홍문관수찬에 올랐으며 이듬해 사헌부지평이 되어 김진金鎭, 이명李銘 등과 함께 당시의 권신인 이양의 편에 서서 윤원형 일파를 축출하였다.

이준민은 이로 인해 사람들의 비난을 받기도 했으며 그 뒤 반대파에 의해 영월 군수로 좌천되었다. 그는 1561년에는 강릉 대도호부사가 되었으나 관할 구역인 대창역大昌驛에서 아들이 어머니를 살해하는 사건이 일어나자 그 책임을 지고 면직되었다.

이준민은 이어 세자시강원 문학으로서 세자 교육에 힘쓰다가 강계 부사를 역임하였으며, 1568년 선조가 즉위하자 승정원으로 자리

이준민 묘소

를 옮겨 좌승지를 역임한 뒤 1570년(선조 3) 평안도 병마절도사가 되어 국방을 담당하였다. 그는 이후 경기도 관찰사, 공조참판 등을 거쳐 1575년에는 평안도 관찰사로 나가 북방의 경계를 지키는 임무를 수행하고 중앙으로 들어와 병조판서, 지의금부사, 의정부 좌참찬 등을 지냈다. 이준민은 특히 국방의 문제에 관심이 많았을 뿐 아니라 일 또한 잘 처리하였다.

이때 조정은 동인과 서인으로 분열해 붕당으로 인한 갈등이 생기자 이준민은 이를 매우 우려하였고, 당론을 조정하려던 이이를 특히 존경하였다고 한다. 1584년(선조 17) 이이가 사망하자 당인들은 그를 탄핵해 모두 공격하였으나, 이준민은 그에 맞서 강경하게 그 불가함을 주장하는 의기를 보였다.

붕당의 논쟁이 심해지자 그는 병을 핑계로 벼슬에 나가지 않고 은둔하였다. 1590년(선조 23) 세상을 떠난 이준민의 본관은 전의全義, 자는 자수子修, 호는 신암新菴, 시호는 효익孝翼이며 진주의 임천서원臨川書院에 제향되었다. 그의 아버지는 참봉 이공량李公亮, 어머니는 조언형曹彦亨의 딸이며 할아버지는 이정윤李貞胤, 증조부는 이건李楗이다.

청렴한 학자이자 뛰어난 문장가 이탁

이탁李鐸은 높은 덕을 지닌 지극히 청렴한 학자로서, 그리고 뛰어난 문장가로서 이름이 높았다.

이탁은 1509년(중종 4) 군수 이창형李昌亨과 박유朴維의 딸 사이에서 태어나 1531년(중종 26) 진사가 되고, 1535년에는 별시 문과에 병과로 급제한 뒤 1544년 정언을 거쳐, 지평을 역임하였다. 그는 1546년(명종 1)에는 이조정랑을 지낸 뒤 의정부 사인, 사헌부집의를 역임하고, 1548년에는 권신 이기를 탄핵하였으며 이후 사재감첨정, 교리, 전한 등을 거쳤다.

그는 1550년에는 춘추관 기주관이 되어 『중종실록』 편찬에 참여하였으며 1552년(명종 7) 동부승지와 좌부승지를 거쳐 이듬해에는 첨지중추부사가 되어 진헌사로 명나라에 다녀왔다. 이탁은 1555년에는 도승지가 되어 명종을 최측근에서 보필하였고 이조와 공조의 참의, 부제학 등을 역임하였다. 그는 1558년에는 용양위龍驤衛 호군, 한성부 우윤 등을 역임한 뒤 임꺽정의 무리가 들끓자 황해도 관찰사로 나가 임꺽정을 붙잡고 치안을 유지하기 위해 노력했다.

1564년 대사헌이 된 이탁은 관리들의 기강 확립을 위해 힘쓰고 공조·호조·예조의 판서 등을 두루 역임한 뒤 1567년(명종 22)에는 대사헌과 지경연사를 지내며 『명종실록』편찬에도 참여했다. 그는 이듬해 선조가 등극하자 의정부에 들어가 우찬성을 역임하고, 1571년(선조 4) 우의정을 거쳐, 1572년에는 관료로서 최고의 영예인 영의정에 올랐다.

그러나 이탁은 병으로 사직하였다가 1576년(선조 9) 행판중추부사로 세상을 떠났다. 그의 본관은 전의全義, 자는 선명善鳴, 호는 약봉藥峰, 시호는 정숙定肅이며 묘는 경기도 양주시 남면 한산리閑山里에 있다. 그의 할아버지는 현감 이맹희李孟禧, 증조부는 현감 이굉식李宏植이다.

중국의 사신을 접대하며 문명을 떨친 정사룡

정사룡鄭士龍은 문명으로 이름이 드높았는데 특히 중국의 사신들에게서 격찬을 받았다. 그는 여러 번 중국 사신을 접대하는 동안 중국인과 주고받은 시가 많았고 중국에 다녀온 뒤, 저서로『조천록朝天錄』을 남겼으며 그 외 저서로는『호음잡고』등이 있으며 글씨로는 광주廣州에 있는「이둔촌집비李遁村集碑」가 있다.

그는 1494년(성종 25) 부사 정광보鄭光輔의 아들로 태어났으며 영의정 정광필鄭光弼은 그의 삼촌이 된다. 정사룡은 1507년(중종 2) 생원이 되고, 1509년 별시 문과에 병과로 급제해 1511년에는 사가독서한 뒤 이듬해 부수찬과 정언을 지내고 1516년(중종 11) 황해도 도사로 있으면서는 문과중시에 장원하였다. 그는 이어 사간, 1523년에는 부제학이 되었으며, 1534년에는 동지사로서 명나라에 다녀왔다. 정사룡은 1542년(중종 37)에는 예조판서, 1544년에는 공조판서로 다시 동지사가 되어 명나라에 다녀왔으며 1554년(명종 9) 대제학이 되었으나 1558년(명종 13)의 과거에서 시험문제를 응시자 신사헌愼思獻에게 누설하여 파직당했다. 그러나 그는 같은 해 판중추부사로 복직하여 공조판서가 되었으며, 1562년에는 다시 판중추부사에 전임되었다가, 1563년(명종 18) 사림을 제거하려던 이양의 일당이라는 이유로 삭직당하였다.

1573년(선조 6) 세상을 떠난 정사룡의 본관은 동래東萊, 자는 진경震卿, 호는 호음湖陰이며 묘소는 경기도 남양주시 가운동加雲洞에 있다.

계림군 역모 사건에 걸려든 윤여해

윤여해尹汝諧는 참판 윤보의 아들이자 장경 왕후의 아버지 윤여필의 형으로 1480년(성종 11) 태어났다.

1504년(연산 10)의 갑자사화에 이세좌가 연산군의 어머니 폐비 윤씨에게 사약을 전하였다는 이유로 문책을 받을 때, 윤여해도 연루되어 곤장을 맞고 먼 곳으로 부처되었다.

윤여해 신도비

그 뒤 사면된 윤여해는 형관을 거쳐 1512년(중종 7) 사복시 판관, 1515년 상의원 판관을 지내고 훈련원정을 거친 뒤 1534년 통례원 우통례, 1543년(중종 38) 가선대부에 올라 함경도 병마절도사로 나갔다.

윤여해는 1545년(인종 1) 돈령부 도정으로 있던 중 계림군을 왕으로 추대하려는 모의에 연루되었다는 혐의를 입고 조카 윤임과 충주에 유배되었다. 이듬해인 1546년(명종 1) 그곳에서 사망한 그의 본관은 파평坡平, 자는 화중和仲이며 묘소는 경기도 교하면 당하리에 있다.

을사사화의 인물 64

나라의 기강을 헤치고 청백리에 오른 윤춘년

윤춘년尹春年은 가끔 서산 대사와 같은 대승을 맞이하여 암자로

윤춘년 묘소

나가 자연을 논하고는 하였으나, 평소 정계와 관련한 인물이 집안에 드나드는 일을 없었다고 한다. 그는 세속을 벗어나 살 것을 고려하였으나 스스로를 대학자로 자처하는 등 공명심이 높았으며 성격은 급하고 자부심이 강하였다.

한번은 이천에 사는 진사가 풀지 못한 문자를 보여주자 윤춘년이 조목조목 해석해 주었으며 또한 학문을 배우기 시작한 서생들이 지은 시부를 보고 평하기를 즐겨했다. 윤춘년 자신도 음률에 맞춰 시 짓기를 좋아해 그의 시가 많이 남아 있으며 문집으로 『학음고學音稿』가 전한다.

윤춘년은 청백리로 선정되었는데, 주색을 즐기거나 뇌물을 받지 않는 등 당시 왕의 외척으로서는 비교적 청렴한 편에 속했을지는 몰라도 소윤 일파에 가담해 비열한 방법으로 대윤 제거에 가담하였으니, 청백리에 녹선된 점은 무색하다 하겠다.

그는 1514년(중종 9) 윤안인의 아들로 태어나 1534년(중종 29) 생원이 되고, 1543년(중종 38) 식년문과에 갑과로 급제하여 문한직을 역임하였으며 명종이 즉위한 1545년, 을사사화가 일어나자 친족 윤원형과 한 편이 되어 대윤 일파를 제거하는데 앞장섰다. 윤춘년이 대윤의 거두 윤임의 손자였다는 점에서 그의 집안과 반대되는 선택이 눈에 띈다.

윤춘년은 이듬해인 1546년(명종 1)에는 병조좌랑으로서 윤원로가 탐학하고 방자한 죄상을 저질렀다는 상소를 올려 그를 제거하는 데 힘썼다. 이를 계기로 그는 윤원형의 총애를 한 몸에 받으며 이후 급속한 출세길에 올라 병조정랑, 이조정랑, 홍문관부교리 등을 거쳤다. 윤춘년은 또한 1549년부터 1552년(명종 7)에 이르는 3년 사이 사헌부장령, 홍문관응교, 홍문관전한, 사간원 대사간, 사헌부 대사헌 등의 요직을 두루 역임하였다. 1554년에는 가선대부에 올랐으며 이듬해 예조참판을 거쳐 1557년(명종 12) 지중추부사에 이르렀다.

한편 윤춘년은 윤원형이 양반과 서얼의 통혼을 허용할 것을 주장하자 이를 공박하지 않아 많은 비난을 받았다. 신분 질서가 분명했던 당시 시대에는 받아들이기 힘든 주장이었다.

윤춘년은 1558년에는 예조판서를 지내고, 동지 겸 주청사로 명나라에 다녀온 뒤 이조판서에 올랐다. 탄탄하던 그의 삶도 1565년 문정 왕후가 죽고 윤원형이 제거되자 파직당하여 향리에 은거해야 했다. 2년 뒤인 1567년(명종 22) 병으로 사망한 윤춘년의 본관은 파평坡平, 자는 언구彦久, 호는 학음學音과 창주滄洲이며 묘소는 경기도 교하면 당하리에 있다.

동생들을 단속하지 못한 윤원필

윤원필尹元弼의 아버지는 윤지임으로 그의 동생은 문정 왕후와 윤원로, 윤원형이다.

그는 1496년(연산 2) 태어나 동생이 중종의 계비로 들어가자 상의원정을 역임하고, 1564년(명종 19)에는 위사원종공신衛社原從功臣으로 녹훈되면서 대호군 겸 내승을 제수받았다.

윤원필은 1547년(명종 2) 세상을 떠난 뒤 호조참판으로 증직되었으며 그의 본관은 파평坡平, 자는 인재隣哉이며 묘소는 경기도 교하면 당하리에 있다.

윤원필 묘소

아버지 윤원로의 원수를 갚고자 한 윤백원

윤백원尹百源은 1528년(중종 23) 군기시첨정을 지낸 윤원로와 이량李亮의 딸 사이에서 태어나 중종의 맏딸 효혜 공주의 딸 김씨와 혼인하였다. 그는 1562년(명종 17) 별시 문과에 을과로 급제하여 이듬해 세자시강원 필선을 거쳐 사간원 대사간에 올랐다.

명종의 어머니 문정 왕후는 윤백원의 고모로서 외척이었으나, 작은아버지 윤원형이 세력 다툼 끝에 자신의 아버지를 죽이자 윤원형에게 원한을 품게 되었다. 윤백문은 윤원형의 횡포가 극심해지자 이를 견제하고, 원수를 갚을 호기로 여겨 이양의 일파가 되었다.

이양의 후원을 업은 윤백원은 문과 급제 1년만에 사간이 되어 자신의 세력 기반도 점차 확고해졌다. 그러나 1563년(명종 18) 사화를 일으켜 소윤을 완전히 제거하려던 이양 일파의 음모가 대사헌 기대항에게 발각되면서 이양의 계획은 물거품이 되었다. 또한 윤백원은 이양, 이감, 신충헌愼忠獻, 권신, 이영분李翎分 등과 함께 6간奸으로 지목되어 파직당하고 회령으로 유배되었다.

윤백원은 1565년(명종 20) 문정 왕후의 유언에 따라 가까운 곳으로 이배되었으며, 1577년(선조 10)에는 간성으로 이배되었다가 풀려났다. 그렇지만 1589년(선조 22) 불행하게도 집안의 불화로 인해 가족들에 의해 독살당하였다.

윤백원의 본관은 파평坡平, 자는 거용巨容이며 묘소는 경기도 교하면 당하리에 있다. 그의 할아버지는 윤지임, 조부는 윤욱尹頊이다.

중종의 장자로 사약을 받은 복성군

복성군福城君 이미李嵋는 중종과 경빈 박씨 사이에서 태어나 현감 윤인범尹仁範의 딸과 혼인하였다. 장경 왕후가 세자(인종)를 낳고 죽은 뒤 경빈 박씨는 자신의 아들 복성군을 세자로 책봉시키려는 야망을 가졌다.

그런데 1527년(중종 22) 세자의 생일에 쥐를 잡아 사지와 꼬리를 자르고 입, 귀, 눈을 불로 지져 동궁 북정北庭에 있는 은행나무에 걸어 세자를 저주한 사건이 일어났다. 이때 경빈 박씨는 사건을 사주한 주모자로 몰려 작호를 빼앗기고 서인이 되어 귀양을 가게 되었다. 복성군 역시 다음의 왕위를 잇고자 한 인물이라 하여 1533년(중종 28) 경빈 박씨와 함께 사사되었다.

1541년(중종 36) 김안로의 아들 김희가 사건을 조작한 진범으로 밝혀져 신원되었다. 복성군의 태어난 해는 알려지지 않으며 본관은 전주全州이다.

복성군 묘비

공신 홍경주의 외손자로 사사된 중종의 아들 봉성군

봉성군鳳城君 이완李岏은 희빈 홍씨에게서 태어난 중종의 아들로 영의정 정유인鄭惟仁의 딸과 혼인하였다.

1545년(인종 1) 인종의 서거를 계기로 권력을 회복한 소윤 이기와 윤원형 등은 정권의 기반을 굳히고자 을사사화를 일으켜 사림을 제거하고, 아울러 종친으로서 명망이 있던 봉성군을 제거하고자 하였다. 그리하여 임백령은 때마침 하옥된 대윤 윤임의 사위 이덕응을 위협하고 회유해 봉성군을 추대하여 역모를 꾀하였다고 거짓 자백하도록 만들었다.

소윤들은 이렇게 하여 대윤을 비롯한 봉성군을 치죄하고자 하였으나 명종은 봉성군을 처형하는 것을 반대하였다. 이후 이기는

〈인종의 병이 위독할 때 윤임 등이 봉성군으로 왕위를 이으려 하다가 형세가 불가하자 명종에게 전위하였습니다.〉

하고 참소하는가 하면 1546년(명종 1) 가을에는 대윤들이 봉성군을 왕으로 추대하려 하였다는 김명윤의 고변을 당하였다.

이에 양사에서는 처벌할 것을 논의하고 봉성군을 울진으로 유배하였으며 1547년(명종 2) 양재역 벽서 사건이 일어나자 봉성군을 왕위를 위협하는 인물로 간주하여 사사하였다. 1570년(선조 3) 이준경의 계청으로 신원되고 복관되었다. 봉성군의 태어난 해는 기록이 없으며 본관은 전주全州, 자는 자첨子瞻, 시호는 의민懿愍이다.

거열형을 당한 왕족 계림군

계림군桂林君 이유李瑠는 성종의 형 월산 대군의 손자로서 성종의 셋째 아들 계성군의 양자가 되었으며, 중종의 첫째 계비인 장경 왕후의 아버지 윤여필의 외손이 된다.

1545년(명종 즉위) 인종의 외척은 대윤 윤임 일파와 소윤 윤원형 일파로 나뉘어 정권 쟁탈전이 치열했는데, 이때 윤임을 축출하기 위해 경기 감사 김명윤이 밀계를 올렸다.

〈인종의 병환이 위중하자 윤임은 자신의 신변에 위협을 느끼고 임금의 아우(명종)를 추대하는 것을 원하지 않고 자신의 생질인 계림군 이유를 세우고자 하였습니다.〉

그 일로 조정은 발칵 뒤집혀 윤임은 제거되었고, 자신에게 화가 미칠 것을 두려워 한 계림군은 미리 양화도에서 배를 타고 도망쳐 황룡산 기슭에 있는 이웅의 집에 이르러 승려가 되어 숨어 지냈다. 계림군은 결국 토산 현감 이감남에게 체포되어 한양으로 압송되어 혹독한 고문을 당하였고, 고문에 못이긴 계림군이 거짓 자백을 함으로써 거열형에 처해졌다. 계림군은 1577년(선조 10) 신원되어 종적宗籍에 다시 이름을 올리게 되었다.

이중열은 그의 죽음에 대해 『을사전문록乙巳傳聞錄』에서 이르기를 〈틀림없이 죽을 것을 알고서도 바르게 죽음을 받는 것은 사군자士君子도 어려운 일인데, 어찌 한낱 무식한 종친으로부터 바랄 것인가.

이미 헛된 말로 죄를 꾸몄고 또 거짓 자복으로써 형을 정하여 죽였
으니 가련한 일이로다.)

라고 평하였다. 그의 생몰년은 미상이며 본관은 전주全州, 자는 언
진彦珍이다.

『을사전문록乙巳傳聞錄』　『을사전문록』은 1545년(명종 즉위) 벌
어진 을사사화에 화를 당한 인물들의 전기를 모아 엮은 저자 미상
의 책이다. 1권 1책이 사본으로 이화여자대학교 도서관에 소장되어
있으며 『유분록幽憤錄』이라고도 한다.

　『을사전문록』에 실려 있는 인물은 윤임, 유관, 유인숙, 계림군, 봉
성군, 이휘, 이중열, 나식, 나숙, 이임, 정원, 곽순, 이약해, 심령沈笭,
성우成遇, 정유심鄭惟沈, 정자, 성자택成子澤, 권벌, 이언적, 박광
우, 정희등, 유희춘, 송희규宋希奎, 백인걸 등 약 90명이다.

　『을사전문록』의 내용은 자, 본관, 친족 관계, 경력을 비롯해 그들
에게 내려진 전지순으로 기록되었다. 그리고 소윤 일파의 정순붕,
김명윤, 정언각, 이홍남, 윤춘년 등이 올린 대윤을 무고하는 상고가
실려 있으며 윤원형이 전한 삭탈 전지傳旨와 제현諸賢의 신원 전지,
교지 등도 수록되어 있다.

　마지막 부분에는 김해金垓가 지은 「향병일기략鄕兵日記略」이 첨
부되어 있는데 이것은 임진왜란 때 경상도 예안의 향인들이 1592년
(선조 25) 6월부터 이듬해 5월까지 싸운 사실에 대해 간략히 기록한
것이다.

왕의 일족임을 탐하지 않은 한경록과 의혜 공주

한경록韓景祿은 18세 되던 해에 중종의 차녀 의혜 공주와 혼인하고, 1546년(명종 1) 청원위淸原尉에 봉해졌다. 그는 1520년(중종 15) 춘천春川 부사 한승권韓承權의 둘째 아들로 태어났으며 세종 때의 문신 한확韓確의 4세손이다.

한경록과 의혜 공주의 혼인에 얽혀 전하는 사연은 아마도 을사사화 이후 그들이 향리로 내려가 살면서 생성된 이야기로 보인다. 그 전설을 보면 한경록과 의혜 공주가 근면하고 성실한 인물들이었으며, 조선 시대의 왕족이자 인척으로서 권력에 의존하지 않던 독립적인 사람들이었음을 알 수 있다.

한경록은 문정 왕후가 수렴청정할 때 대왕대비의 사위이자 당시 최고 실력자였던 윤원형의 생질로서 마음껏 영화를 누릴 수도 있었다. 그러나 한경록과 의혜 공주는 그들이 일으킨 을사사화를 보며 모든 것을 체념한 채 향리로 떠나 조용히 살기를 택하였다.

주색만을 일삼고 폭정을 자행했던 연산군에 이어 왕위에 오른 중종은 국가의 기강을 바로잡고자 많은 노력을 기울였다. 평소 가족들과 오붓한 시간을 함께할 시간이 거의 없던 중종은 하루는 11명의 딸들과 한가롭게 얘기를 나누게 되었다.

"너희들은 누구 덕으로 궁중에서 이렇게 호의호식하고 지내는지 차례대로 말해 보도록 하여라."

한경록과 그 아내 의혜 공주 묘소

중종의 이 같은 물음에 다른 공주들은 모두 부왕의 덕이라고 대
답하였다. 그러나 의혜 공주만은

"사람은 누구나 자신이 쌓은 업보대로 살아가는 것이온데, 오늘
날 궁중 생활이 편안하다고 해서 이를 어찌 아바마마의 덕이라고
할 수 있겠사옵니까."

하였다. 이 말을 들은 중종은 괘씸한 생각에 이튿날 동대문을 열 때
제일 먼저 들어오는 자에게 의혜 공주를 시집보내도록 명하였다.
한편 숯을 구워 한양에 내다 파는 숯장수였던 한경록은 타고난 성
품이 워낙 부지런하고 성실했기에 파루종이 울리면서 동대문이 열
리면 늘 첫 번째로 장안에 들어섰다.

이렇게 하여 가난한 숯장수 한경록의 아내가 된 의혜 공주는 모
든 것을 자신의 업이자 인연이라고 생각하며 그 뒷바라지를 열심히
하였다.

그러던 하루는 의혜 공주가 남편 한경록이 일하는 숯터에 올라가

게 되었다. 한경록은 전날 구워낸 참숯을 한양에 내다 팔기 위해 숯섬에 차곡차곡 담아 넣고 있었다. 이를 보던 의혜 공주는 깜짝 놀라지 않을 수 없었다. 숯가마의 이맛돌이 모두 누런 황금이었기 때문이다. 그때까지 한경록은 금덩어리를 한낱 예사로운 돌로만 여겨왔던 것으로, 이후 두 부부는 황금을 팔아 논밭을 마련하고 열심히 농사지어 큰 부자가 되었다.

1589년(선조 22) 70세를 일기로 생을 마감한 한경록의 본관은 청주淸州, 자는 중문仲紋이며 묘는 경기도 의정부시 호원동虎院洞에 있다.

을사사화의 인물 71

인종의 정비와 네 후궁

인종은 정비 인성仁聖 왕후 나주羅州 박씨와 네 후궁을 거느렸으나 소생은 전혀 두지 못하였다.

인종의 정비 인성 왕후는 나주 즉 반남潘南이 본관으로 은율殷栗 현감이던 금성부원군 박용의 딸로 1514년(중종 9) 10월 1일에 인종보다 한 해 먼저 출생하였다.

박씨는 1524년(중종 19) 11세로 세자빈에 간택되어 가례를 치르고 1544년(중종 39) 11월 20일에 인종이 즉위하자 왕비로 책봉되었다. 인성 왕후는 인종이 동궁이었던 시절 인종에게 끊임없이 닥치

귀인 영일 정씨 묘소. 인종 후궁, 정철 여동생.

는 위해에 시달리며 불안한 나날을 보내야 했다.

또한 이듬해 7월 1일에 인종이 승하하니 왕후도 중전의 자리에는 불과 7개월 12일밖에 있지 못하였다. 인성 왕후는 32세의 나이에 대비로 물러나, 효모孝慕라는 호를 받고 소외된 채 건조한 여생을 보낼 수밖에 없었다. 인성 왕후는 1547년(명종 2) 공의恭懿의 존호를 받아 공의 대비로 불리었으며 다시 효순孝順의 존호를 받았다.

인성 왕후는 1577년(선조 10) 11월 29일에 64세로 승하한 뒤 인성仁聖의 시호를 받았으며 능은 경기도 고양시 서삼릉의 효릉孝陵에 인종과 함께 안장되었다. 신위는 종묘의 영녕전 서협西夾 제10실에 배향되어 있다.

인종의 제1후궁 귀인貴人 정鄭씨는 송강 정철의 누이로서 자식은 낳지 못하였다.

인종의 제2후궁 숙의淑儀 장張씨 역시 자식이 없으며 별다른 기록이 전하지 않는다.

인종의 제3후궁 양제良娣(숙빈) 윤영尹瑛은 윤원량尹元亮의 딸로서 역시 자식은 없다. 윤원량은 윤지임의 둘째 아들로 윤원형과 형제이다. 양제는 세자궁에 속한 종2품 내명부의 품계이다.

인종의 제4후궁 양제 김순아金順娥는 수원 부사 김동원金東遠의 딸이다. 야설에 의하면 김순아는 인종이 세자였던 시절 궁인으로 들어갔다가 옷을 너무 화려하게 입는다는 이유로 검소했던 인종의 눈에 띄어 출궁당하였다. 이후 사가에서 지내던 김순아가 하루는 우물로 물을 길러 나왔는데 지나가던 젊은 선비가 물을 청하자, 고개를 숙이고 물 한 바가지를 떠주었다. 그런데 그 걸어가는 뒷모습을 보니 미복을 하고 홀로 나선 세자인지라 곧 남장을 하고 뒤쫓아가 같은 여관에서 자게 되었다.

김순아는 밤중에 동행한 신하가 여관 주인과 공모하여 세자의 밥상에 독을 넣고자 한다는 이야기를 전해 듣고는, 세자의 방으로 밥상이 들어갈 때 갑자기 이를 손으로 쳐 마당에 쏟아지도록 만들었다. 큰 소동이 일어난 가운데 엎어진 밥상의 음식으로 개가 달려와 먹던 중 즉사함으로써 진상은 드러났고 한때 출궁되었던 궁인 김순아는 다시 세자궁으로 들어갈 수 있었다. 김순아는 이후 세자의 총애까지 입어 종2품 내명부 양제가 되었을 뿐 아니라, 그 아버지 김동원도 임금의 은혜를 입어 수원 부사가 되었다고 한다.

그 뒤로도 세자를 죽이기 위해 누군가가 동궁에 방화한 일이 일어났고, 세자가 자는 방문이 밖에서 잠겨 나올 수 없는 위기에 처하였다. 이때에도 김순아가 달려가 방문을 열고 죽기 직전의 세자를 구출하였다.

이와 같은 역모는 당시 세자인 인종을 죽이고 자신의 아들(명종)을 즉위시키려던 문정 왕후의 밀명을 받은 윤원형 등이 일으킨 간계였다.

명종의 정비와 두 후궁

명종의 정비 인순仁順 왕후 심씨는 영의정 심연원의 손녀이자 활인서 별좌 심강의 큰딸로 1532년(중종 27) 5월 25일, 명종보다 2년 앞서 출생했다. 경원 대군이던 명종과 가례를 올려 부부인이 된 심씨는 1545년(인종 1) 7월 6일에 명종이 즉위하자 14세로 왕비에 책봉되었다. 심강은 심씨가 중궁이 되자 청릉 부원군에 봉해지고 영돈령부사와 오위도총부 도총관을 지냈다.

인순 왕후는 1551년(명종 6) 5월 26일에 명종의 유일한 소생 순회 세자를 낳았으나 세자는 13세의 나이로 요절해 버렸다. 1567년(명종 22) 6월 28일에 명종이 후사 없이 승하하고 13세의 선조가 후사로 즉위하자 인순 왕후는 잠시 형식적인 수렴청정을 하였으나 처음부터 수렴청정을 원치 않던 인순 왕후는 1568년(선조 1) 정치에서 물러났다. 당시 정계에 있던 사림들이 왕후가 정치 일선에 나서는 것을 탐탁지 않게 여기는 분위기와 선조의 총명함이 맞물린 데 따른 것으로 보여진다.

인순 왕후는 1569년(선조 2)에 의성懿聖의 존호를 받았으며 이듬해에는 1570년(선조 3) 인종 때 화를 받은 사람들이 신원 받는 것을 반대하지 않는다는 뜻을 밝혔다.

1575년(선조 8) 1월 2일 44세로 승하한 왕후는 인순仁順의 시호 외에 선렬宣烈의 휘호를 받았으며, 신위는 종묘의 영녕전 동협東夾 제11실에 배향되었다. 인순 왕후의 본관은 청송靑松이며, 능소는 서울시 노원구 공릉동孔陵洞의 강릉康陵으로 명종과 같이 안장되었다.

명종의 제1후궁 경빈慶嬪 이씨의 본관은 상주尙州로 이효성李孝性의 딸이다. 경빈 이씨의 소생은 없으며 묘소는 경기도 남양주군 진접읍榛接邑 내각리內閣里에 있다.

명종의 제2후궁 숙의淑儀 장張씨 역시 자식을 낳지 못했으며, 그 외 전해지는 기록도 없다.

훈구파가 가문끼리 혹은 왕족과 사돈 관계를 맺으며 세습적 지위를 확보해 권력을 독점하기 시
작하니 조정의 정치는 자유로울 수 없었고, 왕은 그들에 둘러싸여 올바른 결단을 내리기가 쉽지
않았다. 한확은 성종의 생부 덕종과, 한명회는 예종·성종과, 한백륜韓伯倫은 예종과, 윤호尹壕는
성종의 장인으로 인연을 맺었다. 다수의 훈구파는 임금과 인척 관계가 되어, 관료제 운영은 투명
함에서 멀어지기 시작했다. 대신들이 뇌물을 받고 자신들의 뜻에 부합하는 수령을 임명하면서,
수령들은 대신들에게 얽매여 깨끗한 정치를 펼치지 못하였고, 비리와 착취의 악순환은 지방으로
까지 확산되고 고착화되었다.

정몽주에서 조광조까지

훈구파와 사림파,

훈구파와 사림파,
정몽주에서 조광조까지

현실적 능력이 부족한 사림파와 권력을 농단하는 훈구파

　훈구파라는 명칭이 대두하였음은 나라가 안정기에 접어들면서 자신들이 일구어 놓은 정치적 토대를 유지하고자 했음을 보여준다. 훈구파들이 보수성과 전횡을 통해 자신들의 정치적 입지는 물론, 경제적 기반까지 비대하게 확장해 권세를 누리고 이것을 세습하기 시작하자 이에 대항하는 재야의 유학자들이 전면으로 부상한 것이다. 역사는 바람직하게 변화하면서 안정을 누려야 하는 것인데 훈구파들이 권력을 움켜쥐고 사욕을 채우기 위한 정치를 펼치면서 왕권에 대한 압력, 혹은 왕위 찬탈에까지 영향을 미치면서 신구 세력의 대립은 몇 차례에 걸쳐 피바람을 불러 일으켰다.

1476년(성종 7) 영남 지방의 대표적 유학자 김종직金宗直과 기호 지방의 대표적 유학자 조광조 등은 한명회韓明澮, 권람權擥, 홍윤성 洪允成, 정인지鄭麟趾, 신숙주, 조석문曹錫文, 정창손, 최항崔恒, 김 국광金國光, 구치관具致寬 등을 도덕적으로 문제가 있는 훈구파로 지칭하기 시작했다.

그런데 재야의 유학자라는 뜻을 담고 있는 '사림'은 조정에 등용 된 이후에도 조직의 관리로서는 미흡한 모습을 보이며 마지막에는 결국 그 약점으로 인해 조정에 온전한 자리를 만들지 못하는 한계 를 드러냈다.

사림들은 사욕을 차리는 권력자들에 대항해 새로운 이상 세계를 꿈꾸고 실현하고자 하였으나 점점 명분에 집착하게 되면서 정치를 정치적으로 다루지 못하는 무능함을 드러냈다. 게다가 사림들은 개 혁의 필요성을 피부로 느낀 성종의 배려로 입각하였으니, 스스로의 세력 기반이 없었을 뿐 아니라 언관으로서의 능력을 효율적으로 발 휘하지 못함으로써 결국에는 왕의 신임마저도 잃었다.

반면 훈구파는 이미 탄탄해진 정치적, 경제적 기반을 바탕으로 세력을 확대하고 재생산할 능력과 경험을 갖고 있었다. 특히 그들 은 당시 명망이 높던 대학자 서거정徐居正의 손을 빌려 법전인『경 국대전經國大典』, 역사서인『동국통감東國通鑑』, 지리서인『동국여 지승람』을 비롯해 시문집인『동문선東文選』등 대규모 관찬 사업을 조선 초기인 성종 대에 마무리하여 국가 기반에 관한 거대한 구조 의 완성을 마무리하였다. 훈구파들은 이어 인사권과 병권을 장악하고 자신들을 공신으로 책봉한 뒤 국가에 포함되었던 공전公田을 흡수해 버리니, 이는 고려 말 권신들의 농장을 능가하는 수준이었다.

그때까지 유생들은 이전 세조의 왕위 찬탈과 전제적 통치를 불만스러워하기는 했지만 그 문제점을 정치적으로 표현할 기회나 능력이 없었으며 어떻게 표출해야 하는지도 알지 못했다. 그러던 중 훈구파들이 자신들을 공신으로 만들면서 그 대가로 과전科田을 합법이라는 미명 아래 차지하였다. 이에 사림들은 훈구파를 비판하기 시작하였는데 특히, 영남 지방에서는 같은 지역 출신의 대표적 성리학자 길재吉再와 정몽주의 개혁적 성향을 높이 받들고 현실적 스승으로 삼았다. 그러나 세조 후기 남이가 훈구파에 의해 화를 당할 때까지도 사림파는 현실 정치 속에서 부재하였다.

남이가 이시애李施愛의 난을 진압하며 신진 세력으로 등장하자 신숙주, 한명회 등은 진취적인 그들에게 위협을 느끼고 제제를 가하고자 하였고, 세조가 사망하자 훈구파는 남이를 병조 판서에서 궁궐 호위직으로 좌천시켜 버렸다.

남이가 궁에서 숙직을 하던 어느 날 혜성이 나타나자 혼잣말로 중얼거리기를

"묵은 것을 없애고 새것이 나타나려는 징조다."

라고 하였는데 하필이면 이 말을 희대의 간신 유자광이 엿듣고

"남이가 역모를 꾀한다."

며 참소하여 남이는 능지처사를 당하였다. 이것은 신진의 남이 세력과 훈구파 사이의 팽팽한 대립이 구체적으로 터진 첫 번째 사건

이라 하겠다. 세조 사망 후 왕실은 왕권 강화책을 모색하면서 훈구파에게 규제와 압력을 가하면서 남이 등 신진 세력은 적극 호응하였는데 이에 위기감을 느낀 훈구파가 신진 세력을 제거한 것이다.

훈구파가 가문끼리 혹은 왕족과 사돈 관계를 맺으며 세습적 지위를 확보해 권력을 독점하기 시작하니 조정의 정치는 자유로울 수 없었고, 왕은 그들에 둘러싸여 올바른 결단을 내리기가 쉽지 않았다. 한확은 성종의 생부 덕종과, 한명회는 예종·성종과, 한백륜韓伯倫은 예종과, 윤호尹壕는 성종의 장인으로 인연을 맺었다. 다수의 훈구파는 임금과 인척 관계가 되어, 관료제 운영은 투명함에서 멀어지기 시작했다. 대신들이 뇌물을 받고 자신들의 뜻에 부합하는 수령을 임명하면서, 수령들은 대신들에게 얽매여 깨끗한 정치를 펼치지 못하였고, 비리와 착취의 악순환은 지방으로까지 확산되고 고착화되었다.

지배 체제 자체가 위기에 봉착하자 성종은 부정을 타파하고 본래의 왕도 정치를 복원하고자 사림을 기용하게 되었다. 조선 시대 사림의 조종으로 숭앙받은 김종직은 자신의 아버지를 통해 정몽주와 길재의 학통을 이어받고 생육신 남효온南孝溫과 이맹전李孟專을 문하로 거느렸다. 정몽주는 경학經學에 능하였으나 현실 정치에 닫혀 있는 인물이었다.

사림파는 비리와 특권 의식으로 고착화 된 무리 속에서 이상을 실현하고자 하였으나 현실 정치의 변화는 실패로 돌아가고 만다. 정치다운 정치를 펼쳐 보고자 하던 성종의 품성과 의지, 그 매개자로 기용한 사림들은 훈구파에 대비해 매우 안쓰러운 처지였다. 현실 정치와 소통하며 점진적 개혁을 폈다면 결과가 어떻게 달라졌을까 하는 의문이 든다.

김종직은 1459년(세조 5) 식년문과에 정과로 급제해 사가독서하고 관리직에 있었으나 크게 등용되지는 못하였다. 그는 그러다가 성종이 친정을 시작한 1476년(성종 7) 선산善山 부사로 등용되면서 김굉필, 정여창, 김일손金馹孫, 이호인, 조위曺偉, 이종준李宗準 등을 정계에 진출시켜 사림파가 정치 개혁을 주도하는 중심 세력으로 급부상되었다. 특히 김굉필을 통해 김종직의 사상을 이어받은 조광조는 실천력을 갖춘 걸출한 인물로 중종의 절대적인 지지를 바탕으로 혁명적인 개혁 정치를 주도하였다.

그러나 유자광과 김종직의 작은 악연은 후일 훈구파와 사림파의 감정적 대립과 수많은 목숨을 앗는 사화의 시초가 되었다. 김종직이 함양咸陽 군수로 내려갔다가 그곳의 전임자였던 유자광이 예찬시를 써서 현판을 해 놓은 것을 보고는 말하기를

"유자광이 어떤 놈인데 감히 이런 짓을 한단 말이냐."

하며 치를 떨더니 현판을 불살라 버렸다. 이야기는 유자광에게 전해졌으나 당시는 김종직이 성종의 신임을 크게 받던 때였으므로 그는 오히려 김종직을 가까이 대하며 교분을 쌓았다.

그러나 김종직이 사망한 뒤 그가 의로운 제왕을 애도하는 〈조의제문弔義帝文〉을 사초에 쓴 사실을 발견한 유자광은 그를 참소하기에 이른다. 〈조의제문〉은 김종직이 1457년(세조 3) 답계역踏溪驛에

서 잠을 자다 꿈에 초나라 회왕을 만나고 지은 글로 알려졌다. 김종 직은 초나라의 의제 회왕을 단종에 비유하고 회왕을 죽인 항우를 규탄한 내용으로 유자광은 이는 왕위를 찬탈한 세조를 불의하다고 비난한 것이라 하였다. 이 유자광의 참소로 무오사화가 발발해 사림파는 몰살당하였다.

사회적 변화가 사림파 등장에 끼친 영향

조선 초기, 유학을 공부하는 선비들을 가리켜 사류 혹은 사족이라 불리던 것이 '사림士林'이라는 집단이 되기 시작한 것은 15세기 말부터로 여기에는 정치·사회·경제적인 이유가 있다.

교육제도가 발달하면서 지방의 지주층 중에 과거를 통해 일정한 자격을 부여받고 관직에 들어서는 경우가 늘어났고, 이들 재야의 유학자들을 기존의 관리들과 차별하는 용어로 사림이라는 말이 쓰이기 시작했다. 사림들은 소과 합격자로서 생원, 진사의 비중이 압도적으로 많았고 사부학당四部學堂이나 향교 등 관학 기관 출신보다 서재, 서원 등 사학 기관 출신이 또한 압도적이었다.

이와 같은 향촌의 기반은 사림파의 유학 사상에 반영될 수밖에 없었고, 사림파들이 선호한 정주 성리학은 관료제를 통한 일방적인 중앙집권 체제보다 향촌 지주와 유향소 등의 지방자치가 더해진 정치체제를 이상으로 삼고 추구하였다. 반대로 집권 세력인 훈구파에게는 이런 정주 성리학이 마음에 들었을 리 없다. 그러나 조선 개국

1백 년을 넘기면서 중앙집권의 관료 체제가 많은 모순을 낳게 되자 성리학이 다시 각광을 받게 된 셈이다.

사림파가 정치 개혁을 펼치면서 주력하였던 것 중 하나는 향촌의 질서를 재확립하는 운동이었다. 중앙의 훈구파 인사들이 저지르던 비리의 물적 토대는 지방에서 나온 것으로, 조정 권신들의 불법적인 착취 현장이 향촌이었음을 뜻한다. 김종직은 세조 말 혁파된 유향소 제도를 부활해『주례周禮』의 향사례鄕射禮, 향음주례鄕飮酒禮를 중점적으로 시행하도록 했다. 중종 대에 조광조를 중심으로 정계에 왕성하게 진출한 사림파는 주자가 개정한『여씨향약呂氏鄕約』을 고을마다 시행하고자 하였다. 이는 향촌 내부의 자치적인 규약으로 조선왕조 개국 후 농업기술이 꾸준히 발달하면서 농업 경제력이 신장되었음을 나타낸다.

하지만 중앙 정계로 진출한 사림파들이 임금과 권력을 가까이 할수록 향촌의 토대와는 멀어질 수밖에 없었고, 지방에 거주하던 사림들의 재야 기질은 강화되었다.

사림파의 정치 철학은 이론상으로는 조선 초기 왕권에 집중하던 데에 비하면 민주적이고 발전된 것처럼 보이나 실제로는 명분과 대의, 그리고 군주의 도와 덕을 강조할 뿐 역동적으로 통치권을 확장해 가는 데 있어서는 훈구파보다 무능하였다. 사림파는 주자가 해석한『대학大學』과『소학』에 근거하여 군주제 자체를 부정하지는 않았지만 군주의 절대 권력을 지지하고 받드는 것이 아니라, 신하와 마찬가지로 군주에게도 나라를 다스리는 사람으로서 몸과 마음을 다스릴 수 있는 자격이 필요하다고 여겼다.

사림파들이 왕에게 그와 같은 요구를 할 수 있었던 데는 경제의 변화라는 하부적 토대가 있었기에 가능했다. 조선왕조 초기 과전이 직전으로 바뀌고 그것마저 폐기되면서 관리들에게 봉급으로서 지급되던 토지는 점차 사라지고 사적 소유권이 확대되었던 것이다.

또한 사림파는 신분에 얽매인 과거제보다 숨어 있는 인재를 천거하는 것이 더욱 중요하다고 판단하고 이를 시행하였다. 중종 대에 조광조 등이 시행한 현량과가 대표적인 사례로, 기묘사화와 그 이후 여러 사건을 겪고 훈신, 척신들의 반발에 부딪치며 제대로 실행되지는 못하였다.

그리고 명종 대를 지나면서 정권은 훈구파와 사림파의 대립이 아니라 학연, 지연을 비롯해 사적인 이해관계에 얽히면서 여러 정파로 나뉘어 점차 명분 논쟁으로 일관하기 시작하였다.

정치를 개혁하고자 한 성종의 노력과 한계

어느 봄날 성종이 비원을 거닐고 있었다. 밝은 햇살 아래 꽃이 피고, 맑은 연못가에서 새소리가 들리자 흥취를 못 이긴 성종이 시를 지었다.

푸른 비단 오려서 봄버들 만들고
붉은 비단 말아서 이월 꽃 되었다.

성종은 다음 시구가 떠오르지 않자 그것만 써서 정자 기둥에 붙여 놓았는데 사흘 뒤 돌아와 보니 누가 마지막 2행을 써놓았다.

행여 고관대작들 봄빛 다투면
저 백성 집에 이를 봄이 없으리라.

성종이 읽어 보니 솜씨가 보통이 아니었다. 누가 이곳에 들어왔던 것이냐며 성종이 엄히 묻자 문지기는 땅에 넙죽 엎드리더니 자신이 한 일로 죄를 달게 받겠다고 하였다. 그러나 성종은 벌 대신 벼슬을 주었다.

위 일화는 성종이 미복 차림으로 직접 민가 시찰을 다니며 백성을 위한 정치를 펴고자 요구하였으나, 백성들이 느끼는 세상은 임금이나 조정 관리들이 느끼는 그것과 매우 상반되었음을 여실히 보여준다.

성종 대에는 조선왕조의 정치, 경계, 문화적 기반과 체계가 완성되었다. 앞서 밝힌 역사서, 지리서를 비롯해 성현 등이 펴낸 음악 서적인 『악학궤범樂學軌範』, 강희맹姜希孟이 농사 기술과 철학에 관해 지은 『금양잡록衿陽雜錄』, 전순의全循義 등이 저술한 식이요법서 『식료찬요食療纂要』, 설화문학인 성현의 『용재총화慵齋叢話』와 어숙권魚叔權의 『패관잡기稗官雜記』 등 저서들이 쏟아졌다.

1476년(성종 7) 친정에 나선 성종은 양현고養賢庫를 두고 두 차례에 걸쳐 성균관과 향교에 학전學田과 서적을 나누어 주어 학문에 전념할 수 있도록 하였고, 홍문관을 확충하고 독서당을 설치해 학자들이 독서와 저술에 힘쓰도록 했다.

왕은 1485년(성종 16)에는 풍속의 교화를 위해, 조신들의 반대에도 불구하고 재혼 여성의 자손은 관리로서 등용을 제한하는 법을 공포하고, 형제와 숙질 사이에 다투는 자는 변방으로 쫓아내도록 하였다.

한편 성종은 국방 문제에 진취적이어서 1479년 좌의정 윤필상尹弼商을 도원수로 삼아 압록강을 건너게 하고, 1491년에는 다시 허종許琮을 원수로 삼아 두만강을 건너게 했는데 두 차례의 정벌에서 모두 성공을 거두었다. 나라의 기틀은 확고해졌으나, 기존의 체제가 공고해지면서 퇴폐의 풍조 또한 생겨났다.

폭군 연산의 집권과 무오사화

성종은 달리 마땅한 후사가 없자 연산군을 세자로 삼았다. 연산군은 머리는 비상하였으나 시기심이 많고 모질었으며 학문을 지겨워하였기에 학자들을 싫어하였다. 연산군은 즉위 초기 왜구와 여진족에 대비해 병기를 제작하고 백성의 변경 지방으로의 이주를 독려하고 『국조보감國朝寶鑑』, 『여지승람輿地勝覽』을 수정하도록 하였으나 그 이후로는 포악하고 황음만 좇는 왕으로 돌변하였다.

연산군의 생모 폐비 윤씨는 1473년(성종 4) 후궁으로 간택되었다가 3년 후 왕비로 책봉되고 같은 해 세자(연산군)를 낳았다. 그런데 윤씨는 투기가 너무 심하여 빈으로 강등될 위기에 처하였다 무마된 2년 후 다시 성종 얼굴에 손톱자국을 내자 인수 대비의 엄명으로 폐비되었다. 윤씨가 친정에서 바깥세상과 전혀 접촉하지 않은 채 근신에 힘쓰자 동정론이 일기 시작했고, 1482년(성종 13)에는 세자의 어머니를 일반 백성처럼 살게 할 수는 없으니 다시 복위해야 한다는 상소가 이어졌다.

하지만 정희 대비와 인수 대비는 폐비 윤씨가 다시 궁으로 돌아오는 것을 원치 않았고, 여기에 숙빈들이 가세하면서 윤씨에 대한 모함은 심해졌다. 이 가운데 성종이 삼정승과 육조의 관원 및 대간들을 모아 논의하도록 하였으나 폐비를 사사하는 것으로 결정되었다. 윤씨 사사 뒤 처음에는 묘비명조차 불허해 장단에 매장하였다가 세자가 즉위한 다음을 고려하여 1489년 '윤씨지묘尹氏之墓'라 명명하고 묘지기를 두어 명절 때마다 제사를 지내게 했다.

연산군이 즉위한 뒤 생모 윤씨가 사사되기까지의 위의 사실을 알게 된 충격으로, 성질이 포악해지고 황음을 추구하였다는 말도 있지만 폐비 윤씨 사건을 이용하여 폭정에 돌입하였다는 말이 더욱 맞을 것이다.

연산군은 즉위 이듬해 생모 윤씨의 복권을 모색하여 왕후 복위에는 실패했으나 2년 후 어머니의 묘를 개장하고 묘호를 추봉하였다.

당시의 명신이었던 정인지, 신숙주, 한명회, 서거정이 죽었지만 조정에는 여전히 노사신盧思慎, 성희안 등이 건재하였고 김종직의 제자 김굉필, 정여창, 김일손 등이 곳곳에 포진해 있었기에 어느 정도 안정된 시기를 유지할 수 있었다.

연산군의 패악한 본성이 드러난 것은 1497년(연산 3)부터로 이듬해 무오사화를 일으켜 그 폭정의 시작을 알린다.

삼사를 중심으로 세력을 구축하던 사림파는 정통 주자학을 계승하고 요순시대의 이상을 도학으로 실천하고자 하면서, 훈구파를 불의에 가담해 권세를 잡고 사리사욕을 차리며 현상 유지에 급급한 소인배로 멸시하고 배척하였다. 이렇게 서로 감정이 좋지 않던 차에 유자광 등의 간신이 연산군의 포악한 성질을 더욱 부추긴 것이다.

훈구파 이극돈은 세조의 비 정희 왕후의 국상 때 전라 감사로 있으면서 근신하지 않고 장흥 기생과 유희를 즐겼고 당시의 사관이던 김일손은 사실을 사초에 기록하였다. 1498년(연산 4) 『성종실록』의 편찬을 하게 되었을 때 실록청 당상이 된 이극돈은 정희 왕후의 국상 때 기록된 자신의 일을 없애 줄 것을 김일손에게 청하였다가 단번에 거절당하였다. 이극돈은 이에 김일손이 사초에 올린 김종직의 〈조의제문〉을 문제 삼기로 결심한다.

이극돈은 〈조의제문〉에 대해 총재관 어세겸魚世謙과 유자광에게 고하였고 유자광은 전일 김종직에게 당한 수모를 갚을 절호의 기회를 포착하였다. 유자광은 노사신, 윤필상 등 세조의 총애를 받던 신하와 한치형 등의 동의를 받고, 승지 임명 당시 왕의 처남이라며 반대한 일 때문에 사림파에 원한이 많던 신수근을 시켜 연산군에게 아뢰게 하였다.

그렇잖아도 학자들을 싫어했던 연산군은 반색하며 유자광에게 옥사를 맡기고 왕명 출납은 내시 김자원金子猿에게 맡겨 다른 사람이 간여하지 못하도록 만들었다. 유자광은 옥사가 간단한 사건으로 처리되지 못하도록 〈조의제문〉을 조사관에게 보이며 글귀마다 주석과 해석을 달고 연산군이 알아듣기 쉽게 풀이하였다.

"김종직이 세조 대왕을 비방하고 헐뜯었으니 마땅히 대역부도로 논죄하고 그가 지은 글을 모두 불살라 없애야 합니다."

사림파는 유자광을 대수롭지 않게 여겼을 뿐 아니라 이 일이 사람의 목숨을 앗는 사화로까지 확대될 거라 예상하지 않았기에 사건이 막바지에 치닫도록 별다른 반응을 보이지 않았다.

그러나 연산군은 김종직의 시문을 간직하고 있는 자들은 모두 이틀 안으로 자진해서 바치도록 명하여 태워버리고 유자광은 성종이 김종직에게 명하여 쓰게 했던 창경궁 환취정環翠亭의 기문도 떼어버리도록 했다.

관련자에 대한 신문은 그해 7월 12일부터 26일까지 진행되었으며 판결은 엄청났다. 이미 죽은 김종직은 부관참시에 처해지고 김일손, 권오복權五福, 권경유權景裕, 이목李穆 등은 능지처사를 당하였으며, 강겸은 곤장 1백 대에 가산을 몰수하고 변방 관노로 보내졌다. 그리고 표연수表沿洙, 홍한洪瀚, 정여창, 강경서姜景敍, 이수공李守恭, 정희량鄭希良, 정승조鄭承祖 등은 불고지죄로 곤장 1백 대에 3천 리 밖으로 귀양 보내지고 이종준, 최보, 이원李黿, 이주李胄, 김굉필, 박한주朴漢柱, 임희재任熙載, 강백진康伯珍, 이계맹李繼孟,

강혼姜渾 등도 곤장을 때려 귀양 보낸 뒤 관청의 횃불을 관리하도록 만들었다.

훈구파의 이극돈은 사초의 내용을 알고도 즉시 보고하지 않았다는 이유로 파면되었으며, 역시 같은 훈구파의 거장 노사신은 사림파에 대한 벌이 너무 과하다고 반대 의사를 말했다가 유자광의 힐난을 받았다. 노사신은 화를 당한 사림파들의 형벌을 줄이기 위해 진력하다가 그해 9월 사망하였다.

사림파는 무오사화 이후에도 여러 차례의 사화를 겪으면서 조정에서 제대로 자리를 잡지 못한 채, 지방의 향약과 서원 출신의 신진 사류로 빈 공간을 메우는 악순환을 거듭해야 했다. 선조 대에 이르러 정계의 주류를 이루기는 하지만 국력이 극도로 쇠한 상태에서 임진왜란과 병자호란을 맞아야 했다.

연산군은 문신들의 직간을 귀찮아하며 경연을 폐하고 사간원과 홍문관을 없애 버렸으며, 정언 등 언관을 줄이거나 제도 자체를 없애 상소와 상언, 격고(신문고) 등 여론과 관련된 모든 제도를 중단시켰다. 연산군은 또한 한 달을 하루로 계산하고, 삼년상을 줄여 단상短喪으로 한 해만 상복을 입도록 하였으며, 성균관과 원각사를 주색을 위한 공간으로 만들고 선종의 본산인 흥천사興天寺를 마구간으로 삼고 사냥을 위해 마을 30여 리를 없앴다.

연산군의 황음과 관련된 흉측한 이야기는 부지기수로, 사대부의 부녀자를 농락한 것은 물론 암말과 수말이 교접하던 것을 보고는 대궐 뜰 앞에 콩을 뿌리고 기생 3백 명에게 알몸으로 힝힝대며 주워

먹게 하고는 그 뒤를 무차별로 덮쳐 난교를 벌였다. 이 모든 것은 기록에 남겨진 사실이다.

무오사화 이후 유자광은 독사 같은 권신으로 부상하여 누구도 그의 뜻을 거스르지 못하고 눈치만 살필 뿐이었다.

갑자사화로 극에 달하는 연산군의 패악

연산군의 만년은 더욱 패악하여 마음대로 학살을 저질러 대간과 시종 가운데 살아난 사람이 없을 정도였으며 단근질, 가슴 빠개기, 토막토막 자르기, 뼈를 갈아 바람에 날리기 등의 형벌까지 있었다. 그리고 그 끝은 폐주가 되어 묘호와 능호도 받지 못한 채 일개 '연산군'으로 기록되는 것이었다. 폐출된 연산군의 묘는 서울시 도봉구 방학동에 있는데 아직까지도 '연산군지묘燕山君之墓'라고 쓰인 석물 외에 아무런 장식이 없다.

연산군이 폐비 윤씨 사건을 다시 들고 나온 것은 1504년으로 폐왕이 되기 2년 전이다. 임금의 사치스럽고 방탕한 생활 때문에 왕실의 재정은 구멍이 숭숭 뚫려, 연산군은 백성들을 대상으로 한 수탈뿐 아니라 이제는 훈구 재상들의 토지까지 몰수하려고 호시탐탐 기회를 엿보았다. 훈구파는 연산군의 이와 같은 토지 몰수 조처를 막기 위해 구체적인 행동을 보이니, 연산군에게 있어 자신의 생모를 폐비시킨 사건은 그야말로 막다른 골목에서 만난 호재였다.

이번에는 유자광에 이어 또 하나의 간신 임사홍任士洪이 등장해 두 번째 참극을 주도하였다.

임사홍은 세 아들 중 두 명을 왕실의 사위로 들이고 또 당대의 권력자 유자광과 일찌감치 손을 잡아 든든한 배경을 두고 있었다. 그러나 그는 1477년(성종 8) 지평 김언신金彦辛을 사주하여 효령 대군의 손자 서원군瑞原君의 사위인 도승지 현석규玄錫圭를 모함하다가 잘못되어 오히려 유배에 처해지면서 성종 대에는 별다른 활약을 하지 못하였다.

연산군 즉위 후 유자광은 재기하였으나 임사홍의 아들 임희재는 김종직의 문하로 무오사화에 연루되는 바람에 조정으로 복귀할 기회를 갖지 못하였다.

그러던 중 1504년 유자광과 신수근이 윤씨의 폐비 사건을 다시 들추어내고 갑자사화를 주도하면서 임사홍도 정계로 복귀하였다. 임사홍은 폐비 윤씨가 사사당하며 토한 피가 낭자하게 묻은 한삼 자락을 연산군에게 전하였고, 연산군의 분노는 폭발한다.

갑자사화로 인한 형벌의 잔인함과 연루자의 범위는 무오사화를 압도하였다. 연산군은 폐비 당시 윤씨를 모함한 성종의 두 빈을 직접 궁중 뜰로 끌어내어 때려죽였고 조모 인수 대비마저도 구타해 치사하였다. 그리고 연산군은 성종의 유명을 어기고 폐비 윤씨를 왕비로 추숭하려 하니 겁에 질린 대신들은 아무도 감히 반대하지 못하였다. 다만 응교 권달수權達手와 이행만이 반대하다가 한 사람은 죽고 한 사람은 귀양에 처해졌다.

마침내 대대적인 피바람이 발생하였다. 윤씨 폐위와 사사에 찬성

했던 윤필상, 이극균李克均, 성중엄成重淹, 이세좌, 권주權柱, 김굉필, 이주 등 10여 명이 사형당하고 이미 죽은 한치형韓致亨, 한명회, 정창손, 어세겸, 심회, 이파李坡, 정여창, 남효온 등이 부관참시에 처해졌다. 그리고 30여 명이 넘는 관련자들이 방관하였다는 이유로 참혹한 화를 당하였으며 자녀와 가족들까지 연좌되었을 뿐 아니라 차제에 명망 있는 선비, 연산군에게 미움 받았던 신하들은 모조리 오라를 받았다. 정성근鄭誠謹은 효도가 지극한 죄로 죽임을 당하고, 홍귀달洪貴達은 손녀를 세자빈으로 달라는 연산군의 청을 거절하여 귀양 후 죽임을 당하였다.

이 갑자사화로 훈구파 대신 거의 전부가 화를 입었으며 사림파 또한 상당한 타격을 입었다.

중종반정으로 인한 연산군의 폐위

유교적 왕도정치는 완전히 사라졌으며, 학계 역시 크게 위축되었다. 민간에서 언문 투서 사건이 발생하자 연산군은 언문의 사용까지 엄금해 버렸다.

이제 조선팔도는 연산군의 욕망을 분출하는 공간이 되었고, 채홍사 임사홍은 왕의 유희를 위해 각지의 미녀들을 선별해 올렸다. 연산군의 패륜은 극을 달려 큰아버지인 월산 대군의 부인, 그러니까 자신에게 백모인 박씨를 범하여 박씨가 스스로 목숨을 끊는 사건까지 발생했다.

조정을 비롯한 조선의 모든 신하와 백성들은 완전히 왕에게서 등을 돌렸다. 연산군 폐정으로 굶어죽는 자는 날로 늘고 거리에 도적과 거지들이 들끓자, 조정과 민심은 이제 다음의 새로운 왕을 간절히 바라기 시작했다. 이에 박씨의 동생 박원종, 전 이조참판 성희안, 이조판서 유순정을 중심으로 반정이 개시되어 연산군을 폐주시키고 성종의 둘째 아들 진성 대군을 왕위에 올리니 바로 중종이며, 이 사건을 중종반정이라 한다.

임사홍은 반정 와중에 아버지 및 신수근과 함께 피살되고, 유자광은 성희안과의 인연으로 공신 1등에 책록되었다가 반정 1년 후 탄핵이 잇따르자 훈작을 삭탈당하고 관동으로 유배되었다. 유자광은 이어 경상도 변방으로 옮겨졌는데 눈이 멀어 장님으로 살다 두 해만에 죽었고, 조정은 유자광 자손에게 장사지내는 것을 허락했지만 아들 유진柳軫은 여색에 빠져 끝내 가보지 않고 아들 유방柳房 또한 병을 칭하고는 손님들과 술을 마시며 장사를 외면하였다.

연산군의 학정에 시달리던 백성들은 중종반정을 반겼다. 중종반정의 공신들은 경연을 부활시키고 홍문관을 강화하였으며 과거제와 사가독서를 엄중 실시하여 문풍 진작에 힘을 쏟고, 무오사화 때 몰수한 김종직 등의 재산을 돌려주었다.

그런데 새 임금이 빨리 새로운 세상을 바로 세워주기를 고대하던 백성들의 기대는 곧 실망으로 바뀌게 된다. 텅 빈 조정을 차지한 반정 공신들은 일시에 큰 세력을 이루어 옛 훈구 대신들의 권력과 부를 독점하고 스스로 훈구파가 되어 지난 관행을 그대로 보인 것이다. 반정 공신들의 세력은 중종의 왕권을 능가했다.

박원종은 연산군의 배려로 빠른 승진을 하였으나, 재정 긴축 등 시무책을 자주 건의하면서 점차 연산군의 미움을 사 경기도 관찰사로 있다 관직을 삭탈당한 처지였고, 성희안은 성종 대에 숭유 정책에 많은 영향을 끼친 학자로 연산군 즉위 후에도 문무의 요직을 거치다가 이조참판 겸 오위도총부 도총관으로 있던 1504년 연산군이 베푼 주연에서 풍자시를 올려 무관 말단직으로 좌천된 상태였다.

마지막으로 유순정은 김종직의 문하로 연산군 즉위 후 사헌부 관리로 있으면서 임사홍의 잔악함을 논박하고 평안도 절도사 전림田霖의 권력 남용을 추궁하였다. 그는 여느 무신보다 활을 잘 다루는 문신으로서 여진족 문제에 대한 대책을 진언하여 실제로 압록강 연안 여진족 정벌 때 큰 공을 세웠다. 유순정은 1503년(연산 9)에는 공조참판, 1504년에는 평안도 관찰사에 올라 연산군의 밤 사냥이 극심한 민폐임을 진언하였다가 임사홍의 모략으로 추국당하였다.

이들 반정 주모자 셋은 중종반정 이듬해인 1507년(중종 2)에는 이과李顆 등이 견성군甄城君을 추대하려던 역모를 처리하였으며, 명나라 황제의 고명을 받고 1510년에 발생한 삼포왜란三浦倭亂을 평정하였다. 그해 박원종이 사망한다.

유순정은 사채업을 했다는 탄핵을 받고 삼포왜란에 세운 공으로 영의정에 올랐으며 박원종 사망 2년 뒤인 1512년(중종 7) 죽었다. 성희안은 반정 때 자신이 동원한 무관들을 너무 비호하여 선비의 기풍을 능멸했다는 탄핵을 받았으나 좌의정, 영의정을 거치고 1513

년 죽었다.

이들 외에 중종반정으로 공신에 오른 이들 중 아무런 공도 없이 공신록에 오른 이들이 많았는데 조광조는 그들의 세력이 이미 강성해진 연후에야 비로소 등용되었다. 김종직 문하였던 유순정이 왜 미리 사림파의 등용을 위해 노력하지 않았는지 의문이 든다.

조광조는 무오사화를 입고 유배중인 김굉필을 17세 때 만나 문하에서 배움을 얻었고,『소학』과『근사록近思錄』등을 토대로 성리학 연구에 진력하면서 김종직의 학통을 이으며 사림파의 영수로 부상하였다. 조광조는 공부에만 지독히 전념하였기에 친구들과 연락이 자주 끊겼고, 사람들은 그를 광인 또는 화태禍胎라 불렀으나 개의치 않았다. 조광조는 1510년(중종 5) 사마시에 장원으로 합격하여 성균관에 들어갔다가 5년 뒤 성균관 유생들과 이조판서 안당安瑭의 추천으로 처음 관직에 입문하게 되는데, 이때는 중종반정의 공신들이 사망하고 보수파들이 조정을 차지하고 있던 시기였다.

김종직은 영남 출신으로 문장과 경술에 능했고 조광조는 기호 출신으로 정통 도학에 능했는데, 김종직 당대에는 사화詞華(문예)에 힘쓰는 문사가 많았지만 조광조 대에 이르러 도학의 비중이 절대적으로 높아지면서 사림파들은 사관이 아닌 행정부에 포진하였다.

조광조는 관직 첫해 증광 문과에 급제해 전적, 감찰, 예조좌랑을 역임하면서 중종의 두터운 신임을 받으며 지치주의至治主義에 입각한 왕도 정치의 실현을 역설하였다. 박상, 김정 등이 중종의 비인 폐비 신씨를 복원해 달라며 올린 상소가 대사간의 탄핵을 받자 조

광조는

"대사간이 상소한 자를 벌하는 것은 언로를 막고 국가 존망의 위기를 초래하는 일이므로 불가하옵니다."

라며 오히려 대사간을 파직시켰다.

조광조에 대한 중종의 절대적 신임이 드러난 사건으로 소외감을 느끼던 훈구파들은 슬슬 반격할 준비를 시작한다.

조광조의 신속한 개혁과 추락

조광조를 필두로 한 개혁적인 사림 세력은 예법禮法에 따른 실천을 중점적으로 강조하면서 매우 구체적이고 광범한 사회 개혁 정책을 입안하고 신속하게 실시하였다. 단 4년 만에 그들은 숱한 대신들의 반대를 무릅쓰고 왕에게 덕치를 직접 호소하여 궁중 여악을 폐지하고, 궁궐의 장리로 인한 폐해를 혁파하고, 『주자가례』를 전국으로 확대하여 일반 백성도 상례를 다하게 하였으며, 젊은 과부의 재혼을 금지하고, 태조 때 도교의 초제를 맡도록 세운 소격서를 철폐하는 것을 시작으로 승려와 무당들을 대대적으로 탄압하고, 향약을 광범위하게 보급하였다. 또한 예법에 힘써 올바른 덕을 갖춘 숨어 있는 인재를 선발하기 위한 현량과를 설치하는 동시에 지방의 경제적 토대인 향약의 확대를 시행했다.

4년 동안 조광조의 개혁을 실제로 가능하게 한 것은 신진 사림이 아니라, 처음 조광조를 천거했던 온건 보수파의 원로 안당과 정광필이었다. 안당은 대사헌, 형조참판, 병조참판, 전라도 관찰사를 역임하고 1514년 호조판서, 1515년(중종 10) 이조판서를 거쳐 조광조를 천거하였다. 안당은 1518년 5월에는 사림들의 지지를 받으며 김전金詮을 물리치고 우의정을 거쳐 좌의정에 올랐다. 조광조가 폐비신씨 사건과 관련하여 대사간의 파직을 주장하고, 1519년 첫 현량과를 통해 김식, 박훈朴薰 등 28명을 선발했을 때 조광조의 개혁을 결정적으로 뒷받침한 것은 안당이었다. 안당은 소격서 혁파와 현량과 설치를 주도하며 조광조 개혁의 기본 동력을 제공한 것이다. 그는 연산군 대에 왕의 사냥이 너무 잦다고 간한 사건으로 가야산에 유배되었다가 중종반정 이후 부제학, 이조참판, 예조판서, 대제학을 역임하였다.

정광필은 1510년 전라도 순찰사로 삼포왜란을 수습하고 병조판서에 올랐다. 그는 장경 왕후가 인종을 낳고 산후병으로 죽은 뒤, 중종의 총애를 받던 후궁이 자신의 소생을 끼고 왕비가 되려 하자 불가함을 극간하여 새로운 왕비를 맞게 하였다. 그는 이듬해에는 영의정에 올라 조광조 개혁의 배경 역할을 하였다.

그런데 1519년 현량과로 선발된 28인이 행정 요직에 포진되자마자 조광조 일파는 마침내 중종반정 당시 상당수의 공신이 부당하게 녹훈되었음을 아뢰며 그들의 위훈을 삭제할 것을 주장하였다. 이로써 성희안, 유자광 등이 비판의 대상이 되고 3등 공신 일부와 4등 공신 전원의 훈작이 삭탈되었는데 이들은 모두 76명으로 반정 공신 전체의 4분의 3에 해당하는 숫자였다.

안당과 정광필은 처음에 반대하다가 어쩔 수 없이 적극 옹호하였으나 훈구파의 강력한 반발은 피하지 못했다. 훈구파인 남곤과 심정 그리고 외척과 후궁들은 간계를 펴 기묘사화를 일으키고 조광조 세력을 몰살하였다.

남곤과 심정은 반정 정국공신 1등으로 희빈 홍씨의 아버지인 홍경주를 끌어들여, 대궐 안뜰 나무의 나뭇잎에 꿀로 주초위왕走肖爲王이라는 글자를 그려 벌레가 파먹도록 만들었다. 그리고 그 나뭇잎을 희빈 홍씨가 우연히 발견한 것처럼 하여 중종에게 보였다.

주초위왕이라는 글자에서 '주초走肖'를 합하면 '조趙' 자가 되고 그것은 조씨가 왕이 된다는 뜻이었다. 처음에는 조광조를 신뢰하던 중종도 이즈음에는 조광조 일파의 도학에 관한 지나친 언행에 반감을 갖는 중이었다. 이 사실을 감지한 훈구파는 그 틈을 이용해 좌찬성 홍경주와 공조판서 김전, 예조판서 남곤, 우찬성 이장곤李長坤, 호조판서 고형산高荊山, 이조판서 심정 등으로 하여금 조광조를 탄핵하도록 했다. 조광조 일파가 파당을 조직하여 조정을 위협하고 있다는 것이 이유였다.

중종은 곧 대사헌 조광조, 부제학 김구, 대사성 김식, 형조판서 김정, 승지 유인숙, 우승지 홍언필, 윤사임, 좌승지 박세희朴世熹, 동부승지 박훈 등을 잡아들이게 하였고 조광조, 김정, 김식, 김구를 사사하고 재산을 몰수하며 처자를 노비로 삼는다는 판결을 내렸다.

조광조 일파의 성토도 만만치는 않았다. 영의정 정광필과 좌의정 안당은 조광조의 죄 없음을 열렬히 고하였고, 그날 오후에는 이약수 등 성균관 유생 150여 명이 대궐 앞으로 몰려와 통곡하며 조광조의 무죄를 외쳤다. 이튿날은 대간이 모두 사표를 내고 성균관 유생 3백 명이 상소를 올리니 중종은 사형을 철회한 뒤, 네 사람을 귀양에 처하는 선에서 마무리하였다.

하지만 영의정 정광필이 영중추부사로 좌천되고 좌의정 안당이 파직당한 자리에 김전이 영의정으로, 남곤이 좌의정으로 올라 심정과 함께 권력을 장악하자 조광조의 사형을 청하는 상소가 이어졌다. 결국 조광조에게 사약이 내려지고 김정, 김식, 김구는 외딴 섬으로 유배 보내졌다가 사형되거나 자결하였다.

한편 안당은 현량과 설치 후 세 아들을 모두 천거했다는 오명을 쓰고 파직당했다가 영중추부사로 복관되었지만 대간의 탄핵은 그치지 않았고, 1521년(중종 16) 아들의 심정 살해 모의를 고변하지 않았다는 무고를 받고 교수형에 처해졌다.

정광필은 1527년(중종 22) 남곤 사망 후 영의정에 복귀하였다가, 1533년 물러나 회덕에 머물던 중 권신 영의정 김안로의 무고를 받고 다시 유배되었다. 그는 1537년(중종 32) 김안로가 사사된 뒤 풀려나 영중추부사에 올랐다.

한편 남곤은 좌의정과 영의정을 지내고 1527년 별 탈 없이 사망하였으나 31년 뒤인 1558년(명종 13) 관작을 삭탈당하고, 선조 초에 다시 관작을 추삭당하였다. 그리고 심정은 1527년 남곤 사망 뒤 영의정 정광필 아래서 좌의정으로 있던 중 김안로와의 권력투쟁 과정에서 사사되었다. 이후 사림파 집권기가 이어졌으므로 남곤과 심정은 복권되지 못하고 지탄의 대상으로 남았다.

하지만 사림파 집권이 보수적으로 흐르면서 당파의 시기로 나아가기 시작한다. 기묘사화 정권은 사장詞章을 배제한 채, 도학과 경학을 폐쇄적으로 추구하는 경향을 보였다. 훗날 율곡 이이는 조광조를 김굉필, 정여창, 이언적 등과 함께 동방 4현으로 추켜세우면서도 조광조 개혁의 실패에 대해서는 이렇게 평하였다.

〈그는 어질고 밝은 자질과 나라를 다스릴 재주를 타고났음에도 불구하고 학문이 채 이루어지기 전에 정치 일선에 나간 결과, 위로는 왕의 잘못을 시정하지 못하고 아래로는 구세력의 비방도 막지 못하고 말았다.〉

그러나 조광조와 사림파로 인한 역사적 진전은 인정되어야 할 것이다. 조광조는 선조 초 영의정에 추증된 뒤 서원에 봉안되었으며 대대로 숭앙받았다.

당시 흉흉했던 조선을 둘러싼 상황

조광조 정치 철학의 취약성은 그의 부족한 국제 감각과 민생 감각에서 치명적으로 드러난다. 그는 부산釜山, 제포薺浦, 동래東萊에서 발발한 삼포왜란 이듬해에 등용되었다.

1419년(세종 1) 조선은 상왕 태종 주도로 쓰시마 섬(대마도對馬島)을 정벌하였다. 그러나 이후 교류가 끊겨 물자 공급이 두절되자 쓰시마 도주는 조선에 교통을 간청하였다. 이에 조정은 내이포乃而浦,

부산포와 울산 염포鹽浦를 열고 무역을 허락하면서 각 포마다 왜관을 설치해 왜인들을 묵게 하고, 일본 각지 제후들에게 명목상의 직책을 주어 일정한 제약 아래 한양 내왕을 용인하였다. 그러던 1443년(세종 25) 조선은 쓰시마 도주 소 사다모리(종정성宗貞盛)에게 매년 쌀 2백 석을 주고 물자를 실어 갈 세견선 50척을 허용하는 대신 왜구를 단속하는 계해조약癸亥條約을 맺었다. 이로써 사다모리는 일본과의 모든 교섭을 중계하여 일본은 구리, 유황, 향료를 보내고 조선은 면포, 마포, 저포, 서적, 쌀 등을 보냈다.

한동안은 이와 같은 교류가 유지되었으나, 왜인들은 자신들의 활동을 제한하는 조선에 점차 불만을 품더니 1509년(중종 4)에는 삼포에 거류하던 상당수의 일인들이 노략질에 나서기 시작했다. 그들은 이듬해에는 쓰시마 도주의 지원을 받아 대규모 폭동을 일으키더니 순식간에 제포를 함락해 제포 첨사를 죽인 뒤 수백 척의 병선으로 부산포와 거제를 공격하는 한편 민가에 불까지 질렀다. 이 삼포왜란으로 부산, 동래, 제포, 웅천, 거제 등지의 군사와 백성 272명이 죽고 796채의 집이 불에 탔다. 2년 뒤인 1512년(중종 7) 임신약조壬申約條를 통해 조선은 다시 제포를 열고 왜인과의 교역을 허락하지만 일본의 침략 분위기는 강력하게 대두된 상태였다. 조광조가 처형당한 지 3년이 되기도 전에 추자도와 동래에서 다시 왜변이 일어났고, 다시 3년 뒤에는 전라도에서 왜변이 발생했으며 1544년(중종 39)에는 왜선 20척이 경상도 사량진蛇梁鎭에 침입해 약탈을 자행하였다. 이에 조정은 임신약조를 파기하고 왜인의 조선 내왕을 금지시켰다.

그러나 10년 뒤인 1555년(명종 10) 을묘왜변의 발발을 시작으로 왜인들의 조선 침략은 잦아졌다. 1587년(선조 20) 도요토미 히데요시(풍신수길豊臣秀吉)가 일본 각지의 호족들을 평정해 일본을 통일한 다음 자신의 위세를 떨치고자 눈을 바깥으로 돌려 중국을 침략하더니 조선에까지 그 손을 뻗친 것이다. 왜인의 침략이 시작되던 초창기 조광조를 포함한 사림파가 일본에 어떻게 대처해야 할 것인지 근본적인 궁리를 세우지 못한 채 시간을 보내던 조선은 드디어 1592년(선조 25) 대재앙 임진왜란을 맞아야 했다.

조광조 사망 후 임진왜란까지 73년 동안 왜인을 경계한 대신들은 많았지만 정난공신 신숙주 정도를 제외하고 일본의 국력 성장 과정을 파악한 이들은 없었다.

북쪽 변경도 마찬가지로 조광조 등용 3년 전부터 여진족들의 북방 침입이 빈번해지자 조정은 여인, 무창 등 4군 등지에 거주하던 여진족의 퇴거를 권유하고 6진 지대에 순변사를 파견하는 동시에 의주산성을 수축하였다. 그런데 조광조 개혁 정책에는 여진 대비책이 전무하였고, 조선은 압록강 유역 여진족들을 적극적으로 축출하는 작전을 전개하였지만 여진족은 6진, 4군 지대로 부단히 침입해 들어왔고 만포 첨사가 피살되기도 했다.

하지만 가장 근본적인 취약함은 민생 대책이었다. 반정공신들이 세상을 요리하여 굶주리고 도탄에 빠져있는 백성에게, 조광조는 주자『가례』와 향약이라는 이상을 제시하였던 것이다. 기묘사화 이후 세상인심이 걷잡을 수 없이 흉흉해지고 궁궐이 수차례 옥사를 겪고 왕실이 걷잡을 수 없는 내분과 반목에 휘말린 것은 조광조나 사림들만의 문제는 분명 아니었다. 그러나 조광조의 현실과 모순되는 개혁 지향성은 중앙 정계에 별다른 효과를 낳지 못할 정책들을 급격히 추진한 것 또한 사실이다.

조광조의 죽음이나 사림파의 몰락과는 무관하게 중종 대에 유교의 도덕과 윤리는 정착되어 갔으며, 인쇄술의 발달로 유교 서적 편찬 사업이 활발해지고 교육도 활성화되었다.

중종 말년 풍기 군수 주세붕이 백운동에 최초로 사원을 짓는데, 사설 교육 기관은 고려 말 이래로 있었던 것이나 뛰어난 선대 유학자를 모셔 유생들의 권위를 정식으로 뒷받침한 서원은 이것이 최초였다. 그러나 이런 사항들은 유교의 안정을 뜻했던 것이지 현실 백성들의 삶이 안정됨을 의미하는 것은 아니었다.

게다가 정치적 불안과 함께 국내 군사 질서가 허물어지는 등 후기 사회로 이행하는 모순들이 드러나기 시작했다.

외척 권력투쟁의 끝 을사사화

김안로는 기묘사화 이후 이조판서에 올랐는데 아들 김희를 효혜공주와 혼인시켜 그 권력을 남용하다가 1524년 영의정 남곤과 심정, 대사간 이항 등의 탄핵을 받고 경기도 풍덕에 유배되었다. 그러나 김안로는 남곤이 죽자 유배지에서 대사헌과 대사간을 움직여 심정을 탄핵한 다음, 이듬해 재기용되었다. 그런 그는 동궁(인종)의 보호를 구실로 실권을 장악하여 정적이나 마음에 들지 않는 자를 축출해 버렸다. 이를 위해 김안로는 수차례의 옥사를 조성해 정광필, 이언적, 나세찬, 이행 등 숱한 대신들을 유배 보내거나 사사에 처하고, 중종의 후궁 경빈 박씨와 그녀 소생의 왕자 복성군을 죽였으며, 중종의 왕비 문정 왕후의 동생 윤원로와 윤원형을 실각시키는 등의 일을 저질렀다. 그렇지만 그의 권력도 끝이 있어 1537년(중종 32) 문정 왕후의 폐위를 도모하던 김안로는 기습적으로 체포되어 사약을 받았다.

이후에도 외척 사이의 권력투쟁은 점점 그 강도를 더해갔다. 중종의 후사로 장경 왕후의 아들 이호(인종)를 왕위에 올리려는 윤임 중심의 대윤파와, 문정 왕후 소생의 경원 대군(명종)을 왕위에 올리려는 윤원로와 윤원형 중심 소윤파 사이의 암투는 갈수록 치열해졌다.

세상은 점점 더 흉흉해지는 가운데 홍수와 가뭄이 번갈아 발생하니 흉년이 잦았으며, 생계를 유지하지 못하는 빈민들이 늘어나면서 도둑이 들끓기 시작했고, 도박 엄금법을 제정할 만큼 노름이 성행한데다가 전염병까지 돌았다.

중종은 기묘사화 후 시간이 흐르면서 조광조를 포함한 사림파를 처단한 것을 후회하였다. 왕은 1538년(중종 33) 이언적을 등용해 『논어』와 『강목綱目』을 가르치게 하여 조광조에 대한 그리움을 표하고 기묘사화 연루자 중 죄가 가벼운 자들의 명예를 회복시키고

생전의 벼슬을 돌려주었다. 그러나 문제는 해결되지 않은 채 고스란히 남았다.

1544년(재위 39) 11월 중종이 숨을 거두자 자신들의 세력을 위해 왕위 계승자까지 바꾸려하는 외척들 틈에서 인종이 30세의 나이로 뒤를 이었다. 인종의 왕자 시절은 여러모로 세종에 버금가 성품이 조용하고 욕심이 적었으며, 효심은 깊고 우애는 돈독하였다. 인종은 특히 학문을 사랑하여 3세 때부터 책을 접하다가 8세 때에는 성균관에 들어가 매일 세 차례씩 글 읽기를 하였다. 인종은 동궁 시절 화려한 옷치장을 한 시녀를 궁 밖으로 내쫓을 만큼 검소하였다. 누이 효혜 공주가 일찍 죽자 긍휼히 여기다 마음의 병을 얻었고, 이복 형 복성군에 대해서도 매우 우애가 깊었으며, 아버지 중종의 병환이 위중한 지경에 이르자 반드시 먼저 약을 맛보고 손수 잠자리를 살피며 자신의 침식은 개의치 않았다.

그렇듯 마음이 따뜻하고 선한 인종은 왕위에 오르자마자 대윤의 소윤 처벌 상소를 적절하게 만류하고 내치에 치중하였다. 인종은 윤인경을 영의정에, 유관을 좌의정에, 도방 4현 중 하나로 신망이 높았던 이언적을 우의정에, 김안로의 잘못을 간하다가 귀향 간 송인수를 대사헌에 제수하였다. 이로써 백성들의 신뢰와 환영을 받았으며, 현량과를 다시 두어 인재를 모으고 조광조의 벼슬을 되돌려주었다.

그러나 몸이 매우 약했던 인종은 재위 8개월 만에 숨을 거두었다. 자신의 아들 경원 대군을 왕으로 앉히고자 한 문정 왕후에 의해 독살당하였다는 것이 대체적인 사실이다. 인종에게 아들이 없으므로 윤임은 중종 후궁 희빈 홍씨가 낳은 봉성군을 왕세자로 책봉하려는 대윤의 논의를 물리치고 경원 대군에게 왕위를 물리며 화해를 청하였다. 그러나 소윤은 명종이 즉위하자마자 대윤에 대한 대대적인 피의 숙청 감행하였다.

인종 대에 등용된 사림파 중 권력에서 소외된 쪽이 소윤파로 흡수되면서 사림은 사욕을 추구하는 외척들 사이에서 이분되었고, 명종 즉위 후 대윤이 윤원로를 탄핵하는 방식으로 반격에 나섰지만 거기에는 윤원형이 있었다. 평소 윤임 일파에 감정이 있는 무리들을 심복으로 삼아 계책을 꾸미던 윤원형은 우선 수렴청정 중인 문정 왕후에게 자신의 첩 정난정으로 하여금 대윤 일파의 역모를 무고하도록 하여 을사사화를 일으켰다.

그 결과로 문정 왕후는 대윤을 일거에 무너뜨렸고, 윤원형은 자신의 자리를 위해 친형 윤원로를 처형해 버렸다. 그리고 1547년(명종 2) 전라도 양재역에 문정 왕후를 비난하는 벽서가 나붙자 이를 악용하여 송인수 등을 대윤의 잔당으로 지목하여 죽이고 20여 명을 유배시키는 정미사화를 일으켜 왕세자로 추천되던 봉성군마저 해결해 버렸다. 윤원형은 이런 수법으로 사림 및 반대파를 숙청해 을사사화 이래 5, 6년 간 무려 1백여 명을 처단하였다.

『파주군지』, 파주군, 1995.

홍벽초, 『임거정』, 사계절, 1991.

한국정신문화연구원, 『한국민족문화대백과사전』, 1991.

『의정부 지리지』, 의정부시, 1990.

『시정 20년사』, 의정부시, 1983.

『함안 이씨 대동보』, 1980.

유명종, 『이언적의 철학사상』, 한국철학연구, 1978.

『한국 인명 대사전』, 신구문화, 1976.

오세창, 『근역서화징槿域書畵徵』, 1928.

강효석, 『전고대방典故大方』, 1924.

폐원탄, 『한국정쟁지』, 삼성당서점, 1907(조선 순종 즉위).

이건창李建昌, 『당의통략黨議通略』, 조선 고종.

『청선고淸選考』, 조선 고종.

이선, 『지호집芝湖集』, 1856(조선 철종 7)경.

송시열, 『송자대전宋子大全』, 1787(조선 정조 11).

저자 미상, 『조야집요朝野輯要』, 조선 정조.

심진현沈晉賢, 『인물고人物考』, 조선 정조.

권벌, 『충재집冲齋集』, 1752(조선 영조 28).

이익, 『성호사설星湖僿說』, 1740(조선 영조 16)경.

이존중 엮음, 『국조명신록國朝名臣錄(해동명신록海東名臣錄)』, 조선 영조.

김육, 『해동명신전』, 1696(조선 숙종 22).

홍만종, 『시화총림詩話叢林』, 1652(조선 효종 3).

장유, 『계곡집谿谷集』, 1643(조선 인조 21).

이정구, 『월사집月沙集』, 1636(조선 인조 14).

유성룡, 『서애집西厓集』, 1633(조선 인조 11).

이수광 편찬, 『지봉유설』, 1614년(조선 광해 6).

이이, 『율곡전서栗谷全書』, 1611(조선 광해 3).

이준경, 『동고유고東皐遺稿』, 1586(조선 선조 19).

정사룡, 『호음잡고湖陰雜稿』, 1577(조선 선조 10)경.

이정형, 『동각잡기東閣雜記』, 조선 선조.

『을사전문록乙巳傳聞錄』, 1542(조선 중종 37).

이행 · 홍언필, 『신증동국여지승람新增東國輿地勝覽』, 1530(조선 중종 25).

이언적, 『회재집晦齋集』, 조선 중종.

이긍익, 『연려실기술燃藜室記述』, 조선 후기.

심수경, 『견한잡록遣閑雜錄』, 조선 중기.

김안국, 『모재집慕齋集』, 조선 중기.

『열성지장통기列聖誌狀通紀』, 조선 중기.

이이, 『경연일기經筵日記』, 조선.

『기묘록보유己卯錄補遺』, 조선.

박동량, 『기재잡기寄齋雜記』, 조선.

정재륜, 『공사견문록公私見聞錄』, 조선.

『국조방목國朝榜目』, 조선.

『국조인물고國朝人物考』, 조선.

『대동야승大東野乘』, 조선.

『사마방목司馬榜目』, 조선.

『선원계보기략璿源系譜記略』, 조선.

송준길, 『수수록㴬睡錄』, 조선.

임상헌, 『염헌집恬軒集』, 조선.

이식, 『택당집澤堂集』, 조선.

『조선왕조실록』, 조선.

문밖에서 부르는 조선의 노래 이은식 저 /12,000원
노비, 궁녀, 서얼... 엄격한 신분 사회의 굴레 속에서 외면당한 자들이 노래하는 또 다른 조선의 역사.

불륜의 한국사 이은식 저 /13,000원
베개 밑에서 찾아낸 뜻밖의 한국사! 역사 속에 감춰졌던 애정 비사들의 실체가 낱낱이 드러난다.

불륜의 왕실사 이은식 저 /14,000원
고려와 조선을 넘나들며 펼쳐지는 왕실 불륜사! 엄숙한 왕실의 장막 속에 가려진 욕망의 군상들이 적나라하게 그 모습을 드러낸다.

이야기 고려왕조실록 (상),(하)
한국인물사연구원 편저 / 각권 14,500원
고려사의 모든 것을 한눈에 살펴볼 수 있는 최고의 역사 해설서! 다양하고 풍부한 문헌 자료를 바탕으로 재미있고 쉽게 읽히는 새로운 고려 왕조의 역사가 펼쳐진다.

우리가 몰랐던 한국사 이은식 저 /16,000원
제한된 신분의 굴레 속에서도 자신의 삶을 숙명으로 받아들이지 않고 꿈을 이루기 위해 노력한 선현들의 진실된 이야기.

모정의 한국사 이은식 저 /14,000원
위인들의 찬란한 생애 뒤에 말없이 존재했던 큰 그림자, 어머니! 진정한 영웅이었던 역사 속 어머니들이 들려주는 시대를 뛰어넘는 교훈과 감동을 만나본다.

2009 문화체육관광부 우수교양도서 선정

읽기 쉬운 고려왕 이야기
한국인물사연구원 편저 /16,500원
쉽고 재미있게 읽히는 새로운 고려 왕조의 역사. 500여 년 동안 34명의 왕들이 지배했던 고려 왕조의 화려하고도 찬란한 기록들.

원균 그리고 이순신 이은식 저 / 18,000원
417년 동안 짓밟혔던 원균의 억울함이 벗겨진다. 이순신의 거짓 장계에서 발단한 원균의 오명과 임진왜란을 둘러싼 오해의 역사를 드디어 밝힌다.

신라 천년사 한국인물사연구원 편저 /13,000원
고구려와 백제를 멸망시킨 작은 나라 신라! 전설과도 같은 992년 신라의 역사를 혁거세 거서간의 탄생 신화부터 제56대 마지막 왕조의 이야기까지 연대별로 풀어냈다.

풍수의 한국사 이은식 저 /14,500원
풍수와 무관한 터는 없다. 인문학과 풍수학은 빛과 그림자와 같다. 각각의 터에서 태어난 역사적 인물들에 얽힌 사건을 통해 삶의 뿌리에 닿게 될 것이다.

기생, 작품으로 말하다 이은식 저 /14,500원

기생은 몸을 파는 노리개가 아니었다. 기생의 연원을 통해 그들의 역사를 돌아보고, 예술성 풍부한 기생들이 남긴 작품을 통해 인간 본연의 삶을 들여다본다.

여인, 시대를 품다 이은식 저 /13,000원

제한된 시대 환경 속에서도 자신들의 재능과 삶의 열정을 포기하거나 방관하지 않았던 여인들. 조선의 한비야 김금원과 조선의 힐러리 클린턴 동정월을 비롯한 여인들이 우리들의 삶을 북돋아 줄 것이다.

미친 나비 날아가다 이은식 저 /13,000원

정의를 꿈꾼 혁명가 홍경래와 방랑 시인 김삿갓 탄생기. 시대마다 반복되는 위정자들의 부패, 그 결과로 폭발하는 민중의 울분, 역사 속 수많은 인간 군상들이 현재의 우리를 되돌아보게 한다.

지명이 품은 한국사 – 서울 · 경기도편

이은식 저 /14,500원

국토의 심장부를 포함한 서울과 경기도의 역사가 담긴 지명의 어원 풀이. 1천여 년 역사의 현장이 도처에 남긴 독특한 고유 지명을 알아보자.

> **2010 문화체육관광부 우수교양도서 선정**
>
> **2010 올해의 청소년도서 선정**

지명이 품은 한국사 – 두번째 이야기

이은식 저 /14,500원

서울 · 경기도 편에 이은 이번 권에서는 지명의 정의와 변천 과정, 지명의 소재 등 지명의 기본을 확실히 정리하고, 지명 유래 또한 전국으로 확장하였다.

핏빛 조선 4대 사화 첫 번째 무오사화

한국인물사연구원 저 /17,000원

사족의 이익을 추구하는 방향으로 가던 사림파와 훈구파의 대립은 부조리한 연산군 통치와 맞물리면서 수많은 희생자를 만들게 된다. 사회, 경제적 변동기의 조선과 무오사화 관련 인물들의 활약과 상세한 일화를 수록함으로써 혼란한 시대를 구체적으로 그려냈다.

핏빛 조선 4대 사화 두 번째 갑자사화

한국인물사연구원 저 /17,000원

임사홍의 밀고로 어머니가 사사된 배경을 알게 된 연산군의 잔인한 살상. 그리고 왕의 분노를 이용해 자신들의 세력을 확고히 하려던 왕실 세력과 연산군의 사치와 횡포를 자제시키려던 훈구 사림파의 암투!

핏빛 조선 4대 사화 세 번째 기묘사화

한국인물사연구원 저 /17,000원

연산군의 악정으로 파괴된 정치 질서를 회복하려는 중종이 파격적으로 기용한 조광조! 그러나 조광조를 필두로 한 사림파가 급진적 왕도 정치를 추구하면서 중종과 소외받던 훈구파는 반발하게 되고, 또 한 번의 개혁은 멀어져 간다.